社会保障
与深化改革

S HEHUI BAOZHANG YU SHENHUA GAIGE

■ 郑造桓 主编

ZHEJIANG UNIVERSITY PRESS
浙江大学出版社

序

中共浙江省委书记　夏宝龙

社会保障是社会公共服务、社会管理、社会建设的重要组成部分,是人类社会文明进步的重要体现。改革开放以来,我省坚持从实际出发,积极探索符合国情、省情的社会保障发展之路,创新体制机制,加大保障力度,使社会保障、社会管理领域的许多工作走在全国前列,为浙江改革发展、和谐稳定作出了重要贡献,有力促进了经济社会的协调发展。一个与社会主义市场经济体制相适应的社会保障体系框架已初步形成,并日益发挥着保障群众基本生活、增进人民福祉、维护社会公平稳定、促进经济发展的重要功能。

随着改革的不断深入和经济社会的转型发展,社会保障在促进国民经济和社会发展中的作用将不断凸显,建立与我省经济社会发展水平相适应、覆盖城乡的社会保障体系任务日趋繁重。我们要继续发扬"干在实处、走在前列"的精神,以科学发展观为指导,以构建社会主义和谐社会为目标,进一步完善社会保障体系,发展社会保障事业,使全省老百姓过上更加幸福安康的生活。

在新的历史时期,适应广大人民群众对社会保障和政府社会管理创新的新要求,加强对社会保障新情况、新问题的研究显得十分必要和紧迫。研究越透彻,决策的科学性就越强,在实践中就可以少走弯路。以浙江大学为依托组成的浙江省社会保障发展研究中心,作为一个跨学科、综合性的研究机构,长期以来正确把握社会保障事业发展方向,坚持理论与实践相结合,组织开展了一系列社会保障课题研究,取得的成果具有很强的针对性、指导性,已成为省委、省政府在社会保障和社会政策方面的重要思想库,发挥了应有的作用。衷心希望浙江省社会保障发展研究中心的专家学者继续发挥自身优势,与时俱进、开拓创新,把学术研究与服务浙江发展紧密结合起来,为我省社会保障事业的可持续发展作出新的更大的贡献!

前　言

中共十八届五中全会对我国"十三五"规划的制定提出宏伟的目标。习近平主席在北京"2015 减贫与发展高层论坛"的主旨演讲中指出：中国是全球最早实现联合国千年发展目标中减贫目标的发展中国家。未来 5 年，我们将使中国现有标准下 7000 多万贫困人口全部脱贫。这是中国落实联合国发展峰会提出的 2015 年后发展议程的重要一步。这一庄严承诺，这不仅对我国告别千百年贫困历史具有里程碑意义，也是对世界脱贫的重大贡献。

在中国，社会保障具有悠久的历史。中国共产党执政之后，更加重视社会保障。早在中华人民共和国成立前夕，作为临时宪法的《中国人民政治协商会议共同纲领》，就明确规定了公民的社会保障权益。规定公民在年老、疾病和丧失劳动能力的情况下，有从国家和社会获得物质帮助的权利，这是社会救助制度的宪法依据；规定国家建立劳动保险制度，包括养老、医疗、工伤、生育等风险的保障项目，这是社会保险制度的宪法依据；规定每一个人都有赡养老人的义务，这是家庭责任的宪法依据。1954 年《中华人民共和国宪法》重新确认了公民的这一系列社会保障权益。

据此，国家逐步建立起一套全新的社会保障体系。1950 年代实施《劳动保险条例》、公职人员社会保障制度和农村五保供养制度。1960 年代实施农村合作医疗制度。同时，建立了面向全社会的社会救助制度、针对公职人员和企业职员的职工福利制度，并支持农村集体经济组织发展农民福利。这一系列社会保障制度，为经济发展、社会进步和人民生活水平的提高发挥了极其重要的作用。

1980 年代开始，随着经济体制改革的逐步展开，中国在社会保障领域进行了全面改革，陆续颁布和实施了一系列新的制度与政策，一个与社会主义市场经济体制相适应的新型社会保障体系框架已经基本形成，并朝着覆盖城乡、惠及全民的方向发展。但是，应该看到社会保障事业发展中还存在不少矛盾和问题，集中表现为社会保障资源配置不合理，制度公平性不足，可持续性令人担忧,管理服务效率和能力有待提升。

中共十八届五中全会就"十三五"规划作出部署,并公布了《中共中央关于制定国民经济和社会发展第十三个五年规划的建议》,其中关于保障和改善民生有一系列重要论述,明确提出要建立更加公平更可持续的社会保障制度,并强调积极开展应对人口老龄化行动,体现出理念、制度和措施诸方面的创新,这对于"十三五"乃至今后一个时期老百姓的生活及其相关的制度政策都会产生积极的影响。

在这样的背景下,我们从事社会保障和社会发展的教学科研工作者,需要有更深入的调查研究,有更深刻的思考,要进一步研究社会保障学理和普遍性规律,探求经济社会转型背景下的社会保障事业发展问题,研究新形势下的社会保障制度安排与政策设计,为学科繁荣发展,为党和政府建言献策,使"十三五"时期的社会保障事业发展得更好。

本中心成立十七年来,在学术界和从中央到地方各级政府及有关部门的支持下,立足浙江,面向全国,放眼世界,扎实开展研究工作,取得了一系列成果,受到学界同行、政府部门和社会的认可和期待。同时,与兄弟院校、科研机构一起搭建了开放式的研究和交流平台,形成了一支充满生机和活力的研究队伍。

"十三五"期间,创新、改革、绿色、分享的集结号和动员令,催人奋进,令人鼓舞。更加公平、更可持续、更有效率的社会保障制度,需要有正确的决策,需要有科学的管理,需要有优质的服务,需要有全民的参与,需要有学者的智慧。让我们在这波澜壮阔的新时期,奋发努力,在为国家为人民作贡献的过程中,实现自己的价值,成就自己的理想!

编　者

2015 年 10 月

目　录

综合研究

养老保障

养老服务

健康保障

社会福利

从社会保障到社会保护：社会政策理念的演进

□ 唐　钧[*]

摘　要："社会保护"的概念，自从 20 世纪 90 年代因联合国倡导而逐渐成为一种新的国际共识，迄今已经 20 多年了。从 80 年代及以前已经在国际上普及的社会保障概念到 90 年代以后普遍使用社会保护概念的历史演进，实际上蕴含的是社会政策价值理念的变化。如果教科书式地固守传统的社会保障概念而不关注国际上社会政策价值理念的新变化，是否会使中国社会保障制度改革迷失方向？

关键词：社会保障；社会保护；社会保护底限

在中国，一般把国家保障公民基本生活需求的社会政策和社会立法称为"社会保障"。究其原委，是因为 20 世纪 80 年代改革开放的中国开始摒弃计划意味浓郁的"劳动保险制度"准备与国际接轨时，"社会保障"（Social Security）正是国际劳工组织自二战结束以来力推的一个与公民社会权利相关的核心概念。但是，到了 90 年代以后，国际劳工组织常用的概念中又多出了一个词——"社会保护"（Social Protection）。这个变化，在中国的政界和学界似乎都没能引起足够的重视。

尚晓援在《中国社会保护体制改革研究》一书中特别强调："社会保护，在中国是一个使用效率比社会福利、社会保障、社会保险低得多的概念。在西方发达国家的社会政策研究中，自 20 世纪 90 年代以来，社会保护概念的使用频率则日益增加。"[①]

---

* 唐钧：中国社会科学院。

① 尚晓援：《中国社会保护体制改革研究》，中国劳动社会保障出版社 2007 年版。

社会保障和社会保护,这两个词面意义在中文语境中看起来相当接近的词汇,在国际通行的表述中实质意义却不尽相同。这样的差异背后又潜藏了什么样的重要变化呢?

一、社会保障与社会保护

社会保障的概念,在 20 世纪 80 年代及以前就已经在国际上被普遍接受和使用;然而到 90 年代以后,社会保护概念崛起并逐渐成为新的国际共识,要讨论这一历史演进过程中蕴含的社会政策价值理念的变化,不妨先看一下对这两个名词的一般性解释。

1. 社会保障

社会保障一词,译自英文 Social Security,美国 1935 年的《社会保障法案》(Social Security Act)第一次在社会立法中引入这个名词。二战以后,欧洲国家纷纷建立"福利国家"。但因为价值理念和文化传统的差异,远隔大西洋的美国却没有简单地附和及接受这个在当时得到普遍赞扬的新生事物,而是坚持本国较为低调的社会保障的概念。与此同时,国际劳工组织(ILO)可能是为了取得更广泛的国际共识,也采用了社会保障这个概念,并于 1952 年国际劳工大会通过了《社会保障(最低标准)公约》,制定了建立社会保障制度的基本准则。此后,社会保障一词逐渐被国际社会普遍使用,成为一个在相关的社会政策和社会立法中频频出现的专门术语。

国际劳工组织对社会保障所下的定义是:"社会通过一系列对付经济和社会风险的公共措施,为社会成员提供保护——否则,这种风险将导致薪给的停止支付,或因疾病、生育、工伤、失业和死亡导致实际收入的减少;同时它也提供医疗照顾和家庭津贴。"[①]与此相一致,詹姆斯·米奇列(James Midgley)在其所著的《社会保障、不平等与第三世界》一书中,把社会保障的外延界定为社会救助、社会保险和社会津贴。[②]

但是,到了 20 世纪 80 年代,国际劳工组织对社会保障的界定已经发生了较大的改变。在题为"21 世纪社会保障展望"的报告中,国际劳工组织的专家组提出:社会保障的目标不止于防止或减轻贫困,应该更为广泛。它反映着一种最为广义的社会保障意愿。它的根本宗旨是使个人和家庭相信他

① ILO. Introduction of Social Security. ILO,Geneva,1984.
② James Midgley. Social Security,Inequality and the Third World. Wiley,London,1984.

们的生活水平和生活质量会尽可能不因任何社会和经济上的不测事件而受很大影响。这就不仅是在不测事件中或已出现不测事件时去解决困难，而且也要防患于未然，帮助个人和家庭在面临未能避免或不可避免的伤残和损失的时候，尽可能做到妥善安排。因此，社会保障需要的不仅是现金，而且还要有广泛的医疗和社会服务。①

此时的社会保障概念，已经远远超出了"社会保障＝社会津贴＋社会保险＋社会救助"的传统思维。更重要的是，这种观点已经成为一个相当广泛的国际共识。在当今世界上，作为社会政策和社会立法重要领域的社会保障，其目标是试图建立一个尽可能全面防范所有可预见的社会经济风险，保障全体公民基本生活需求的国家制度。

2. 社会保护

到了 20 世纪 90 年代以后，在国际劳工组织、世界银行等国际组织推动下，另一个新名词——"社会保护"异军突起，逐渐成为国际上与社会经济发展相联系的一个重要议题。尚晓援认为："社会保护这个概念……用以概括各种形式的国家干预政策，这些政策旨在保护个人免受市场不测造成的种种后果的危害。""20 世纪 90 年代以来，很多大的国际组织和学者倾向于使用'社会保护'这个概念。"②

英国海外发展研究所（ODI）对社会保护的定义是：社会保护是指为了应对脆弱、风险以及社会无法容忍的剥夺而采取的一种公共行为。③

国际劳工组织给出的定义则要具体得多：社会保护是指通过不断的政府行动和社会对话而实现的一系列政策措施，其目的是确保所有的男人和女人都能享有尽可能安全的工作环境，获得充分的社会服务和医疗服务；并且在因疾病、失业、生育、伤残、丧失家庭主要劳动力或年老而造成收入丧失或减少时，能够得到足以维持生计的保障待遇。④

世界银行（WBG）的界定也很具体，但角度却不尽相同：仅在遭遇风险时向低收入者提供临时性的救助和津贴是远远不够的，应该对人力资本投资（如对教育和医疗卫生投资）进行公共干预，帮助个人、家庭和社区更好地管

① 皮埃尔·拉罗克等：《21 世纪社会保障展望》，唐钧等译，华夏出版社 1989 年版。
② 尚晓援：《中国社会保护体制改革研究》，中国劳动社会保障出版社 2007 年版。
③ 转引自谢东梅：《低收入群体社会保护的政策含义及其框架》，《商业时代》2009 年第 21 期。
④ 国际职业安全与卫生信息中心：《提供全面保护，促进社会对话》，《中国安全生产报》2007 年 5 月 10 日。

理风险;给受到社会剥夺的低收入者提供支持,创造更多的就业机会。①

上述社会保护概念在表述上的差异是显而易见的。在学术界,迄今为止,关于社会保护的内涵和外延远远未能达成共识。

进一步分析上述三个国际组织的社会保护定义,可能要联系到界定者的"本职工作",联系到机构本身的服务宗旨——英国海外发展研究所的定义与其"从事研究"的身份相符,学术研究的意味浓郁,也很简明扼要,但太讲原则,甚至有点忽视可操作性。国际劳工组织的定义看起来更像一个获取的手段或途径更加明确、庇护的范围更加广泛的社会保障制度。世界银行定义的基本立足点仍然是扶贫,或按国际惯例可称为"千年议程"或"减贫"。

关于社会保护的外延,《世界社会保障报告》列举了欧洲委员会(EC)、经济合作与发展组织(OECD)和联合国(UN)所作的分类:

欧洲委员会所作的社会保护分类包括8个分项,即:疾病/医疗服务保护、残疾保护、老年保护、遗属保护、家庭/儿童保护、失业保护、住房保护,以及其他未分类的社会排斥保护。

经合组织的社会保护的分类有9项:老年保护、遗属保护、丧失劳动能力保护、健康保护、家庭保护、积极的劳动力市场项目、失业保护、住房保护,以及其他社会政策领域。

联合国的社会保护分类建立在政府职能分类的基础上,首先被分成两个独立的功能:健康保障和社会保护。然后社会保护又被分成了9类:疾病和伤残保护、老年保护、遗属保护、家庭和儿童保护、失业保护、住房保护、其他未分类的社会排斥保护、社会保护研究和开发,以及其他未分类的社会保护。②

综上所述,从以上国际组织界定的社会保护外延看,其范围是相当广泛的。正如尚晓援所说:社会保护是一个比社会保障更宽泛的概念,可以包括多种多样、正式和非正式的保护方式,并且突出对弱势群体进行支持的政策目标。③

---

① 转引自谢东梅:《低收入群体社会保护的政策含义及其框架》,《商业时代》2009年第21期。
② 国际劳工局,《世界社会保障报告(2010—2011)》,人力资源和社会保障部社会保障研究所译,中国劳动社会保障出版社2011年版。
③ 尚晓援:《中国社会保护体制改革研究》,中国劳动社会保障出版社2007年版。

二、社会保护与社会保障的比较

在很多场合,谈及社会保障,常常会带出与其面貌极为相似的亲兄弟——社会保护;反之亦然。然而,即使一对亲兄弟在外貌上再相似,毕竟还是会有差异。所以,在社会保护和社会保障同时出现的场合,研究者就常常会情不自禁地对这两个概念进行比较。

1. 社会保护与社会保障的差异性

国际劳工组织的报告中指出:"社会保护与社会保障这两个术语,被人们以各种不同的,且并不总是完全一致的方式所使用。它们在各国和各个国际组织机构中的用法都有差异,甚至在不同的时期,它们的用法也不相同。"[①]国际劳工组织的这段话,实际上是说,在时间、空间和组织这三个维度上,社会保护和社会保障都会表现出其差异性。

早在 1993 年,作为国际劳工组织亚太局社会保障顾问的林恩·维拉考特(Lynn Vellacott)就作过这样的比较,她认为:"社会保障"与"社会保护"概念各自代表了不同的范畴。根据国际劳工组织的划分,社会保障的范畴包括 9 个劳动风险方面,即:疾病、生育、养老、残疾、工伤事故、职业病、失业、死亡、家庭津贴。而社会保护政策包含的内容和使用的手段更为广泛,不仅包括上述内容方面,而且包括社会救助形式的补助甚至食物,以及提供职业培训和就业服务等。[②] 维拉考特的说法道出了一个事实,在 20 世纪 90 年代以前,社会保障的概念实际上在"圈内"已经形成了一个思维定式或称"刻板印象"。按维拉考特的说法,甚至社会救助都没有被包括在内。然而,社会保护的概念则是开放的,不仅包括通常列举的社会保障各个分支项目,还包括了其他提供保护的形式:维拉考特列举的有社会救助、职业培训、就业服务等,也用较多的篇幅谈及雇主责任制和储备积累制(中央公积金或私人公积金)。

同样是在 1993 年,在第 80 届国际劳工大会上,国际劳工局局长米歇尔·汉森(Michel Hansen)所作的题为《社会保障的发展历程:社会保险—

---

① 国际劳工局:《世界社会保障报告(2010—2011)》,人力资源和社会保障部社会保障研究所译,中国劳动社会保障出版社 2011 年版。

② 林恩·维拉考特:《亚太地区的社会保护政策:发展变化及争论焦点》,葛蔓译,《中国劳动科学》1993 年第 9 期。

社会保障—社会保护》的报告指出："近期来,也就是在过去的三四十年期间,社会保障的概念已进一步扩大到向所有公民提供普及化的基本社会支持的社会保护体制,而不再考虑交纳投保金情况或就业史,……在这些新的保护体制中,政府往往是根据需要而不是权利来确定津贴的数额。"①在汉森的讲话中,至少披露了两点:首先是社会保护不再纠结于缴费以及工龄,即超越了一直以来可能已经被绝对化了的社会保险的政策思路和制度安排;其次是确定保障待遇的参照物是"需要"而非"权利",这实际上否定了风靡一时的欧洲普惠主义的福利国家政策的普遍意义。最终汉森将社会保护的立足点界定为"向所有公民提供普及化的基本社会支持"。

20 年过去了,前文所列举的欧洲委员会、经合组织和联合国所作的社会保护分类,应该是当今世界最新的关于社会保护外延的国际共识。显而易见,其中涉及的一些类别是超出了一般公认的社会保障范围的。譬如欧洲委员会分类中的住房保护和其他未分类的社会排斥保护,经合组织分类中的积极的劳动力市场项目、住房保护和其他社会政策领域,联合国分类中的其他未分类的社会排斥保护、社会保护研究,以及开发和其他未分类的社会保护。这些项目是应该在新的形势下形成的对社会保护的国际共识。看起来,积极的劳动力市场项目——职业培训、就业服务等——20 年后仍然被强调,新的内容则加上了住房保护。在三大国际组织的社会保护分类中更有一个非常明显的政策取向,就是社会保护不再"关门"——欧洲委员会的"其他未分类的社会排斥保护",经合组织的"其他社会政策领域",联合国的"其他未分类的社会排斥保护"、"社会保护研究"和"开发和其他未分类的社会保护"都为社会保护外延的进一步发展留下了充分的余地。

因此,国际劳工组织的报告指出:社会保护这个术语,因其内涵比社会保障更为宽泛,而被世界各地众多机构所引用。它经常被理解为比"社会保障"具有更广义的特征(特别是它还包括家庭成员之间以及本地社区成员之间相互提供的保护),但它也同样被人们狭义地使用(被狭义理解为,仅对最贫困、最弱势或者是被社会排斥的群体所采取的措施)。②

2. 社会保护和社会保障的共同性

因为社会保护的意义更为宽泛,因此有研究者建议用其取代社会保障:

---

① 米歇尔·汉森:《社会保障的发展历程:社会保险—社会保障—社会保护》,《中国劳动报》1993年 6 月 22 日。

② 国际劳工局:《世界社会保障报告(2010—2011)》,人力资源和社会保障部社会保障研究所译,中国劳动社会保障出版社 2011 年版。

"社会保障只是社会保护或促进人们福利和提供经济保障的手段之一，有其特定的功能和适用范围，并不能全面地协助所有的公民处理各种社会风险，满足多样的社会需求，我们有必要超越现有社会保障体系，在其基础上构建一个更为全面的社会保护制度。"①

但是，国际劳工组织显然不准备接受这个意见，而是再次强调了两者的共同性。国际劳工组织认为，在许多情况下，"社会保障"和"社会保护"在很大程度上都可以互换。而国际劳工组织则根据表达内容和所提建议的不同，在不同场合都在使用这两个术语。对于这一点，在《世界社会保障报告》中，国际劳工组织是这样表述的："相应地，本报告使用了'社会保护'，主要基于以下两方面的考虑：(1)社会保护和'社会保障'可以互换；(2)'保护'是人们面临社会风险和社会需要时，由社会保障所提供的。"②

在国际劳工组织的文献中，社会保护和社会保障确实常常在同一意义上被使用。有趣的是，有时它们都可以轻而易举甚至"自然而然"地互换。譬如，在国际劳工组织题为《增长、就业与社会保护》③的报告中有这样一段话："提供社会转移支付的社会保障体系是预防和减轻贫困的手段，它们直接而迅速地发挥作用，所谓的经济增长'散布'效应可能带来的好处无法与之相比。经合组织国家多年的经验表明，社会保护是减少贫困和不平等的有力工具：在许多经合组织国家，社会保护使贫困和不平等减少了大约一半。"在以上这段话中，开始时用的社会保障到后文中不知不觉地就变成了社会保护。

当然，社会保护和社会保障在同一意义上的使用，是因为社会保障一开始就是而且迄今仍然是社会保护的核心内容。早在 70 年前，国际劳工组织在第 26 届国际劳工大会上通过《费城宣言》(亦即《关于国际劳工组织的目标和宗旨的宣言》)中就有这样的表述："社会保障为所有需要这些保护的人提供了基本收入，并提供综合的医疗服务。"

如前所述，随着社会经济的不断发展，社会保障的内容也在变化，但这主要表现在其外延的不断扩张。也就是说，人们获得社会保障，包括相应的社会服务和社会转移的途径和手段正在不断地丰富，甚至超越了关于社会

---

① 曾群：《社会保护比社会保障有更大包容性》，《长江日报》2007 年 12 月 6 日。
② 国际劳工局：《世界社会保障报告(2010—2011)》，人力资源和社会保障部社会保障研究所译，中国劳动社会保障出版社 2011 年版。
③ 国际劳工局：《增长、就业与社会保护：在全球市场经济中实现均衡增长的战略》，日内瓦，2007 年 6 月 12 日国际劳工大会劳工与社会事务部长非正式会议讨论报告。

保障传统边界和传统模式的国际共识。于是,社会保障便有了更多的与其他领域交叉、渗透、混合的机会。譬如,传统的被动接受的社会服务中已经被赋予更多的积极参与的内涵;又如,社会转移已不再将强调权利和义务对等的缴费或工龄等条件绝对化;再如,不再用同一个制度模式作为标准来衡量和评价所有国家相关制度的优劣,等等。于是,一个以约定俗成的社会保障国际共识为核心,但又更具包容性和开放性的新概念——社会保护,在人类历史中某一不确定的时刻低调地悄然登台。

三、社会保障最低标准和社会保护底限

在国际劳工组织的文献中,近年来经常使用的一个词组是"Social Protection Floor"。在2010—2011年的《世界社会保障报告》的中文版[①]中,这个词被直译为"社会保护地板层"。词组中的"Floor",本义确是"地板",其引申义可谓"基底"。就"Floor"本身的词义去推敲,在中文语境中是否可以用意译的方式,译成"底限"? 这样,"Social Protection Floor"就成了"社会保护底限"。

前文中对社会保障和社会保护的概念的描述和分析,可以说是为进一步分析"社会保护底限"打基础、作铺垫。而要讨论社会保护底限,应该先提到一个70多年前诞生的概念——国际劳工组织制定的"社会保障最低标准"。

1. 社会保障最低标准

成立于1919年的国际劳工组织,自称是"一个制定标准的组织",这些标准包括公约和建议书。在社会保障方面,迄今在国际劳工大会上已经通过了31项公约和24项建议书。在2002年,国际劳工组织又将其中的6项公约确认为最新的社会保障公约,这6项公约是《社会保障(最低标准)公约》(第102号公约,1952年通过)、《工伤津贴条约》(第121号公约,1964年通过)、《伤残、老年和遗属津贴公约》(第128号公约,1967年通过)、《医疗和疾病津贴公约》(第130号公约,1969年通过)、《就业促进和失业保护公约》(第168号公约,1988年通过)、《生育津贴公约》(第183号公约,2000年通过)。

---

① 国际劳工局:《世界社会保障报告(2010—2011)》,人力资源和社会保障部社会保障研究所译,中国劳动社会保障出版社2011年版。

其中的《社会保障（最低标准）公约》（第 102 号公约），①明文规定了 9 个社会保障项目。之后，又根据公约中关于"一般收入保障或一般社会救助计划"的规定，设定了第 10 个项目。这 10 个项目分别是医疗服务、（作为患病期间收入支持的）疾病津贴、伤残津贴、老年津贴、（负有赡养责任的家庭成员死亡后的）遗属津贴、生育津贴、（支持儿童抚养责任的）家庭津贴、失业津贴、工伤津贴和（防止贫困和社会排斥的）社会救助，由此而形成的社会保障外延，成为国际劳工组织所有与社会保障相关的讨论的参照系。公约还对每一个社会保障分支项目（计划）的最低待遇水平及其相应的权利和义务作出了规定。

《社会保障（最低标准）公约》表达了国际劳工组织坚守的一个几十年来一以贯之的理念，就是要为世界各国绘制一幅社会保障制度建设的基本蓝图，提供一套能够为国际社会普遍接受的社会保障最低标准，从而使有需要的个人和社会群体都能获得有效的安全保护。公约全面阐述了一个国家社会保障制度在制定、融资、治理和监督等方面的指导原则，在推动国家层面的综合性社会保障制度的发展，并逐步扩大在世界各国中的覆盖面等方面起到积极的作用。②

然而，近年来，在很多场合，国际劳工组织都会提到一个关于社会保障覆盖面的基本判断：全世界被社会保障制度覆盖而且真正享受到了保障待遇的实际上只有一小部分人口，许多国家的社会保障实际上仅局限于少数几个保障项目。全世界只有 1/3 的国家建立了涵盖国际劳工组织《社会保障（最低标准）公约》所规定各个项目的综合性保障体系。据估计，世界上只有 20% 的劳动年龄人口（及其家庭）真正被综合性社会保障制度所覆盖。

鉴于以上的判断，国际劳工组织的成员国达成一项共识：国际劳工组织的现行社会保障最低标准也应该与时俱进，应该提供新的标准指导各国社会保障权利的实现。于是，在 2012 年的国际劳工大会上，通过了《关于国家社会保护底限的建议书》（以下简称《建议书》）。《建议书》明确界定了保障的内容和保障的水平，并且提出了适合于各国实施的方法。

此前，在联合国的另一个报告中，首先提出的是"社会经济底限"的概念，即必须为个人和家庭提供最低水平的社会保护，并将其无可争议地作为全球经济中社会经济底限的一部分。此后，"社会底限"或"社会保护底限"

---

① 国际劳工局：《世界社会保障报告（2010—2011）》，人力资源和社会保障部社会保障研究所译，中国劳动社会保障出版社 2011 年版。

② 吕茵：《国际劳工组织社会保障标准立法理念探析》，《理论界》2013 年第 1 期。

就被用来表示全球公民应该享受的最基本的社会权利、服务和设施。

从某种意义上说,社会保护底限概念的提出,是国际劳工组织在新形势下再度强调要对有需要的个人和社会群体提供安全保护,并希望世界各国对此作出可靠承诺的理念的新的表述。① 当今世界正面临着全球性的金融危机和经济危机,在这样的艰难时期,无论是对个体生活,还是对整个社会生活,社会保障在经济、社会和政策层面都在发挥着不可替代的稳定器作用。然而,以往的社会保障,主要瞄准的是正规就业人群,因此,《建议书》中提出的新的建议是:各成员国要重新确定提供社会保障的选择顺序,优先考虑那些目前未受保护的、贫穷的、弱势的社会群体,譬如在非正规经济组织中的工人及其家庭,要为这些社会群体在他们的整个生命周期中提供有效的、基本的社会保障。

《建议书》提出建议,无论社会保障制度的制定还是实施,各国社会保障制度的发展都应该采取渐进的方式。要设立明确的政策目标和实施的时间框架,有步骤地根据社会保护底限所确定的保障需求和优先选项,逐步覆盖所要覆盖的人群,逐步提高社会保护的水平。《建议书》还提出:要重视以非缴费型或者根据经济情况来提供福利保障,确保相关制度安排的有效性,使被保护的社会群体和个人能够得到必要的商品和服务。②

使用社会保护底限这个概念的好处在于其简明扼要。③ 联合国建议:为了实现多方面的人权,社会保护底限应由"社会服务"和"社会转移"两个方面构成。前者是指无论身处何地,都有经济能力享受清洁水源、卫生设施和医疗、教育等基本服务;后者是指建立一整套最基本的社会转移制度,无论是用现金还是实物,为穷人和弱势群体提供最低限度的收入保障,并使其享受最基本的服务,包括医疗服务。④

关于社会保护底限,国际劳工组织目前的工作重点是:(1)所有居民都可获得国家确定的可负担得起的基本医疗保健服务;(2)通过现金或实物转移支付计划,所有儿童都享有收入保障,以确保获得营养、教育和照料;(3)通过现金或实物转移支付计划及就业保障计划,所有在劳动年龄内不能

---

① 国际劳工局:《世界社会保障报告(2010—2011)》,人力资源和社会保障部社会保障研究所译,中国劳动社会保障出版社 2011 年版。

② 闫欣:《建立国家社会保护底线》,《中国社会保障》2014 年第 1 期。

③ Michelle Bachelet. Social Protection Floor for a Fair and Inclusive Globalization(http://www.ilo. org/global/publications/ilo-bookstore/order-online/books/WCMS_165750/lang-en/index. htm).

④ 国际劳工局:《世界社会保障报告(2010—2011)》,人力资源和社会保障部社会保障研究所译,中国劳动社会保障出版社 2011 年版。

从劳动力市场上获得足够收入的人们都应享有最低收入保障；(4)通过老年和伤残津贴或实物性的转移支付计划，所有居民中的老年人和残疾人都可获得收入保障。①

社会保护底限与国际劳工组织"人人享有社会保障"的"二维战略"是相一致的。所谓二维战略，包括"纵向"和"横向"两个维度。"横向"维度的发展目标是：即使保障水平较低，也要通过落实社会保护底限，设法尽快使基本的核心保障项目——收入保障和医疗保健扩展到全体社会成员。"纵向"维度的发展目标是：在人们遭遇各种风险，譬如年老、患病、失业、丧失劳动能力或失去家庭经济支柱时，设法提供更高水平的收入保障和质量更高的医疗保健以维持人们一定的生活水准。随着国家财政能力的提高和社会政策的发展，社会保障项目的范围和水平至少要达到《社会保障(最低标准)公约》所规定的标准，然后再逐步提高到公约规定的更高水平。②

① 吕茵：《社会保护底限在全球的发展及其作用评析》,《当代世界》2011 年第 5 期。
② 国际劳工局：《世界社会保障报告(2010—2011)》,人力资源和社会保障部社会保障研究所译,中国劳动社会保障出版社 2011 年版。

正确认识与有效化解大学生就业难

□ 姚先国*

摘　要：大学生就业难不是孤立事件，不能靠单一措施解决，而是要靠转变经济发展方式，优化产业结构，创新增长模式而内生出对高素质劳动者的就业需求。而转变经济发展方式的关键在于深化改革，消除体制机制障碍。

关键词：大学生；就业难；机制障碍

自 20 世纪 90 年代末大学扩招以来，我国大学招生人数井喷式增长，毕业人数也从 2001 年的 103.6 万人增加到 2012 年的 673 万，增长 5 倍多。与此同时，大学毕业生的初次就业率也从 97.1％下降为 77.8％。以此为背景，"大学生就业难"、"知识性失业"成为热门话题，不少人因此对大学扩招提出非议和责难。

应该承认，当前大学生就业确实存在困难，并曾出现大学生就业难与局部地区"民工荒"并存的现象，对此应给予足够的重视。但是，对大学生就业难不应过分夸大，更不能因此而否定加强人力资本投资、大力发展高等教育的必要性和有效性。大学生就业难的形成机理应置于国民经济循环体系中深入分析，并通过深化改革，完善市场，加快发展方式转变予以解决。

一、初次就业率不能作为判断大学生就业状况的唯一依据

目前，讲到大学生就业难均以大学毕业生初次就业率低作为依据，从表 1 可以看出，初次就业率统计数据一是波动很大，二是与经济增长没有内在联系。近十年来经济增长最快的 2007 年和 2010 年初次就业率都很低。实际上，初次就业率可能低估了大学生的就业状况。如果考虑半年后的就业率（见表 2），情况就大不相同。根据麦可思研究院的调查，从 2006 年到 2011

---

*　姚先国：浙江大学公共管理学院。

年,大学生半年后就业率虽有波动,但自金融危机以来,总体呈上升态势。

表1 2000—2011年大专及以上毕业生初次就业率情况

年份	毕业生数(万人)	初次就业率a(%)	初次就业率b(%)	初次就业率c(%)
2000	100.9	—	82.0	
2001	110.4	70.0	70.0	—
2002	141.8	74.0	64.7	
2003	198.9	75.0	70.0	—
2004	254.2	75.0	73.0	77.5
2005	325.8	73.0	72.6	72.8
2006	403.1	77.0	70.0	78.8
2007	479.0	70.0	70.0	78.1
2008	546.5	68.0	70.0	81.3
2009	568.2	68.0	68.0	81.0
2010	613.8	72.2	72.2	85.4
2011	651.2	77.8		

数据来源:毕业生数来源于教育部网站;初次就业率a根据教育部及媒体公开信息整理,初次就业率b来源于苏丽锋和孟大虎的研究(《扩招以来我国大学毕业生的供给与配置状况报告——基于统计年鉴数据的分析》,《中国高教研究》2011年第9期);初次就业率c来源于相关统计研究(全国高校学生信息咨询与就业指导中心:《全国高校毕业生就业状况:2004—2008》,北京大学出版社,2009年;全国高校学生信息咨询与就业指导中心:《全国高校毕业生就业状况:2009—2010》,北京大学出版社,2011年)。

表2 2006—2011年大学生半年后就业率情况

年份	本科毕业生	大专毕业生	所有大专及以上毕业生
2006	88.0	80.1	—
2007	91.2	84.1	87.5
2008	87.6	83.5	85.5
2009	88.0	85.2	86.6
2010	91.2	88.1	89.6
2011	90.8	89.6	90.2

数据来源:《2012年中国大学生就业报告》,麦可思研究院编著。

初次就业率之所以低估大学生实际就业率,主要原因有二:一是初次就业搜寻成本太高,很多家境不好的学生难以承担,因而毕业先回原籍再寻找工作。二是我国劳动力市场分层状况。初次就业的招聘单位一般属于一级劳动力市场的正规企业,量大面广的中小微企业属于次级劳动力市场,难以进入正规招聘市场,即使进入也难以吸引优秀大学生。而许多非名校的本专科学生在初次就业时进不了一级劳动力市场,转而在次级市场就业,由此造成了初次就业率与半年后就业率的差异。

二、大学生在劳动力市场更具竞争力

近年来媒体不断报道大学生就业难与民工荒并存现象,给人的印象是在劳动力市场上大学生的就业竞争力不如文化程度低的农民工。这完全是一种错觉,经不起事实的检验。

根据本课题组运用国家统计局城市调查总队的城镇住户调查的微观数据分析,1998—2009 年大专及以上和大专以下劳动者的就业率均呈现下降趋势(见图1)。在扩招切实影响劳动力市场的 2003 年之前,大学生就业率持续降低,但在扩招后逐步稳定,围绕在 90% 上下波动。与此同时,非大学生就业率从 1998 年的 83.1% 迅速跌到 2009 年的 67.0%,下降幅度远高于大学生群体。

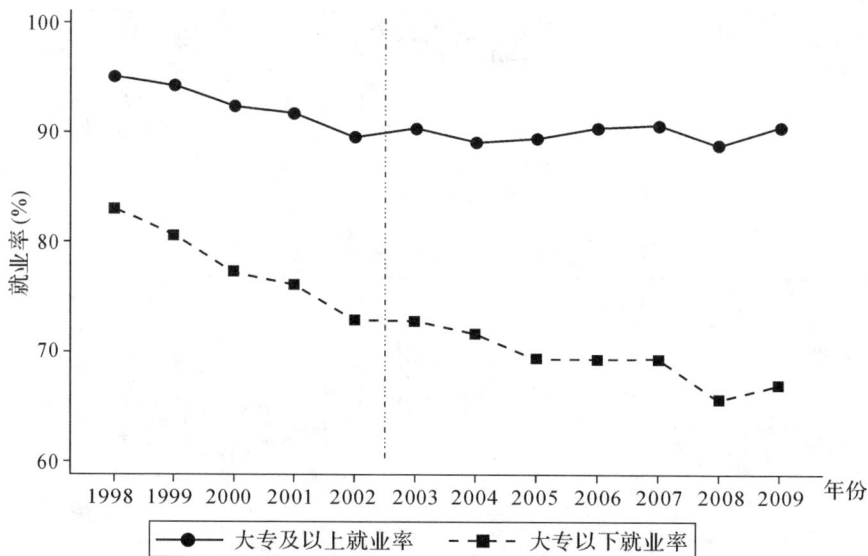

图1　1998—2009 年大专及以上与大专以下劳动者就业率
数据来源:根据城镇住户调查数据(1998—2009 年)计算得出。

由此可见,尽管大学生就业存在困难,不能完全就业,但如果不读大学,则就业更困难。不能因有季节性、局部性的民工荒现象就否定高等教育对提升劳动者就业竞争力的正面作用。

三、中国劳动力市场是否存在脑体倒挂现象

"脑体倒挂"是复杂劳动报酬低于简单劳动报酬的通俗说法。由于从事复杂劳动需要更多的智力、知识、技能的训练,因而实际上是人力资本投资的回报率问题。我国计划经济时期搞平均主义大锅饭,轻视知识、压制人才,导致"脑体倒挂"成为普遍现象。但在市场经济条件下,一般不会出现长时期、大范围内人力资本投资回报率低甚至倒挂的现象。因为理性的经济人会随之调整人力资本投资策略,使之回归正常水平。但由于市场经济中的劳动工资取决于市场供求关系,也不排除在供求失衡的情况下,简单劳动、体力劳动的报酬率高于复杂劳动、脑力劳动。西方发达国家某些从事苦、脏、累、险的蓝领工人工资收入高于白领就是常见的事实。

我国现在也发生大学毕业生起薪低于农民工的现象,这是否新的"脑体倒挂"呢?同样需要作实证检验。

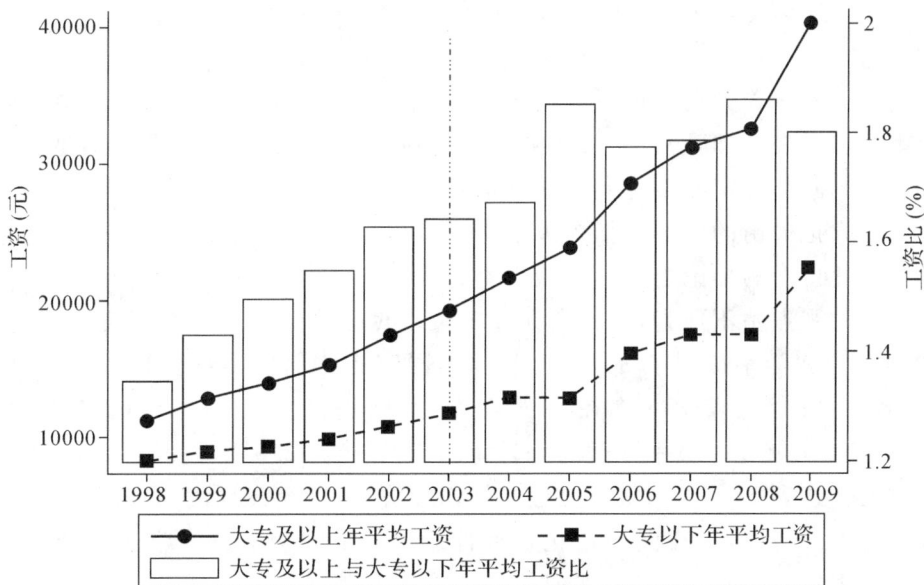

图 2　1998—2009 年大专及以上与大专以下劳动者年平均工资及工资比
数据来源:根据城镇住户调查数据(1998—2009 年)计算得出。

　　本课题组运用上述城镇住户调查数据,对大专及以上和大专以下劳动者的年平均工资及工资比作了计算。图 2 中的劳动者年平均工资包括基本工资、奖金、津贴以及其他与劳动相关的收入等四个主要部分。为了消除地区物价差异,此处的工资均通过各年各省 CPI 指数换算为以 2009 年为不变价格的真实工资。

　　图 2 对比了大学生和非大学生劳动者的年平均工资,可以看到,1998—2009 年大学生和非大学生劳动者的年平均工资均呈现出上升态势,其中大学生的工资以 12.5% 的平均年增速快速增长,超过非大学生工资平均年增速的 9.7%。并且,以 2003 年为时间分界点,扩招后大学生和非大学生年平均工资的增长速度均快于扩招前。与此同时,年平均工资比从 1998 年的 1.3 迅速攀升到 2009 年的 1.8,反映出大学生在工资收入上的显著优势。

　　由此可见,即使某些特殊情况下出现大学生起薪低于体力型农民工工资收入的情况,也不能以偏概全,断言已出现"脑体倒挂"的局面,高等教育仍然是回报率较高的人力资本投资。

四、准确把握大学生就业市场的供求矛盾

　　失业意味着劳动力市场失衡。部分大学生就业难同样意味着大学生就业市场供求失衡,问题在于失衡的主因何在,是供给过度还是需求不足? 这一基本判断将决定决策走向和政策措施的着力点。

　　有人把失衡的原因归结为大学扩招过多,发展过快,造成大学生供给过剩。由此得出的结论当然是削减供给。

　　这种观点站不住脚,而且会误导决策。我国这些年高等教育突飞猛进,2013 年毛入学率达到了 30%,但与发达国家相比仍然很低。日本、欧洲同期的高等教育毛入学率都在 60% 左右,美国更是高达 94.8%(2010 年)。2011 年我国就业人员中受过高等教育的比例仅为 12.9%,而美国 2007 年该比例就已达到 61.1%。世界已进入知识经济、信息经济时代,我国已成为世界第二大经济体,正在向现代化目标冲刺。如果因为部分大学生就业难就延缓人力资本投资的步伐,如何能适应全球化竞争的需要? 以这样的劳动力素质和人才队伍,又如何能实现转型升级和创新驱动?

　　我们认为,部分大学生就业难的根本原因不在供给,而在需求。长期以来以 GDP 为中心的赶超战略,以投资驱动的增长模式,使得我国产业结构调整缓慢,没有激发出对高级人才的内生需求。我国的固定资产投资高居

不下,达到 GDP 的 60%以上,但主要投资于不需要多少大学生的低端制造业和经济性基础设施建设,而真正需要大学生的高新技术产业,科研、教育、文化、卫生等社会性基础设施,以及需要高端人才支撑的生产性服务业却投资有限,扩张不够,造成大学生就业机会不足。据本课题组对第二次经济普查的浙江省 1970 家规模以上制造业企业的数据分析,无大专及以上从业者的企业为 11.77%,初中及以下学历从业者占 80%以上的企业为 26.75%,无科技人员的企业为 77.11%。有这样的产业机构、企业结构和就业结构,大学生就业难也就不难理解了。

因此,解决大学生就业难的基本对策在于加快转型升级,调整产业结构,激活对高端人才的内在需求。产业高端化的人才需求潜力无限。从表 3 可以看出,知识密集的金融、医疗卫生行业在中美两国扩张程度差异巨大。2012 年中国金融、医疗卫生行业就业比例仅为 0.69%和 0.94%,而美国分别为 5.36%和 11.68%。如果中国能放宽管制,加大投入,促进该类行业自由发展,哪怕只达到美国比例的一半,也足以产生 8300 万知识密集型岗位。

因此,我国应加快改革开放步伐,放松对高端产业的管制,释放就业需求,坚定不移地实施科教兴国战略和人才强国战略,提升企业劳动生产率,实现产业结构与就业结构双优化,促进国民经济良性循环,健康发展。

表 3　中美部分行业就业人员比重

行　业	美　国		中　国	
	就业人员(万人)	比重(%)	就业人员(万人)	比重(%)
总就业	14536	—	76704	—
金融业①	779	5.36	527.8	0.69
卫生、社会保障和社会福利业②	1697	11.68	719.3	0.94

注:①中国的金融业包括人民银行、各类商业银行、证券、保险、信托理财等单位的从业人员(不含城镇私营单位从业人员);美国的金融业从业人员包括联储、信贷机构、证券、保险、基金信托机构的从业人员。
②中国的卫生、社会保障和社会福利业包括医院、卫生院、门诊、疾控中心、卫生防疫站、各类保险经办机构、收养收容所、休养所等单位的从业人员(不含城镇私营单位从业人员);美国的卫生、社会保障和社会福利业包括医院、家庭健康护理机构、社区和职业康复机构、儿童日托服务机构、敬老福利院、出诊服务机构、保健服务机构等单位从业人员。
数据来源:美国劳动统计局(http://www.bls.gov/emp/ep_table_201.htm);国家统计局(http://data.stats.gov.cn)。

五、科学把握技术进步的就业效应

我国粗放型的增长方式受到环境、需求、社会多重约束,必须转到以科技支撑、人才引领的创新驱动模式,对此已普遍达成共识。但也有人认为,过分强调创新转型、集约发展将不利于低端劳动者就业,会加剧农民工就业难,不能只顾大学生,不顾农民工。农民工就业问题同样要给予重视。

这种担心涉及如何认识技术进步的就业效应问题。加快科技创新、实现技术进步是否仅有利于掌握科技知识的劳动者就业呢?并非如此。

技术进步对就业的影响有双重效应。一是"挤出效应",即在直接生产领域减少用工,甚至完全用机器人、机械手代替人工,既提高生产质量,又减少用工成本。另一种是"补偿效应",即在减少生产工人的同时,增加其他领域的用工。有两方面的补偿:一方面,生产企业将增加科技研发、设计和销售服务这两端的用工,使企业员工从"橄榄型"变为"哑铃型",这一调整过程也是企业向"微笑曲线"两端伸展的过程,有利于企业提高劳动生产率和盈利水平。另一方面,技术进步将对员工素质提出新要求,也会支付更高的劳动报酬。而员工收入增加又会增加消费支出,从而增加消费部门的劳动就业。根据欧洲各国 20 世纪 80 年代的实证研究,这两种效应在不同国家虽有所差别,但总体看来,大体相互抵消,不会造成总就业水平的大幅降低,反而能提高全社会的工资收入水平,提升就业质量。

如果中国坚持创新发展,并切实实践"把保障与改善民生作为转变经济发展方式的根本出发点与归宿",那么,在持续实现技术进步,提升全要素生产率的同时,劳动者的工资收入水平将得到同步提升。内需增强、消费推动增长的局面能够变成现实。两种效应同时强化,则可望出现如下局面:第一种补偿效应会给高端人力资本拥有者提供就业机会,有利于大学生就业,而第二种补偿效应将增加消费性服务业的就业机会,有利于农民工就业,从而促进全社会就业的持续增长。

六、大中专学生的充分就业、平等就业决定中国未来

就业是民生之本,也是增长之源。一切财富和文化都是人创造的,人力资源的开发和利用决定着国家的命运。改革开放初期,中国面临着巨大的就业压力,改革开放改善了制度环境,不仅解决了每年数以千万计的城镇新

成长劳动力的就业,消化了国企改革释放的冗员,而且把农村数以亿计的剩余劳动力转化成廉价劳动力,推动了工业化、城市化的快速发展,创造了人类经济史上的奇迹。中国农民工因此登上了《时代周刊》杂志的封面。

今天我们面临着另一幅图景:每年城镇新增就业约 1000 万~1200 万人,但每年受过高、中等教育的毕业生高达 1800 万人左右。以 2012 年为例,当年大专及以上毕业生 673.38 万人,中专职高毕业生 1157.65 万人,不算未升学的高、初中毕业生,总数就已达到 1831.03 万人。是通过有效的创业、就业机制把这一庞大群体转化为经济、社会发展的强大动力,还是因失业而使其成为社会的包袱、动乱的渊薮,显然决定着中国的前途与命运。

如上所述,大学生就业难不是孤立事件,不能靠单一措施解决,而是要靠转变经济发展方式,优化产业结构,创新增长模式而内生出对高素质劳动者的就业需求。而转变经济发展方式的关键在于深化改革,消除体制机制障碍。

就业领域的种种体制性障碍,归结起来有两方面:一是市场化不充分。有效配置劳动力资源的市场机制未能建立,劳动力市场的体制性分割仍是公认的事实。二是公民权利不对等,身份等级、户籍制度,各种公开的歧视性制度安排,劳资权利失衡,农民工名义权利和实际权利不对称,等等。两者相互交织,不仅阻碍了劳动力资源(人力资源)的合理配置和有效利用,而且造成社会不公、收入差距扩大、利益格局失衡,引发社会不满。

因此,必须以党的十八届三中全会决定为指导,深化劳动就业制度改革,完善劳动力市场,充分发挥市场在配置人力资源中的决定性作用。改革的重点在于:一是正确处理政府与市场的关系,全面清理和取消不合理的产业管制与行政垄断,充分释放创业、就业需求。二是改革劳动力市场双轨定价机制,打破二元劳动力市场格局,给予所有劳动者平等就业、同工同酬的机会。三是改革户籍、身份等级制度,消除特权与歧视,让所有公民真正享有国民待遇。四是改革和整合社会保障制度,建立公平与激励有机统一的社会保障体系。五是深化教育体制改革,赋予学校根据人才市场需求自主办学的权利,使教育部门的人才供给与劳动力市场的人才需求有效衔接,良性互动。

风险、个体化与社会治理

□ 王小章　冯　婷[*]

摘　要：中国已无可回避地置身于全球风险社会之中，这一客观情势要求在社会治理中必须提高"社会"灵活主动的参与与介入，强化"社会"的自我管理，但社会个体化所可能导致的原子化又严重威胁着社会自我管理的"社会"基础。为此，必须顺应新的历史条件重建"社会"这个既有别于市场、又有别于国家（政府）、同时又能与这两者积极互动的行动主体。而社区与社团，则是"社会"这个行动主体的基本承担者。

关键词：风险社会；社会个体化；社会治理

自从提出要加强和创新社会管理以来，党和政府以及社会各界就一直强调，在社会管理中，要在肯定政府责任的同时，特别重视社会协同、公众参与。党的十八届三中全会又进一步在"推进国家治理体系和治理能力现代化"的目标下，明确指出，要"加快形成科学有效的社会治理体制，确保社会既充满活力又和谐有序。"要"鼓励和支持社会各方面参与，实现政府治理和社会自我调节、居民自治良性互动"。从"社会管理"到"社会治理"，在笔者看来，基本上是延续并进一步明确和深化了下述基本思路：即在营造一个人民安居乐业、社会安定有序的社会生活环境的过程中，必须改变以前那种一味依赖于政府"管控"，认为"社会管理"就是"管理社会"，就是要把社会管住甚至管死的想法做法，而要更弦易辙为在民主法治的制度架构内明确政府责任的前提下，更多地发挥和依靠社会的自我协调、自我管理。这种基本思路，一方面可以说体现了马克思当年所说的社会应该把国家"统治社会、压制社会的力量变成社会本身的生命力"（马克思，1963），应该将国家对于社会事务的组织、管理转变为社会的自我组织，转变为自愿联合起来的个人的自我协调、自我管理的主张；另一方面，则可以说是自觉地因应了当今这个

---

　* 王小章：浙江大学社会建设研究所；冯婷：浙江省委党校社会学文化学教研部。

风险社会、个体化社会的客观情势。

一

社会学家贝克、吉登斯等指出，现代化的持续发展已经导致当今社会进入了"风险社会"，在现代性的这个阶段，工业化社会道路上所产生的威胁开始占据主导地位，社会、政治、经济和个人的风险越来越多地脱离工业社会中的监督制度和保护制度。"风险社会"有两个基本特征：其一是它的"自反性"（reflexivity），即风险社会中的那些风险，那些可能的不美好的甚或灾难性的事物，是现代化进程中那些企图给人类带来福祉的、理性设计的现代社会工程自身的产物："风险社会格局的产生是由于工业社会的自信……主导着工业社会中人民和制度的思想和行动。……它出现在对其自身的影响和威胁视而不见、充耳不闻的自主性现代化过程的延续性中。后者暗中累积并产生威胁，对现代社会的根基产生异议并最终破坏现代社会的根基。"（贝克，2001）一方面，"工业社会、民众的社会秩序，特别是福利国家和保险国家必须能够使人类的生存状况可由工具理性控制并使之可制造、可获取、（单个地、合法地）可解释。另一方面，风险社会中难以预见的一面以及控制的需求的滞后效应反过来又引出了原以为业已克服的不确定的领域、矛盾的领域——总而言之是异化的领域。"（贝克，2001）"不确定性以自律的现代化之胜利的不可控制的（副）作用的形式回归了。"（吉登斯，2000）"风险社会"的另一个基本特征是它的"全球性"。"风险社会"之风险，是现代化所带来的不可控制的意外后果或副作用。因此，现代性的全球扩张必然带来风险的全球弥散。吉登斯曾经指出，现代性的扩张有三个动力机制或者说三个动力来源。即时—空伸延、脱域机制和自反特性[1]。"时—空伸延"指的是由时间的标准化而导致的时间和空间的分离以及它们在形式上的重新组合，由此进而导致"场所完全被远离它们的社会影响所穿透并据其建构而成"，造成不在场的东西日益决定在场的东西。"脱域机制"指的是"社会关系从彼此互动的地域性关联中，从通过对不确定的时间的无限穿越而被重构的关联中'脱离出来'。"全面的自反性不可预测地改变着我们行动的环境，从而将我们置于一种普遍的不确定感中（吉登斯，2000）。正是在这三个动力

———

① "reflexivity"原译"反思性"，此处改为"自反性"。事实上，"自反性"和"反思"（reflection）是有重要区别的。

来源构成的动力机制推动牵引下，现代性得以向全球扩张，同时也导致风险向全球弥散渗透。因此，"风险社会"必然是全球风险社会。在这种意义上，在当今"风险社会"中，没有哪个地方、哪个民族、哪个群体、哪个个体能确定地脱离于风险之外。

风险社会的上述两个特征客观上要求我们必须在社会治理上作出相应的调整。首先，"风险社会"的概念提醒我们，如今的社会治理必须面对和应对的是一个具有高度变异性、偶然性的世界，一个有着诸多不确定性的社会环境。这种高度的不确定性一方面提高了人们对于政府在营造一个安全的社会生活环境、维护一个稳定可预期的社会生活秩序方面的期待，从而提升和彰显了政府在社会治理中的责任；但另一方面也显示了社会治理所面临的前所未有的挑战，特别是，在今天这个到处充斥着不确定性的时代中传统上那种由政府单方面对社会进行刚性管控的模式再也无法确保一个安全可靠、稳定有序的社会生活环境。不仅如此，着眼于"风险社会"的"自反性"特征，则前述这种由政府对社会进行刚性管控的模式不仅不适合于风险社会中社会秩序的维护与提供，不能控制风险，克服不确定性，而且还可能在一种"理性的僭妄"之下生产出新的风险。所谓"理性的僭妄"是指这样一种信念以及相应的实践：即认为人类凭借自身的理性意志，可以撇开人性的、社会的、文化的、历史传统的等等复杂性而在全新的基础上实现完全"合乎理性"的乌托邦式的计划。在社会学家斯科特看来，这种"理性的僭妄"产生于四个因素的致命结合：一是国家出于自身的目的对社会和环境的简单化、清晰化处置和重塑；二是极端现代化的意识形态，即相信，随着对自然规律的把握，人们可以理性地设计社会秩序；三是独裁主义的国家，它有愿望也有能力使用它所有的强制权力来使那些极端现代主义的设计成为现实；四是软弱的公民社会，这样的社会缺少抵制这些计划的能力（斯科特，2004）。在社会治理或者说社会生活秩序的营造和维护中，这种"理性的僭妄"最容易表现为行政当局罔顾各地的历史文化传统、居民的意愿，以及随时随地都在出现的新变化、新情况，而将普遍一律的规划方案强行推行。在今天这个"风险社会"中，这通常不仅不能营造出一个安全的环境和秩序，反而会带来始料不及的变故和新的不确定性。而要防止在社会治理中出现这种"理性的僭妄"，除了政府权力部门要克制过度的自信自负、提高政府机构对各种变化之反应的灵敏性之外，最有效的办法，就是要给"社会"赋权增能（empowerment），强化"社会"根据公民的意愿、根据各地的具体情况和随时出现的新变化灵活地进行自我管理。

第二，如果说，"风险社会"的高度不确定性和自反性表明了在正常社会生活秩序的提供和维护上必须强化社会的自我管理，以应对社会治理面临的新挑战，防止政府刚性管控在可能的自反作用之下带来新的风险，也即，表明了加强社会自我管理的"必然性"。那么，"风险社会"之风险的全球性，则表明了在社会治理中强化社会成员的主动参与，强化社会自我管理的"应然性"。如上所述，在今天，作为自反性现代化产物的风险已经渗透到全球的每一个角落，已没有哪个地方、哪个民族、哪个群体、哪个个体能自外于风险。因此，也就没有哪个人可以自外于应对风险的努力，无论这种参与和行动是作为责任还是作为权利。吉登斯（还有贝克）曾将控制风险的希望寄托在"重塑政治"上，认为："关于解放的政治要同关于生活的政治（或者，同关于自我实现的政治）结合起来。所谓关于解放的政治，我指的是激进地卷入到从不平等和奴役状态下解放出来的过程。……生活的政治指的是激进地卷入到进一步寻求完备和令人满意的生活可能性的过程中，而且就此而言，再没有什么'他人'存在了。"（吉登斯，2000）这种将"解放的政治"与"生活的政治"结合起来的政治是一种在最广泛的意义上鼓励各种力量积极参与的政治（在此，吉登斯对各种社会运动寄予高度的希望，贝克则对传统中央政府之外的各种亚群体和个人的"亚政治"寄予希望）。而之所以要鼓励和动员各种力量积极参与，根本原因就在于，在自反性现代化的今天，在到处都可能出现不可预料的"副作用"的情况下，已没有什么置身局外的"他人"存在。相应地，也就再不可能把处理应对与这种现代性相连的一系列风险交托给某种单一的力量如政府了，相反，任何产生影响的决策和举措都应该接受尽可能多的方面的质询和监控。

二

如果说，"风险社会"从必然性、应然性两个方面对于在社会治理中强化社会自我管理提出了要求，那么，当我们转而直接面对如何构建形成健全的社会自我管理这个问题时，则发现，今天，健全的社会自我管理所需要的"社会"基础正面临着个体化进程所隐含的社会原子化的威胁。无论从社会结构、文化价值还是制度安排来看，现代化的进程都是一个伴随着个体化的进程。这一点，在托克维尔、马克思、韦伯、齐美尔，甚至以社会团结为核心主题的涂尔干等经典社会理论家的论述中都已体现得很充分。近来，贝克、鲍曼、吉登斯等又提出了"社会的个体化"或"个体化社会"的命题，即随着"可自由支配收入"的增长,随着"标准生命史"让位于"选项生命史",随着"生活机会的政治"让位于"生活方式的政治",现代社会中的个体不仅从诸如家庭、血缘关系等传统共同体的束缚中脱离出来,而且也从阶级结构等的束缚中摆脱出来。现代社会的制度设计大都以"个人"为执行单位,现代社会在工作要求、消费物品、法律责任、社会道德、教育培训等生活各个方面,不论是制度设计还是意识形态层次,皆朝着以"个人"为基本单位的方向发展。就这种个体化的大趋势而言,社群主义实际上只是对社会个体化的一种知识反应或心理反弹。必须申明的是,在个人作为自主权利的最终承载者的规范性意义上,笔者肯定个体的本位性(王小章,2008)。但是,吊诡的是,作为结构和制度原理的"个体化"所可能带来的社会"原子化"却蕴涵着对于个人的自主权,进而对于最终以这种自主权为基础的真正良好的社会自我管理的威胁。早在一个半世纪以前,托克维尔就指出,在现代社会,社会成员易于陷于一种彼此隔绝的"原子化"的状态之中,并相应地产生以自己为中心的个人主义情感。他将这种原子化的状态和"以自己为中心的个人主义情感"与民主的社会状态,即人与人之间抹平了身份差别的状态相联系:在民主的社会状况下,由于没有恒久的阶级,也就没有团体精神,没有世袭的产业,也就没有地方的关系或外向的目标受到家庭情感的尊崇,于是,由于没有有效可靠的中介,社会成员便彼此隔绝,并相应地产生"个人主义"情感。托克维尔所说的个人主义是"一种只顾自己而又心安理得的情感,它使每个公民同其同胞大众隔离,同亲属和朋友疏远。因此,当公民各自建立了自己的小社会后,他们就不管大社会而任其自行发展了。"(托克维尔,1991)也就是说,个人主义情感的另一面就是对公共事务的冷漠,就是公共精神的失落。托克维尔进而又指出,当社会陷于原子化状态和"以自己为中心的个人主义情感"之中后,社会成员作为个体就陷于一种普遍的软弱之中,这种软弱往往会促使他们去仰仗当局的干预:"在平等时代,人人都没有援助他人的义务,人人也没有要求他人支援的权利,所以每个人都既是独立的又是软弱无援的。……他们的软弱无力有时使他们感到需要他人的支援,但他们却不能指望任何人给予他们援助,因为大家都是软弱的和冷漠的。迫于这种困境,他们自然将视线转向那个在这种普遍感到软弱无力的情况下唯一能够超然屹立的伟大存在。……最后,他们终于把这个存在视为补救个人弱点的唯一的和必要的靠山。"(托克维尔,1991)在某种意义上,当代贝克、鲍曼、吉登斯等人的"个体化命题"在某些方面实际上再现了托克维尔的这一论断。个体化命题的一个重要观点就是,当个体日益从各种外在的约束中脱离之后,他也就失去了寻求传统、家庭、社区等等之保护的选择,于是,对于现代社会各种正式制度的依赖就不可避免地加强。显而易见,在这种个体化进程所带来的社会原子化状态下,我们所更可能看到的,不是健全有序的社会自我协调、自我管理,而是两种趋势:要么是政府当局对于个体化的社会成员实施父权式的照拂管控,要么是陷于一盘散沙式的社会涣散。

需要特别指出的是,在这全球化的时代,社会个体化进程在中国也已无可回避地来临了。而且,正如有学者指出的那样,由于在我国社会的个体化进程中,没有很好地培育起在西方社会的个体化进程中曾着力强调和建构的那种自主、自由、平等、自立、责任等精神,导致的是"自私、不合群、功利主义、毫不考虑别人的权利和利益"的"无公德的个体"的产生(陶云翔,2012)。就公共道德、公共精神是健康有序的社会自我管理所不可少的条件而言,显然,我国的个体化所蕴含的对于良好的社会自我管理的威胁无疑更大。

三

一方面,"风险社会"要求在风险的应对上,在正常社会生活秩序的提供和维护上提高"社会"灵活主动的参与与介入,强化"社会"的自我管理,另一方面,社会个体化所可能导致的原子化又严重威胁着社会自我管理的"社会"基础。那么,如何构建形成真正健康有序的社会自我管理呢? 答案似乎自然地只能是,顺应新的历史条件重建"社会"这个既有别于市场、又有别于国家(政府)、同时又能与这两者积极互动的行动主体。而社区与社团,在笔者看来,则是"社会"这个行动主体在今天的基本承当者。

我们把社区主要看作是"地域性"的社会生活共同体。在今天这个具有高度流动性,人们的社会活动、社会联系不断突破地域限制的时代,之所以还是将这个作为地域性社会生活单元的社区看作"社会"这个行动主体的基本承当者,是因为:(1)社区依旧是社会成员最基本的生活单元之一。确实,正如许多研究者指出的那样,现代社会不断增长的流动性、不断拓展的社会联系,正在"导致大家都生活在一种来路不明的社会里,在这种社会里,每个个体几乎不从属于某个特定的地方或邻里共同体"(霍普,2010)。相比于过去,今天,作为地域性社会生活单元的社区在人们生活中的功能和重要性无疑是下降了,但是在看到这一点的同时,也必须看到,这种下降的程度并没有达到社区在人们生活中完全无足轻重的地步。因为,其一,虽然今天是一个高度流动性的时代,但是这种流动性并没有使所有人失去与特定地方的联系。如,据英国的一项研究资料,大约有 40% 的人,依然始终在他们出生地范围不大的区域内生活着(霍普,2010)。其二,尽管在今天,人们的社会活动、社会联系不断突破地域限制,但是,人们与他们除了工作上班时间之外大部分时间都生活于其中的家所在的地方(包括同样生活于该地的其他人)毕竟还有一些超乎于其他地方的特殊的联系、特殊的利益关联。其三,从人的生命周期来说,随着老年期的来临,绝大多数人都会逐步从外部世界的各种社会活动、社会联系中慢慢退出,相应地,其居住的社区则将慢慢成为他们最主要的活动空间。因此,尽管今天,社区在人们生活中的功能和重要性比之以前是下降了,但是,它依旧是人们最基本的生活共同体之一,具有其他类型的共同体没有取代、又无法取代的作用和地位。(2)许许多多的社会问题都直接发生在社区,而许多社会保障、社会福利、社会救助、社会管理的宏观制度和行动计划,最终也都要化为具体的项目而在社区中落地,这为把社区看作"社会"这个行动主体的基本承当者提供了必要性。无论在城市还是农村,诸如贫困、失业、住房拥挤、犯罪、吸毒、卫生与疾病、移民融入、环境污染、计划生育、单亲家庭、空巢家庭等等社会问题,大都直接发生在社区。而相应的,像社会保障、社会福利等宏观制度(在今天这个"后单位制"时代)也往往需要在社区中得到落实;许多具体的社会项目,如反贫困项目、邻里复兴战略、移民安置和接纳、再就业、创收计划、住房社区推动、城市贫困家庭发展计划、居家养老、残疾人扶持和服务、社区疾控、行为矫正,乃至希望工程等等,更只能在社区中落地。如果社区不能作为主要的参与主体参与其中并发挥关键性的作用,这些项目注定只能事倍功半,甚至彻底失败。

"社会"这个行动主体的另一个基本承当者是社团,也即各种社会组织。我们将社团看作是"脱域的共同体"(disembeded community)。之所以这样看,主要不是因为许多社团是超越于特定地域的,而是因为,形成这些社团的纽带,并不是地域上的邻近,而是诸如共同的兴趣、共同的利益,某种共同的经历或共同的社会关怀等等其他因素。在一个特定的地域如社区之内,具有这些纽带的人固然可以形成社团,但借助发达的通信、交通手段,那些以上述这些共同特征为纽带而形成的社会组织在今天已摆脱了地域的限制。英国社会学家阿尔布劳曾经指出,在当今这全球时代中,社会生活已经被"非领土化"(deterritorialized)了,地区性已不再具有任何明确无误的意义,现代社会的团体,主要是一些"脱域的共同体",正是这些"脱域的共同体"构成了"个人切身社会环境"。也许,阿尔布劳的话中所包含的"社区终结"的意涵是经不起进一步推敲的,但是,他认为作为"脱域的共同体"的各种社会组织在人们今天的社会生活中越来越重要,则无疑是正确的。这也正是我们在重建"社会"时必须特别重视社会组织的根本原因。当然,我们还可以补充两点理由:(1)在这个个体化的时代,各种社团既是防止社会原子化、增进社会团结和社会有机性的基本力量,也是连接国家和个人的重要纽带、沟通衔接政府行动与个人意志的通道。实际上,早在 100 多年前,涂尔干就曾指出,在现代社会,一方面是国家,一方面是从传统身份共同体中解脱出来的个体,而位于国家与个人之间的社团,能"强劲地把个人吸收进群体活动中,并以此把个人纳入到社会生活的主流之中。"(涂尔干,2000)(2)各种社团可以在社会保障、社会福利、社会救助等方面发挥重要功能。社会保障、社会福利、社会救助等牵涉两个最基本的方面:一是资金来源,二是服务提供。在资金来源方面,固然最终兜底要靠国家财政来保障,但各种自助助人的社会组织,各种慈善以及其他公益组织可以成为重要的资金来源,至少成为政府财政的一个补充;在服务提供方面,鉴于国家福利机构很难避免的官僚化倾向常常使其对公众的需要和面临的困难反应迟钝,社会组织在这方面可以发挥更加明显的优势。实际上,在西方,正是因为一方面,自"里根—撒切尔主义"以后福利供给的市场化导致社会不平等加剧,另一方面,传统福利机构的官僚化又常为人们所诟病,因而,志愿结社在福利供给中的作用才越来越为人们所重视。而这,无疑也是我们所应该借鉴的。

总之,我们认为,只有通过平衡地建设和培育作为"地域性共同体"的社区和作为"脱域的共同体"的社团,才能在今天这个体化的社会中克服涣散,重建"社会"这个行动主体,从而强化"风险社会"的社会治理所要求的"社会"自我管理,进而实现党的十八届三中全会所提出的"政府治理和社会自我调节、居民自治良性互动"。

【参考文献】

[1]马克思."法兰西内战"初稿.马克思恩格斯全集(第 17 卷).北京:人民出版社,1963.

[2]贝克.再造政治:自反性现代化理论初探.贝克等.自反性现代化.北京:商务印书馆,2001.

[3]贝克.何谓工业社会的自我消解和自我威胁.贝克等.自反省现代化.北京:商务印书馆,2001.

[4]吉登斯.现代性的后果.南京:译林出版社,2000.

[5]詹姆斯·C.斯科特.国家的视角——那些试图改善人类状况的项目是如何失败的.北京:社会科学文献出版社,2004.

[6]王小章.个体为本,结社为用,民主法治立基.社会学家茶座.2008(5).

[7]托克维尔.论美国的民主(下卷).北京:商务印书馆,1991.

[8]阎云翔.中国社会的个体化.上海:上海译文出版社,2012.

[9]保罗·霍普.个人主义时代之共同体重建.杭州:浙江大学出版社,2010.

[10]涂尔干.社会分工论.北京:生活·读书·新知三联书店,2000.

"成功老龄化"理念及其政策含义

□ 张旭升　林　卡[*]

摘　要：文章揭示了成功老龄化与健康老龄化、生产性老龄化、积极老龄化在理念倡导、关注的重点和政策导向等方面的异同，并从社会的视角分析了成功老龄化与幸福感、社会空间的关系。这一研究拓展了"成功老龄化"理念的社会维度，并提出建设"老人友好型社会"的社会目标和政策倡导。

关键词：成功老龄化；幸福感；社会空间

一、研究的背景及问题的提出

中国人口老龄化的压力正在不断加大。据《中国老龄产业发展报告（2014）》显示，2013 年我国老年人口数量为 2.02 亿人，人口老龄化水平达到 14.9％。据预测，2050 年我国老年人口数量将达到 4.8 亿人，占全球老年人口的四分之一。这就意味着在中国，人口老龄化问题不仅仅是老年群体本身的问题，而是全社会共同面对的问题。因此，有关老龄化的讨论也应由以往的聚焦于困难老年人的福利和医疗救助转向面向老龄人群的普遍的公共服务。作为这一转化的理论反映，有关老龄化问题研究的议题、内容、导向也要发生相应的转变。以往关于老龄问题的讨论大多聚焦于老年服务、福利照顾方面，并在政策层面常常涉及政府的星光计划、社区老年服务和医疗照顾等内容。但当我们把老龄化社会作为一个社会宏观现象来探讨时，这些议题的讨论已显得十分有限；我们要进而讨论如何应对老龄化社会的挑战，及其理念、导引、战略和发展方向等宏观问题。

在涉及老龄化社会的讨论中，学者们提出过种种的战略、措施和方案设

＊　张旭升，林卡：浙江大学公共管理学院。

想。构建支持这些讨论的理论基础的政策理念常常包含以下三方面。

首先是健康老龄化(healthy aging)理念。这一理念聚焦于如何使老龄人处在健康的生活方式、心态、社会支持、医疗服务体系上。这一理论把老年人健康(不仅指生理,还包括心理、社会等方面)作为老龄化的核心议题加以探讨,而与之相应的政策则体现为倡导老年人的生理、心理、社会等协调发展问题,针对老年人身体健康、医疗服务和物质生活环境的条件与他们的心理感受、幸福感和生活方式的适应问题。

健康老龄化这一议题从1987年世界卫生大会上提出到现在,内容日益丰富。健康老龄化的政策倡导促使以往养老服务研究中视老人为医疗服务对象这一弱势人群的定位向注重老年人的主观生活状态和心理健康的内容转变。在这一研究维度下,老龄化问题的讨论聚焦在个体的生活方式上,特别是重视对老年群体心理健康状况的测量与生活方式的描述。这些对老年人个体生活的主客观状况的描述构成了对老年群体生活状况整体的讨论。

其次是积极老龄化(active aging)理念。这一理念不仅仅强调老年人的健康与活动能力,更突出并强调老年人进行社会参与的内涵。这一理念强调通过创造条件与机会,使老年人能够不断地参与经济、教育、文化或社区公益服务,从而丰富老年人的晚年生活并发挥老年人的活力。在此,老年群体作为一种社会力量可以被看作是一种社会资源而不仅仅是一种社会负担,而且通过这一参与进程也能够提高老年人的生活质量。由此,当健康老龄化的理念倡导把老年人的身心健康与生活方式联系起来时,积极的老龄化则倡导把老年人的生活状况与其社会参与的状态联系起来。

第三是生产性老龄化(productive aging)理念。这一理念与积极老龄化概念十分相近,但更强调老龄群体作为社会资源可以对社会作出贡献。它强调老年人所具有的社会资本、经验传达、文化传承和时间使用等方面的优势,使他们能够成为社会体系有效运行的生力军。这一视野不再仅仅把老年群体看作是依赖者、服务的对象或消费者,也是家庭的"支持者"和社会经济的"参与者"。[1] 在社会层面上,这一理念要求充分挖掘老年人群体作为社会资源的"产出"功能,关注老年人群的社会贡献。

然而在上述三种理念中,无论哪一种理念都将老年群体作为老年人个体的累加,并且通过生活方式的分析来强调老年人群体的特性。即便是在生活方式的讨论中涉及社会网络和社会支持体系对于老年人生活的支持作

---

[1] 赵怀娟:《"生产性老龄化"的实践与启示》,《安徽师范大学学报》(人文社会科学版)2010年第3期。

用,这些社会支持对老年人的生活来说也是额外的、附加的和外在的支持因素,而不是内含于老龄化进程中的体系演化的内在属性。这与我们所讨论的整个社会的老龄化进程还有一定的距离。目前我们讨论老龄化社会所关注的大多是对老年人个体的社会支持问题,而如何从宏观的层面来反映社会体系的变迁并揭示老龄化社会的特点仍然是一个悬而未决的问题。

事实上,老龄化进程是社会体系变化的内在的过程,这一过程与社会体系的变迁融为一体。要反映这一过程并解决在此过程中所存在的问题,我们可以倡导"成功的老龄化"这一理念并明确这一理念与其他理念的差别。采用这一理念可以为我们揭示老龄化的一般特征并为我们的研究形成新的分析视野、新的强调点和新的政策思路。这一理念所倡导的政策主张在许多地方与以上三种理念会存在一些交叉重叠现象,也很难划清几者之间的界线。然而,这些不同的理念所倡导的目的、强调点和政策导向仍然会具有一定的差别。本文将探讨这些差别,并将它与幸福感、社会空间的研究联系起来进行较为深入的探讨,从而提出相应的政策倡导。

二、成功的老龄化:概念界定及其特点

成功老龄化(successful aging)理念的渊源可以追溯到 20 世纪 40 年代出现的对老年社会适应性的研究。[①] 在当代的研究中,美国学者 Rowe 和 Kahn 把成功的老龄化界定为在外在心理和社会因素对人的老化过程的积极影响下使老年人各方面的功能很少下降,使他们保持良好的身心平衡,激发他们生命的活力,并在社会参与中逐步实现自我。[②] 这些认识转变了以往老龄化研究中对老年疾病或老年功能缺损的关注,或者过多强调了老年人疾病、孤独、依赖等消极的一面,而把关注点放到强调老龄化的可塑性和积极性的一面。在随后的发展中,对于社会因素作用的强调在老龄化研究中不断加强。

目前,成功老龄化这一理念已经发展成为国际老龄学界研究的热点议题。在 Baltes、Carstensen 和 Torres 等看来,成功老龄化的研究经历了两个阶段。在第一阶段中研究者主要聚焦于成功老龄化的结果。这些研究回答在应对外部挑战时老年人应具备哪些品质或素质才能实现成功老龄化状

---

① Torres,S.. Different Ways of Understanding the Construct of Successful Aging: Iranian Immigrants Speak about What Aging Well Means to Them. J Cross Cult Gerontol,2006,21:3.

② Rowe,J.W., & Kahn,R.L. Human aging: Usual and successful. Science,1987,237:143-149.

态。这些品质包括自主,宽容、乐观和勇气,[1]自理能力,对未来持有积极、乐观的态度,意识到自身的潜能等。[2] 另一方面的研究则在于成功老龄化程度的测量和评估成功老龄化的结果。这些评估方法包括 Neugarten's 的生活满意度指数[3]、Days' 的成功老龄化模型。[4]

在中国,关于成功老龄化的研究自 21 世纪初期以来也开始流行起来。这些研究反映在以下两个方面:一是从心理学的角度采取对个体的成功老龄化现象的技术测量和分析,并对于 Baltes 的 SOC 模型和 Heck Hausen 等提出的毕生控制理论进行了综述与评价(如王叶梅、单玲玲等);也有的学者则从流行病学、分子遗传学、神经影像学、认知功能、自我效能与个性等视角对西方成功老龄化研究成果进行综述(如朱建宏等)。[5] 二是从实证的角度对中国成功老龄化实现度的测量。这类研究以李春波、杜鹏、崔淼、张菊敏等的研究成果为代表,对影响成功老龄化状况的影响因素进行了实证分析。[6]

当然,在对成功老龄化的研究中,Baltes 和 Carstensen 也认为以往关于老年人品格特性的研究在一定程度上遮蔽了老年人对如何实现成功老龄化行动策略及过程的关注。[7] 因此在随后的发展中,这一领域中的研究由早期

① Keith, J., Fry, C. L., & Ikels, C., Community as Context for Successful Aging. In J. Sokolovsky(Ed.), The Cultural Context of Aging: Worldwide Perspectives. Westport, CT: Bergin & Garvey,1990:245-261.

② Gibson, R. C. Promoting Successful and Productive Aging in Minority Populations. In L. A. Bond, S. J. Cutler, & A. Grams(Eds.), Promoting Successful and Productive Aging. Thousand Oaks, CA: Sage, 1995:279-288.

③ Tornstam, L. Att åldras: Socialgerontologiska Perspektiv (To age: Social gerontological Perspectives). Uppsala, Sweden: Uppsala University Department of Sociology,1973.

④ Days, A. T. Remarkable Survivors: Insights into Successful Aging a mong , omen. Washington, DC: Urban Institute,1991.

⑤ 王叶梅、陈国鹏、宋怡:《成功老龄化的 SOC 模型研究综述》,《心理科学》2007 年第 2 期;单玲玲、陈国鹏:《解析成功老龄化的新角度——毕生控制理论》,《心理科学》2008 年第 4 期;朱建宏:《成功老龄化的研究概况》,《中国老年学杂志》2008 年第 7 期。

⑥ 李春波、张明园、何燕玲、张新凯:《健康行为方式对成功老龄化的影响:五年社区随访研究》,《中国心理卫生杂志》,2001 年第 5 期;杜鹏、加里·安德鲁斯:《成功老龄化研究——以北京老年人为例》,《人口研究》2003 年第 3 期;崔淼:《老年人控制策略、自尊与生活满意度的关系:基于成功老龄化毕生控制理论的实证研究》,《中国老年学杂志》2009 年第 20 期;崔淼:《老年人控制策略、自尊与生活满意度的关系:基于成功老龄化毕生控制理论的实证研究》,《中国老年学杂志》2009 年第 20 期;张菊敏、牛陵俊、张晋华:《护理干预对老年人成功老龄化的影响》,《护理研究》2012 年第 6 期。

⑦ Baltes, M. M., & Carstensen, L. L. The Process of Successful Aging. Ageing and Society,1996, 16:397-422.

聚焦在成功老龄化状态的个体测量转向对成功老龄化过程,应对挑战的策略,[①]适应性能力的讨论。[②] 不过,这些研究仍然是聚焦于老年个体的生活品质的强化上。与此同时,从社会的层面来看待成功老龄化,则倡导这一理念所具有的政策意义。它不停留在对老人的个体品质的测量上,而是作为社会群体来讨论如何应对老龄化社会的问题。

由此,在许多国际组织对成功老龄化理念的倡导中,它是作为发展战略和政策理念来推动的。正如我们所看到的,以世界卫生组织为代表的国际性组织积极倡导这一理念,不断推进世界各国政府积极建构实现成功老龄化的发展战略。随着 1990 年哥本哈根会议上倡导"健康老龄化"发展战略之后,世界卫生组织 2002 年在马德里召开的第二届世界老龄大会上又提出了以"参与"、"健康"和"保障"为核心内容的"积极老龄化"的发展战略。这些政策倡导都构成了目前倡导的成功老龄化的基本内容。它对推动世界各国积极构建实现成功老龄化的政策体系、服务保障体系等有着极其重要的价值和意义。在中国,穆光宗也于 2002 年提出成功老龄化战略应包括健康老龄化战略、积极老龄化战略、生产性老龄化战略这三个组成部分,强调这三个部分既自成体系,又相互支持、互相配套。[③] 这些政策倡导和观点都把老龄化的研究由个体身心健康和人格品质特点的测量和描述推向了社会研究的领域。

事实上,成功老龄化概念与健康老龄化、积极老龄化、生产性老龄化等理念都涉及老年人生理、心理因素,概念之间也存在一定的重叠,但成功老龄化的概念为我们从社会维度展开老龄化研究提供了更为广阔的空间。成功老龄化研究在老龄化社会中人们在社会认知、社会支持网络、社会人口状况等方面的特点和一般趋势,把老龄化现象放到更为广阔的社会背景中讨论,因而可以超越个体的层面。它不仅强调了老年人健康的重要性,也认为老年人参与生产的意愿、能力与权利应得到尊重与保障,还强调了要重视老年人实现成功老龄化的过程及结果。因此,成功老龄化的理念包含了各种对于老龄政策的倡导及相关因素,但同时以往的理念与倡导并不能涵盖成

① Featherman, D. L. Development of Reserves for Adaptation to Old Age: Personal and Societal Agendas. In N. E. Cutler, D. W. Gregg, & M. P. Lawton (E)ds., Aging, Money and Life Satisfaction: Aspects of Financial Social Gerontology. Berlin Heidelberg New York: Springer, 1992.

② Featherman, D. L., Smith, J., & Peterson, J. G. Successful Aging in a Post-retired Society. In P. B. Baltes & M. M. Baltes (Eds.), Successful Aging: Perspectives from the Behavioral Sciences. Cambridge: Cambridge University Press, 1990: 50-93.

③ 穆光宗:《老年发展论——21 世纪成功老龄化战略的基本框架》,《人口研究》2002 年第 6 期。

功老龄化的内容。它作为一种社会目标而提出，可以采取各种政策手段，但应更注重对老龄化挑战的社会维度问题的解决。

三、成功老龄化与幸福感

为了从社会和政策维度（而不是从个体健康和心理角度）来推进对于成功老龄化理念的讨论，我们需要把这个概念与"常态化"（normalization）概念联系起来，从而把成功老龄化作为一个宏观的社会现象来进行讨论。在社会政策的讨论中，对于"常态化"这一概念的经典探讨可以援引对于"残疾人服务的常态化"（normalization of disabilities）的问题。这一讨论发生在20世纪70年代晚期，讨论的关注点在对残疾人的服务中，我们要使残疾人生活在社区环境中而不是机构中；将他们当作"正常人"看待而不是作为服务群体看待。同样，对于老年人需求群体来说，常态化战略也意味着使老年人居住在家庭、社区中来进行照顾服务。

当然，把"常态化"概念引入对成功老龄化理念的讨论，我们认为，不能把成功老龄化仅仅局限于老年福利群体，也要包括整个社会的一般老年人，即处在正常日常生活中的普通老年人。因此，成功老龄化所需要推进的不仅指老年人服务的常态化，而且也指老年人群体的生活常态化。而且，它不仅仅将老年人作为一个特殊的弱势群体，更要把这一群体看成是作为普通公民群体中的一个部分。它把老龄群体理解为既是社会服务的消费者也是社会的生产者；老年群体不是社会的包袱，而是社会的财富。

更进一步说，用成功老龄化的视野来反映社会变化和社会进程，就是把老龄化进程看作社会宏观现象而不仅仅看作如何应对老年群体的需要的过程。由此，在讨论社会老龄化现象时，我们要研究老龄社会中的生活方式、社会理念、社会需求和社会体系的设置等各方面的特点，反映出怎样的老龄化社会才是人们所期望的社会，才是成功的社会。这些分析所要求的不仅仅是针对老龄群体的分析，而且是针对整个社会的分析，形成"对老年人友好的社会"。这一社会当然要形成有助于老年人身心健康的社会条件和服务体系，也要发展强有力的社会支持网络和相关的社会政策来提升老年人的生活质量，形成针对老年人生活的良好的社会环境。由此，关于常态化的理念就意味着从社会环境状态来看老年人生活状态，使老年人能够正常地生活在一个对于生活发展和境遇都善良和友好的社会条件，从而确保老年人的幸福生活。

由此,为了测量一个成功老龄化程度较高的社会状况,我们可以采用各种客观指标,包括物质生活条件的保障和医疗服务设施和体系的发展程度。也可以采用主观指标,因为老年人群体作为社会群体的生活状况不仅在于物质生活条件,更要探讨他们对生活的感知和感觉。这使幸福感指标成为反映成功老龄化状况的关键指标。一个成功老龄化的社会应该是一个使老年人感觉到幸福的社会。幸福感指标是一种主观镜像也反射其所生活的社会环境状况。这一标准能够综合地反映社会体系的运作,物质条件的改善,人们物质生活的空间,人们生活历程的特点,以及服务体系等社会生活的种种方面。在此,幸福感问题就成了反映一个社会中老年人生活状态综合指标中的核心指标之一。

由此,通过对成功老龄化的重新界定并从社会维度和政策维度来拓展对于这一理念的研究,我们可以获得反映老龄化社会的发展状态及其条件的新范畴。作为社会现象,成功老龄化意味着人们在这个社会中所具有生活状况、社会状况及生活条件。它反映出如何构建一个对老年人友好的社会。这些社会条件可以通过生活方式和主观幸福感状况来反映并进行测定。在以往的生活质量的研究中,人们也常常采用幸福感指标,但把它作为主观指标来衡量人们个体的生活状况。而在此,我们通过幸福感指标力图来反映一个社会对老年人友好的程度。这就使有老年个体的生活状况及其服务的可获得性的讨论转向对有利于老人生活状况的社会条件的讨论。

四、成功老龄化与社会空间

从社会视角来展开对成功老龄化的讨论,我们需要讨论老龄群体可获得的社会空间的大小。为了建设老年人友好社会,我们需要回答"建什么"和"如何建"两方面的问题。"建什么"是要回答建设老年人友好的社会的蓝图、发展指标等方面的问题。2006年世界卫生组织倡导"老年友好型城市"的理念,中国在2009年启动了"老年宜居社区"和"老年友好型城市"的建设试点工作,并在2011年提出了"老年温馨家庭"建设的倡议,进一步充实了老年人友好社会建设的内涵。这些政策倡议与建设,为老年人友好社会的建设奠定了基础。但我们也应该看到,在人口流动加剧和老年人社会空间活动范围不断拓展的时代背景下,老年人友好社会建设需要超越当前老年社会管理和老年福利服务资源分配的属地化制度安排。鉴于老年群体生活方式多元化、阶层区隔不断扩大、代际差异不断扩大的时代背景,我们所建设的老年人友好社会要有多元化和包容性的特点。

在"如何建"的问题上，老年人友好社会的建设需要有社会各方参与，不仅涉及老年人，也涉及中年人和青年人等全体社会成员。为此，我们要倡导并建构代际共享、和谐的价值理念，使老年人、青年人都有发展空间，对社会都有积极的贡献。我们一方面要防止把老年群体边缘化，另一方面也要避免走向老人社会（老年人在政治、经济、文化中控制社会权力从而使整个社会失去活力）。成功的老龄化过程是一个社会建构的过程，其所建构的社会既不应该是一个老年人对资源进行垄断的社会，也不应是对老年人排斥的社会。因此，我们要强化公民意识，因为无论是老年人还是青年人都是处于生命历程中不同年龄阶段的社会公民。对于老龄群体的"常态化"理解为我们制定老年政策提供了理论基础。我们要把老年看作是每一个正常人不可避免的阶段，当这些人群在退休之后，仍然需要有他们能够对社会继续作出贡献的社会空间和发展余地。据此，我们在政策制定中要能够反映不同群体的利益，给这些群体赋予一定的社会空间。

基于这一理解，我们在对成功老龄化进程的政策讨论中，要有广阔的视野，设置推进成功老龄化进程的各方面的指标，设计相应的社会体系和制度。这些体系和制度要涉及人们生活的方方面面，包括老年人社会保障体系（养老金、老年人津贴等）、医疗服务体系（医疗便捷性、网点布局）、教育体系（老年大学、社区活动中心等）、福利服务体系（养老院、托老中心等）、家政服务体系和社会工作服务体系，等等。在这些制度的设计中，有些是为了确保老年人基本生活条件（收入、服务等），也有些是为了给老年人增能、赋权，强化其发展能力，进行社会参与。换句话说，这些制度要能够为老年人活动提供更多的机会并拓展社会空间。

同时，我们也要强化老年人的观念更新。时代在发展，社会在变迁，要使老年人能够对当代社会作出贡献就需要发展继续教育和更新观念，通过对老年群体的"再社会化"使他们能够适应社会变化，以及因生活方式的转变（由退休以后所造成新的社会环境）而带来的重新适应问题。我们需要强化对老年教育、老年再就业等对社会作贡献的其他方式，使这一群体能够对社会起到积极的作用。由于生存的社会空间是由人们自己建构的，而外在的社会环境只能提供给他们条件与机会，因而老年人越具有时代性、创新性、进取性，其所建构的社会空间就越大。我们要发展和提供各种基础设施和物质条件，使老年人能够作为一个整体积极介入到社会活动中。因此，成功的老龄化是积极的老龄化，是参与式的老龄化，是以社会生活进行广泛参与的老龄化。这是一个通过不断学习、参与、创新所获得的创造性进程。

有鉴于此，成功的老龄化所讨论的问题不仅涉及生活质量也涉及社会质量。它要求培育对于老年人友好的社会，并给予老年人充分的发展机会。这一讨论要求我们把老龄化问题讨论的关注点由个体转向社会，由对老人的照顾和福利服务转向对普通老人的公共服务，由老年人局部环境的改善转向整个社会环境的建构。它意味着当我们将老龄化作为一个社会的宏观现象时，也就要讨论老人群体生活的社会空间和社会氛围（这可以从老人的幸福感反映出来）。当我们力图描述社会所能提供给老年群体的社会空间和发展空间时，我们要关注社会对老年人的增能、赋权、社会包容和社会凝聚力等方面的问题。由此，社会质量议题就与社会老龄化议题建立起了内在的联系。而社会质量对"社会"维度的重视，重视人在社会中潜能的发挥，反对或减少社会排斥，重视社会参与与社会整合，①对于老年人友好社会的建设也具有重要意义。采用成功老龄化的概念，可以为我们分析和解决这些问题开辟道路。

根据这些要求，我们在政策讨论中要对以下问题作出必要的回应：首先是防范对于老年群体社会权利的侵害和社会机会的剥夺。目前，许多人常常将老年群体看作是社会的包袱、是福利依赖群体，而对老年群体所具有的创造性及其潜力关注不够。作为政策结果，在老龄服务领域出台的支持政策很多，但在老人增能、赋权方面的政策很少。这也反映在观念上：许多老年人把退休看作生命历程的转变，从对社会有用的人变成社会的闲人。但事实上，随着医疗健康卫生条件和公共服务的改善，许多退休的老年人实质上仍然具有很强的工作能力。倡导成功老龄化就是要改变这种状态，把老龄阶段看作人生成功进程的延续而不仅仅是生活历程阶段的断裂。因此，对老龄社会群体，我们要考虑如何有效地通过老年教育的普及化、平等化、社区化、多样化等途径来满足老年人的教育需求，提升老年人素质，以便老年人能更好地自立、维护家庭和谐和平等地参与社会活动等，发挥老年人人力资源的优势。② 老年人积极参与家庭和社会反过来会有力推动社会发展，并为老年群体提供更多的机会和发展空间。我们也要反对老年保障与老年公共服务中的歧视与排斥。目前，在老年保障与公共服务中城乡区隔、阶层区隔问题较为突出，老龄事业效率与公平都有待提高。倡导成功老龄化，需

① 林卡：《社会质量理论：研究和谐社会建设的新视角》，《中国人民大学学报》2010年第2期。
② 穆光宗：《老年发展论——21世纪成功老龄化战略的基本框架》，《人口研究》2002年第6期。

要在老龄资源的分配和公共服务供给中,建立不分阶层、不分年龄,人人共享的社会。

<h1 style="text-align:center">五、结　论</h1>

本文围绕成功老龄化概念展开探讨,并力图在新的社会视角上来界定成功老龄化的理念。这个理念的发展已经具有很长的历史,但其视角主要限定在生理、心理的角度。通过倡导成功老龄化进程来建设"老人友好的社会",意味着从社会建设的角度来看待老龄化问题,其关注点在于社会环境的建设,在于老年人社会空间的拓展。这一理念有别于现行的一些流行的老龄化理念:健康老龄化强调了在应对人口老龄化挑战中健康和医疗条件的重要性;积极老龄化强调老年人继续参与社会、经济、文化、公益事务等方面的意愿、权利与保障等;生产性老龄化强调了老年人仍具有从事生产的意愿与能力,仍能为社会提供产品或服务;而成功老龄化意味着老年阶段也能创造积极的人生、进行社会创造活动,而社会要通过建设"老人友好的社会"来为这一发展提供社会环境和条件。

这一视野可以为我们研究老龄化问题提供新的思路。随着老龄化社会的到来,养老服务不仅要针对特殊群体来提供服务,而且要考虑正常老年人和整体老年人来设计。以往针对特殊老年人采取的选择性服务已显得不够了,而针对普通老年人提供服务,它所强调的关注点也不仅仅是服务,更在于如何进行品质养老和增进社会质量来改善老年人生活环境,为他们的生活创造更大的社会空间。在政策讨论中,这一拓展可以引导我们超越以往老龄化研究聚焦的老年群体的需求和服务,以及身心健康的测量,扩展到更为广泛的对于生活质量的提升和增进社会质量问题上。它要求我们在老年政策的制定中要超越福利、服务的有限范围,提升这一群体的幸福感,而在再教育、再就业、社会服务等各个方面全面发展,从而为社会发展贡献其创造力和活力。这是解决老龄化社会问题的根本出路。因此,对于成功老龄化研究的倡导对我们讨论老龄化社会的发展总体战略及其途径具有重要的意义。

依法落实老年人的社会服务权

□ 黄元龙*

摘　要：老年人享有社会服务权利是法律赋予老年人的一项基本权利。在人口老龄化程度不断加深的趋势下,这项权利的重要性将进一步显现。在社会养老服务领域,政府全面履职就是要为老年人提供有效的社会养老服务,确保老年人基本权利的落实。加强地方立法,继续完善社会养老服务法律体系是今后一段时期内地方政府的重要工作。

关键词：社会服务权；养老服务；完善立法

党的十八届四中全会作出了全面推进依法治国的决定,为养老服务领域提升法治化水平指明了方向。要贯彻落实好党的十八届四中全会精神,必须着眼保障老年人享有的社会服务权利,切实增强法治意识,履行政府法定职责,完善社会养老服务领域的法律体系,进一步提升社会养老服务体系建设水平,从而改善老年人的生活质量。

一、老年人享有社会服务权是法律赋予的一项基本权利

社会服务是指以提供劳务形式满足社会需求以改善公民生活质量的社会活动。从一般意义上讲,主要是指社会力量直接为公民提供的衣、食、住、行、用等方面的生活福利服务。对身体机能逐步衰退的老年人来说,社会服务集中体现在社会养老服务领域。

长期以来,我国社会的养老服务主要由子女及配偶提供。这在传统的农业社会并无不妥。但随着社会现代化的推进,社会呈现出人口老龄化、家庭小型化、工作职业化、居住单元化等"四化"特点,这些特点既为社会现代

---

* 黄元龙:浙江省民政厅社会福利与老年服务处。

化所创造,又进一步推动着社会现代化,使得传统家庭养老服务方式变得十分困难,甚至几无可能。我国的平均家庭规模从"五普"的 3.44 人下降为"六普"的 3.10 人,2013 年又下降为 3.02 人。可以说,家庭已无力为养老服务提供有效的人力资源。正因为如此,党的十七届五中全会作出了"优先发展社会养老服务"的战略决策。这一"优先",实际上体现了两层意思:一是相对于传统家庭养老服务来说,要优先发展社会养老服务;二是相对于业已建立的社会保险、社会救助等制度而言,要优先发展社会养老服务制度。

党的这一主张,在 2012 年底修订颁布的《中华人民共和国老年人权益保障法》中得到了体现。其中第三条列举了老年人依法享有的权益,即"老年人有从国家和社会获得物质帮助的权利,有享受社会服务和社会优待的权利,有参与社会发展和共享发展成果的权利"。可以说,法律将老年人享有的"社会服务权"与"物质帮助权"、"社会优待权"、"参与发展权"、"共享成果权"并列,从而使其成为一项重要的权利。在具体的法条中,又单列"社会服务"一章,并强调"国家建立和完善以居家为基础、社区为依托、机构为支撑的社会养老服务体系"。

因此,老年人享有社会服务权利是法律赋予老年人的一项基本权利。在人口老龄化程度不断加深的趋势下,这项权利的重要性将进一步显现。政府和社会各方要努力提高思想认识,确立起这一基本权利理念,以切实增强发展养老服务事业的积极性和主动性。

二、为老年人提供有效的养老服务是政府的基本职责

依法全面履行政府职能是党的十八届四中全会对各级政府提出的一项基本要求。在社会养老服务领域,政府全面履职就是要为老年人提供有效的社会养老服务,确保老年人基本权利的落实。

权利和职责是一个硬币的正反面。对于公民来说是权利,对于政府来说就是责任。要使 2 亿多老年人享有社会养老服务,政府就必须负起应有的责任。这种责任当然是有所为有所不为。

有所为就是法定职责必须为。从现有社会养老服务法规看,主要是:一是规划布局。大到一个省的社会养老服务体系建设规划,小到一个县的社会养老服务设施布点规划,这些不是某个市场主体、社会组织所能做的,他们也做不好,当然应该是政府的职责,应该认真谋划,科学规划,合理布局。二是标准规范。推进养老服务的社会化、市场化,需要有标准给予引导,加

以规范。这是政府推动社会力量有序进入、健康发展必须要做的一件事。三是财税优惠。社会养老服务本质上属于公共产品,投资大,回收周期长,要调动社会力量的积极性参与发展养老服务,就必须给予相应的政策优惠。四是保障基本。政府要托底,这是必然的。如何托底,过去讲的是对象,就是农村"五保"和城镇"三无"对象,或者按国务院新颁布的《社会救助暂行办法》称的"特困对象",提供的保障是吃、穿、住、衣、葬和保暖等。但是,随着社会的发展进步,应该转向托"基本服务"的理念,就是要规定服务项目,比如重度依赖者或完全失能老人的服务,由政府负责提供相应的费用。实际上,这类对象并不多,在全国3750万失能老人中约占三分之一,假使政府能给予解决,无疑解放了这1000多万家庭,这能激发出巨大的正能量。五是服务监管。加强监督管理,确保服务质量,是政府应然的职责。但监管不是亲力亲为,政府可根据需要,通过购买服务,让第三方来评估等。

有所不为,就是法无授权必不为。凡是市场和社会能为的,政府就坚决不为。政府要从直办直管养老机构、居家养老服务机构等"全能型"模式撤出来,转为有限政府;从集资金提供者、服务提供者为一体中分离出来,转向政策主导,通过优惠扶持,鼓励引导社会力量参与发展、提供养老服务,使之成为主体力量。

三、加强地方立法,继续完善社会养老服务法律体系

目前,我国与社会养老服务有关的法律法规,主要是《老年人权益保障法》、《养老机构设立许可办法》、《养老机构管理办法》、《农村五保供养服务机构管理办法》等。可以说,社会养老服务法律体系尚不完备,特别是处于基础性地位的居家养老服务没有相应的法律规章。这对落实老年人的社会服务权利是不利的。今后一个时期,既要认真贯彻已有的法律,加强执法,又要推动立法,切实完善法律体系。

在国家层面,建议研究制定社会养老服务促进法。通过这一法律,在《老年人权益保障法》的基础上,使老年人享有的社会服务权利更加清晰、更加完善、更加具有操作性。如果全国人大立法暂时不成熟,应推动国务院出台相应的法律规章。

地方立法是完备法律体系的重要一环。近几年,不少省市都在推动有关养老服务的立法。2015年1月,浙江省人大通过《浙江省社会养老服务促进条例》,对社会养老服务的主要内容,包括居家养老服务、机构养老服务、

服务队伍、保障措施，以及家庭养老支持政策进行了具体化，明确政府和社会、市场的边界，以及由此形成的权责，使得老年人的社会服务权在法律上得到进一步的确认。我们将认真宣传贯彻这一法律，切实加强普法，增强法制意识，并认真执法，依法做好居家养老服务，发展养老机构，完善养老服务补贴制度，以全面提高我省社会养老服务质量，提升我省老年人的生活质量。

浙江人口老龄化新态势

□ 姚引妹　李　芬　尹文耀[*]

摘　要：当前,浙江人口表现出老龄化程度不断加深,老年人口规模不断扩大、发展不平衡,高龄化趋势猛,失能占比高,空巢家庭增长快等特点。本文以常住口径、中迁移流动为主,对全省未来人口进行预测。预测结果显示,浙江省人口老龄化将进入快速发展时期。

关键词：人口老龄化;预测;快速发展

浙江于 1987 年进入老年型社会。一方面,我省人口生育水平长期稳定在更替水平以下,人口的底部老化因素在短期内不会改变;另一方面,随着人民生活水平的提高、医学的进步、公共卫生保健的普及与改善、社会保障制度的健全、价值观的变化等必然导致出生率的下降和预期寿命的延长,人口的顶部老化的趋势不变。而且,由于人口惯性作用,新中国成立后两次人口生育高峰期出生的人口,开始逐渐进入老年,势必出现老年人口的两次增长高峰,人口老龄化将进入加速发展期。这是我省社会经济发展面临的人口新常态。

一、浙江人口老龄化现状及特点

浙江人口老龄化程度不断加深,呈现老年人口规模不断扩大、发展不平衡、高龄化趋势猛、失能占比高、空巢家庭增长快等特点。

(一)不同口径下老年人口规模不断增长,增速高于全国平均水平

户籍老年人口规模逐年增长。2010 年,60 岁及以上户籍老年人口为

---

* 姚引妹,李芬,尹文耀:浙江大学人口与发展研究所。

789.0 万人,到 2013 年上升到 897.8 万人。老年人口三年增加近 109 万人,平均每年增加 36 万人左右,年均增长率为 4.40%。2010 年,65 岁及以上户籍老年人口为 532.6 万人,到 2013 年上升到 594.8 万人(见表 1)。老年人口三年增加 62.2 万人,平均每年增加 20.7 万人左右,年均增长率为 3.75%。60 岁及以上老年人口年均增长率高于 65 岁及以上老年人口,说明进入"十二五"时期以来,60~64 岁老年人口规模在扩大,主要是 50 年代初第一次生育高峰出生的人口开始进入老年人口的行列。

表 1 浙江 2010 年以来不同口径老年人口变化情况

年份	户籍人口				常住人口	
	60+(万人)	比重(%)	65+(万人)	比重(%)	65+(万人)	比重(%)
2010	789.0	16.60	532.6	11.20	508.2	9.34
2011	823.2	17.25	559.0	11.71	521.5	9.55
2012	857.7	17.87	572.7	11.93	539.2	9.84
2013	897.8	18.63	594.8	12.35	563.9	10.26

资料来源:2010 年资料来自浙江省统计局《浙江省 2010 年第六次全国人口普查主要数据公报》;2011—2013 年资料来自浙江省统计局《2011—2013 年浙江省人口变动抽样调查主要数据公报》;2013 年户籍人口资料来自浙江省老龄工作委员会办公室《浙江省 2010—2013 年老年人口和老龄事业统计公报》。

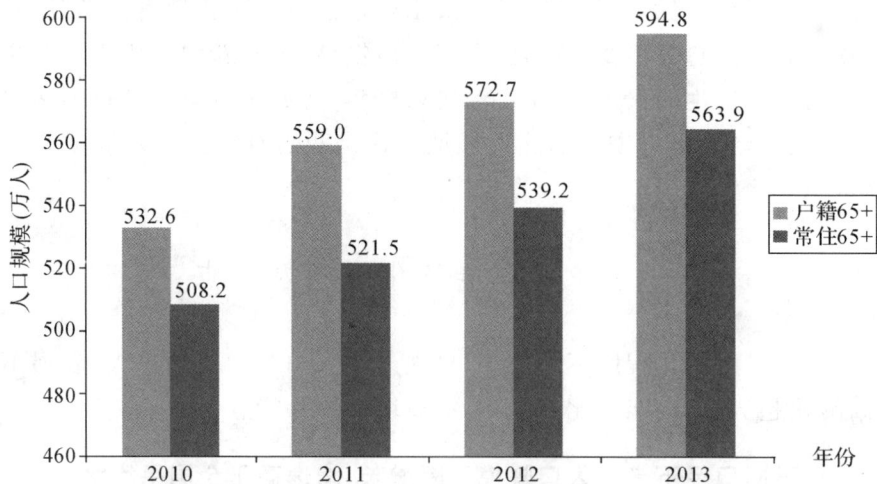

图 1 2010—2013 年 65 岁及以上户籍和常住老年人口规模

资料来源:同表 1。

常住老年人口规模逐年增长。2010 年全省 65 岁及以上常住老年人口为 508.2 万人,2013 年已达到 563.9 万人左右(见表 1、图 1)。老年人口三年增加了 55.7 万人,平均每年增加近 18.6 万人,年均增长率为 3.53% 左右。

比较 65 岁及以上常住老年人口与户籍老年人口,户籍老年人口规模大于常住老年人口规模,说明浙江老年人口是净流出的,规模有波动,从 2010 年的 24.4 万人到 2013 年迁出 30.9 万人,三年平均流出约 31.6 万人。

浙江老年人口增长速度快于全国平均水平。无论是户籍口径还是常住口径,浙江 65 岁及以上老年人口的增长速度均高于全国平均水平。2010—2013 年,浙江 65 岁及以上户籍、常住老年人口的年均增长速度分别为 3.75% 和 3.53%,高于全国 3.46% 的平均水平。

(二)老年人口比重稳步上升,老龄化程度高于全国平均水平

户籍老年人口占总人口的比重持续上升。2010 年,60 岁及以上老年人口占总人口的比重为 16.60%,到 2013 年,该比重上升到 18.63%,提高了 2.03 个百分点。65 岁及以上年人口占总人口的比重从 11.20% 上升到 12.35%,上升 1.15 个百分点。

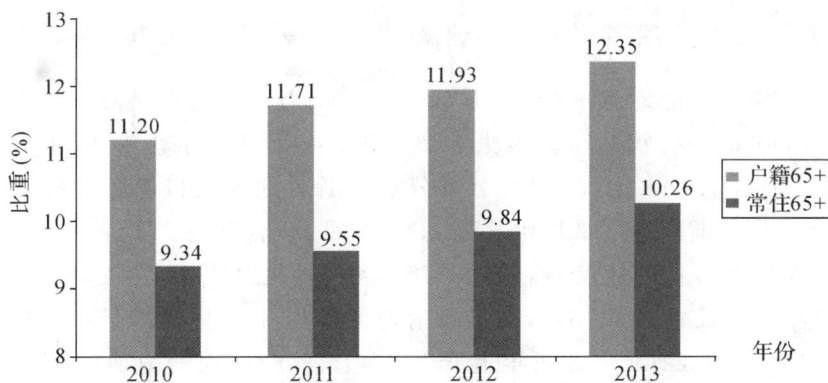

图 2　2010—2013 年 65 岁及以上户籍和常住老年人口比重变化
资料来源:同表 1。

与户籍人口相比,常住老年人口比重上升幅度小于户籍老年人口比重提高的幅度。2010 年,65 岁及以上常住老年人口占总人口的比重为 9.34%,到 2013 年,该比重提高到 10.26%,上升 0.92 个百分点(见表 1、图 2)。

浙江常住老年人口的比重小于户籍老年人口比重,说明因省外迁移流入人口,减缓了浙江省人口老龄化的速度。

浙江人口老龄化程度高于全国平均水平。自 20 世纪 80 年代以来,浙江早于全国 10 年进入老龄化社会。2013 年,浙江 65 岁及以上常住老年人口比重高于全国 9.70 的平均水平 0.56 个百分点。

(三)农村人口老龄化程度严重,三分之二的老年人为农业户籍

2013 年底,浙江 60 岁及以上 897.83 万人户籍老年人口中,农业户籍老年人口 608.48 万人,占全省老年人口总数的 67.77%,非农户籍老年人口 289.35 万人,只占 32.23%(浙江省老龄工作委员会办公室,2013)。城乡差距也很明显,农村老龄化突出。

(四)高龄老人不断增加,比重上升

全省 80 岁及以上高龄老人规模有不断上升趋势。2005 年全省 1% 抽样调查结果显示,全省常住高龄老人为 88.65 万人,占总人口比重为 1.81%。2010 年第六次人口普查资料显示,全省常住高龄老人规模为 107.30 万人,占常住人口总量的 1.97%。

(五)老龄化程度"北高南低",速度"北快南慢"

2013 年,浙北地区①总人口为 2433.00 万人,占全省人口总量的 50.49%,但 60 岁及以上老年人口为 497.66 万人,占老年人口比重为 55.43%,比总人口占比高 4.94 个百分点。浙北地区人口老龄化程度平均为 20.45%,比浙南地区平均水平高 3.67 个百分点(见表 2)。

从人口老龄化的速度看,2010—2013 年,浙北地区 60 岁及以上户籍老年人口年均增长率为 4.78%,高于浙南地区年均 3.94% 的增长率。反映在老年人口比重上,浙北地区三年上升 2.43 个百分点,而浙南地区上升 1.59 个百分点(见表 2)。

---

① 浙北地区包括杭州、宁波、嘉兴、湖州、绍兴、舟山等六市,浙南地区包括温州、金华、衢州、台州、丽水等五市。

表2 浙江2010—2013年分市户籍60岁及以上老年人口规模及比重

| 地区 | 2010 | | 2013 | | 2013—2010 |
	老年人口（万人）	比重（%）	老年人口（万人）	比重（%）	年差（%）
全省	**789.02**	**16.62**	**897.83**	**18.63**	**2.01**
杭州市	116.88	16.96	134.88	19.1	2.14
宁波市	102.36	17.83	118.75	20.47	2.64
嘉兴市	67.47	19.75	55.71	21.23	1.48
湖州市	49.15	18.91	77.07	22.28	3.37
绍兴市	78.42	17.87	90.38	20.49	2.62
舟山市	18.35	18.96	20.87	21.46	2.50
浙北	**432.63**	**18.02**	**497.66**	**20.45**	**2.43**
温州市	110.78	14.08	120.65	15.09	1.01
金华市	78.36	16.79	88.51	18.71	1.92
衢州市	40.52	16.13	46.95	18.4	2.27
台州市	87.56	15.02	100.29	16.89	1.87
丽水市	39.17	15.00	43.77	16.59	1.50
浙南	**356.39**	**15.18**	**400.17**	**16.78**	**1.59**

资料来源：2010年资料根据浙江省老龄工作委员会办公室《浙江省2011年人口统计资料及浙江统计年鉴》2011年分市总人口资料推算得到；2013年资料来自浙江省老龄工作委员会办公室《浙江省2013年老年人口和老龄事业统计公报》。

从分市看，2013年老龄化程度居全省前3位的湖州市、舟山市和嘉兴市，老年人口占总人口的比重分别为22.28%、21.46%和21.23%。老龄化程度最低的温州市，老年人口占总人口的比重为15.09%（见表2）。

（六）老龄化水平高于人均GNP相近国家或地区

与相似发展水平的国家和地区相比，浙江省人口老龄化程度也处于较高水平。经初步核算，2013年浙江人均GDP为68462元（按年平均汇率折算为11055美元）[①]。根据2013年世界人口年表数据，在与浙江省人均GNP相似的9个国家和地区中，浙江省65岁及以上的老年人口比重为10.26%

---

① 资料来源：浙江省统计局、国家统计局浙江调查总队：《2013年浙江省国民经济和社会发展统计公报》，2014年2月26日。

(户籍口径为 12.35%),排名第三,仅次于塞尔维亚(17%)、马其顿(12%)等地区,也高于 GNI 相近的世界平均水平(8%)2 个百分点,属于人口老化程度较高的地区之一。

表 3　人均 GNP 与浙江相近国家和地区的人口年龄结构(2012 年)　(单位:美元,%)

国家和地区	人均 GNP	0~14	65+
世界	11690	26	8
发达地区	35800	16	17
不发达地区	6600	29	6
最不发达地区	1430	41	3
南非	11190	30	5
格林纳达	10300	27	7
巴西	11720	25	7
哥伦比亚	10110	28	6
秘鲁	10240	30	6
哈萨克斯坦	11950	25	7
伊朗	10320	25	5
马其顿	11570	17	12
塞尔维亚	11180	14	17
中国	9210	16	9
浙江(2013)	11055	13	10

资料来源:Population Reference Bureau,2013 World Population Data Sheet http:www. Prb. org;浙江经济资料来自浙江省统计局、国家统计局浙江调查总队发布的《2013 年浙江省国民经济和社会发展统计公报》,人口资料来自浙江统计局《2013 年浙江省人口变动抽样调查主要数据公报》。

结果显示,浙江省已进入快速人口老龄化时期,人口老化程度不仅高于全国平均水平,而且在世界相似发展水平的国家和地区中也处于高位。浙江人口已经实现了"低出生、低死亡、低增长"的再生产类型转变。受人口年龄结构惯性变动影响,浙江省人口老化程度仍将不断加深,人口老龄化来势较强。

二、浙江人口老龄化变动趋势

本文以常住口径、中迁移流动为主,对全省未来人口进行预测。预测结果显示,浙江省人口老龄化将进入快速发展时期。

(一)老年人口规模持续扩张,50年代达到峰值

21世纪50年代前的老年人口已出生,因此,未来出生人口变化与2050年老年人口总规模关系不大,但由于人口惯性作用,老年人口规模将持续上升。常住60岁及以上老年人口在2050年达到最大规模2322万人左右。若按65岁及以上标准看,常住65岁及以上老年人口在2055年达到最大规模1907万人左右,峰值年推迟5年,变化趋势与60岁及以上老年人口基本相似(见表4、图3)。

表4 浙江常住老年人口规模及增长率变化趋势

年份	老年人口(万人)		年均量(万人)		年均增长率(%)	
	60+	65+	60+	65+	60+	65+
2010	756	528	—	—	—	—
2015	900	595	41	26	3.55	2.42
2020	1084	767	31	37	3.79	5.21
2025	1356	929	67	27	4.58	3.91
2030	1679	1174	71	61	4.37	4.79
2035	1955	1457	38	62	3.09	4.41
2040	2114	1683	21	28	1.58	2.93
2045	2229	1791	14	11	1.06	1.25
2050	2322	1856	8	5	0.82	0.72

从60岁及以上老年人口每年的增量看,将经历快速增加—波动—高位高增—高位低增等阶段,变化波动较大,不同的时期呈现出不同的增长量(见表4、图4)。

第一阶段:2015—2018年,60岁及以上常住老年人口规模快速增长阶段,年增量44万人左右。

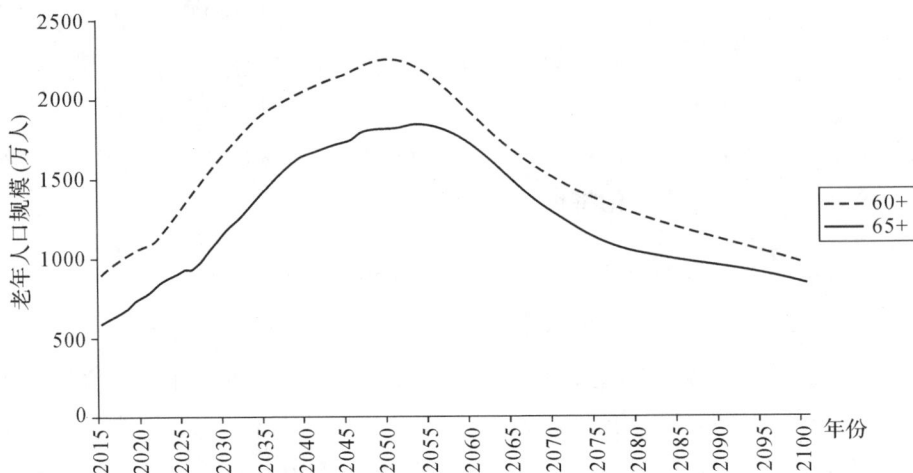

图 3 60 岁及以上、65 岁及以上老年人口规模发展态势

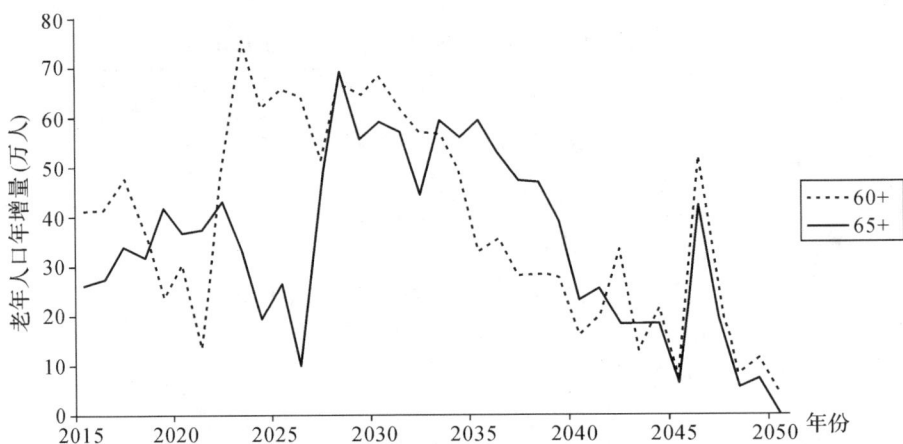

图 4 60 岁及以上、65 岁及以上老年人口年增量变化

第二阶段：2019—2021 年，因三年困难时期出生人口锐减，导致 60 岁及以上常住老年人口规模急剧波动，年增量下降到 23 万人左右；与第一个阶段相比，老年人口年均增量下降 21 万人左右。

第三阶段：2022—2034 年，因三年困难时期后人口的补偿性出生，及随后的第二次生育高峰，导致 60 岁及以上常住老年人口规模处于高位震荡阶段，年增量约 63 万人，其中 2023 年年增量高达 76 万人左右。与第二个阶段相比，老年人口年均增量增加 40 万人，是第二阶段均值的 2.7 倍，也是我省老年人口增量最大的阶段。

第四阶段:2035—2050 年,60 岁及以上常住老年人口高位低增阶段,年增量下降为 26 万人左右。与第三阶段相比,老年人口年均增量下降 37 万人左右,略高于第二阶段老年人口年均增量,这与我国计划生育政策相关。65 岁及以上老年人口增量变化基本与 60 岁及以上老年人口增量变化相似,只是时间后移 5 年,老年峰值人口略降(见图 4)。

"十三五"时期,60 岁及以上常住老年人口仍处于快速增长时期,年均增量 39 万人左右,65 岁及以上老年人口年均增量约 32 万人。

(二)人口老龄化速度将经历快速增长到重度发展

研究表明,到 21 世纪 50 年代,浙江老年人口增长速度与老年人口年增量紧密相连,将经历高速—低速—高位高速—高位低速等阶段。以 60 岁及以上老年人口为例(见表 4、图 5)。

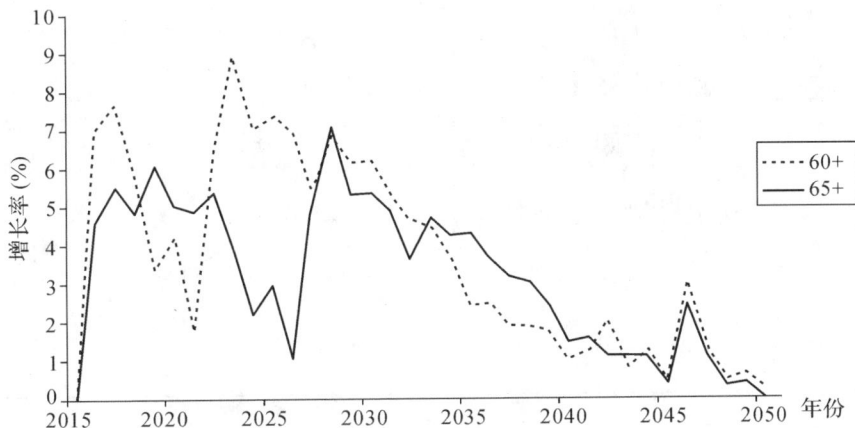

图 5　60 岁及以上、65 岁及以上老年人口增长率变化

第一阶段:2015—2018 年,老年人口增长率处于高增长阶段,60 岁及以上常住老年人口年均增长率高达 4.88%。

第二阶段:2019—2021 年,老年人口因三年困难时期人口低出生,导致老年人口增长率低,老年人口年均增长率下降为 2.20%;与第一阶段相比,老年人口年均增长率下降 2.68 个百分点。

第三阶段:2022—2034 年,老年人口增长速度再次加速,年均增长率提高到 4.39%;与第二阶段相比,老年人口年均增长率上升了 2.19 个百分点,略低于第二阶段年均增长率。这是我省第二高峰老年人口增长速度。

第四阶段：2035—2050 年，人口老龄化程度处于高位水平，老年人口增长速度减缓，处于高位低速增长阶段，年均增长率下降为 1.26％，但老年人口总量仍在增长。

(三)人口老龄化程度将呈单边上升趋势

预测表明，未来半个世纪内，浙江省 60 岁及以上老年人口或 65 岁及以上老年人口占总人口的比重呈单边上升趋势。60 岁及以上的常住老年人口比重由 2015 年的 16.24％上升到 2054 年峰值的 46.26％；同样，65 岁及以上的老年人口比重由 2015 年的 10.74％上升到 2059 年峰值的 39.87％(见表 5、图 6)。

表 5　浙江常住老年人口比重变化趋势　　　　　　　　(单位:％)

年份	60+			65+		
	全省	城镇	农村	全省	城镇	农村
2011	14.4	11.2	19.8	9.7	7.3	13.5
2015	16.2	12.7	22.6	10.7	8.2	15.3
2020	19.2	15.1	27.7	13.6	10.3	20.4
2025	23.8	19.3	34.4	16.3	12.7	24.9
2030	29.5	24.7	41.9	20.6	16.6	31.1
2035	34.7	30.3	47.4	25.8	21.7	38.0
2040	38.3	34.5	50.2	30.5	26.6	42.5
2045	41.6	38.4	52.2	33.4	30.2	44.3
2050	45.2	43.0	53.3	36.1	33.6	45.5

(四)人口老龄化程度农村比城镇严重

城镇常住老年人口规模大于农村，城镇老年人口占老年人口比重大且持续上升。2015 年，60 岁及以上常住老年人口中，有 49.7％居住在城镇，到 2020 年上升到 53.1％，到 2050 年提高到 74.9％。

虽然居住在城镇的老年人口规模大于农村，但是，上半世纪，人口老龄化程度农村比城镇更严重。2015 年，农村 60 岁及以上老年人口的比重为 22.6％，到 2049 年老年人口比重峰值 53.5％，尔后开始下降。城镇 60 岁及以上老年人口比重低于农村，2015 年，城镇为 13.7％，人口年龄结构比农村轻，2050 年比重上升至 43.0％(见表 5、图 7)。

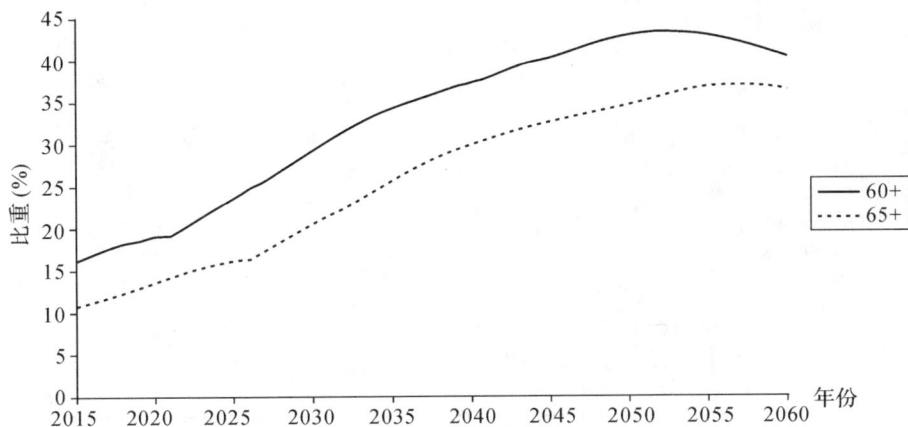

图 6　60 岁及以上、65 岁及以上老年人口比重变化

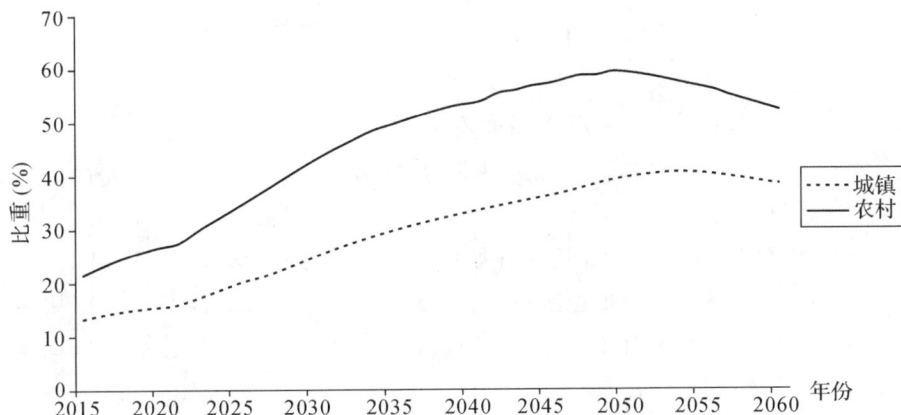

图 7　分城乡 60 岁及以上常住老年人口比重变化

（五）高龄老人规模不断增加，比重先降后升

高龄老人通常指年龄达到或超过 80 岁的老年人口。随着全省人口老龄化进程的加快、人口寿命的延长，高龄老人规模及比重也随之增长。

1. 高龄老人规模不断增长

预测结果显示（见表 6、图 8），2015—2050 年，80 岁及以上常住高龄老人规模呈不断上升趋势。全省高龄老年人口从 2015 年的 140 万人增加到 2020 年的 161 万人左右，年增 4 万人左右，到 2050 年增加到 646 万人，2056 年达到峰值 722 万人左右。此后高龄老人规模呈逐步下降态势。

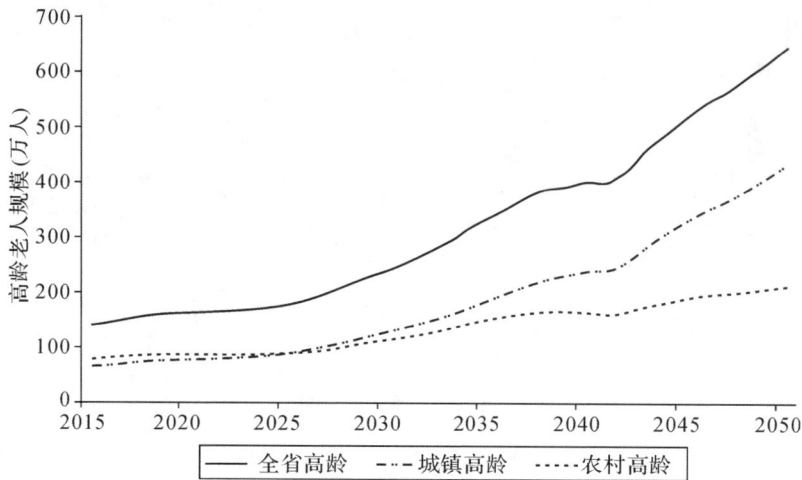

图 8　全省 80 岁及以上高龄老人规模变化

2.高龄老人占 60 岁及以上老年人口的比重先降后升

2015 年全省 80 岁及以上常住老年人口占 60 岁及以上老年人口的比重为 15.6%,到 2020 年下降到 14.9%,五年比重下降了 0.7 个百分点,到 2025 年下降到低谷 13.2%,此后开始缓慢回升。到 2030 年回升到 14.4%。2035 年后人口高龄化呈加速态势,到 2050 年上升到 27.8%,十五年比重增加了 10.7 个百分点。80 岁及以上高龄人口占 65 岁及以上老年人口比重变化趋势同 60 岁及以上老人的变化(见表 6)。

表 6　分城乡 80 岁及以上高龄老人规模及比重变化

年份	高龄老人(万人)			占 60 岁以上比重(%)			占 65 岁以上比重(%)		
	全省	城镇	农村	全省	城镇	农村	全省	城镇	农村
2011	114	52	62	14.5	13.6	15.3	21.6	20.8	22.3
2015	140	64	76	15.6	14.3	16.8	23.6	22.3	24.8
2020	161	77	84	14.9	13.4	16.6	21.0	19.6	22.5
2025	178	90	88	13.2	11.7	15.1	19.2	17.8	20.8
2030	242	129	113	14.4	12.6	17.2	20.6	18.8	23.2
2035	334	185	149	17.1	14.6	21.7	22.9	20.4	27.1
2040	403	238	164	19.0	16.5	24.5	23.9	21.4	29.0
2045	520	330	191	23.4	20.7	30.1	29.1	26.3	35.5
2050	646	435	212	27.8	25.0	36.2	34.8	32.0	42.5

分城乡看,到 2025 年前,农村高龄老人规模大于城镇。2015 年,农村高龄老人有 76 万人左右,比城镇的 64 万人多 12 万人左右。到 2020 年,城乡高龄老人分别增加到 77 万人和 84 万人,差距缩小为 7 万人左右,到 2025 年持平,均为 86 万人。此后,城镇高龄老人规模大于农村。到 2030 年,城乡分别增加到 129 万人和 113 万人(见表 6)。

从城乡高龄老人占 60 岁及以上老年人的比重看,农村高龄老人所占的比重一直高于城镇,这个趋势保持不变。2015 年,农村高龄老人占 60 岁及以上老年人口比重为 16.8%,高于城镇 2.5 个百分点;到 2020 年,农村达到 16.6%,高于城镇 3.2 个百分点(见表 6、图 9)。

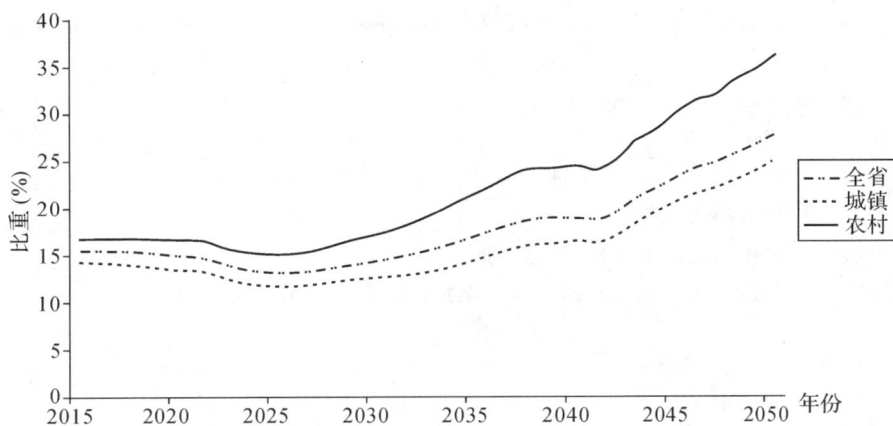

图 9　全省 80 岁及以上高龄老人占 60 岁及以上老人比重变化

三、主要结论

1.浙江人口老龄化水平、速度均高于全国平均水平。

2.老年人口规模持续增长。到 21 世纪 50 年代,人口老龄化速度经历近期高速增长、波动低速增长、高位高速和高位缓速四个阶段。"十三五"时期,60 岁及以上老年人口年均增加 39 万人,65 岁及以上老年人口年均增加 32 万人。

3.人口老龄化程度将呈单边上升趋势,将经历近期高速增长和远期高峰平稳期,人口深度老化、高龄化。到"十三五"期末,60 岁及以上、65 岁及以上老年人口占总人口的比重将分别达到 19.2% 和 13.6%,分别比期初提高 3.0 个百分点和 2.9 个百分点。

4.农村常住人口的老龄化水平高于城镇常住人口,养老保障弱于城镇,养老保障的重点、难点在农村。

5.老年人口峰值规模不受生育政策微调的影响。从老年人口增长率看,21世纪70年代前无论何种政策都不产生影响;从老年人口占总人口比重看,生育政策微调口径越宽,老年人口比重峰值越小。同时,单独两孩生育政策对降低目前老龄化水平和减少老年人口规模的作用不大,对改善我省的人口结构作用有限。

【参考文献】

[1]Administration on Aging:A Profile of Older Americans. US Dept. of Health and Human Services,2001.

[2]Population Reference Bureau. World Population Data Sheet,2013. http:www. Prb. org.

[3]World Population Prospects:The 2012 Revision. http://esa. un. org/unpp.

[4]浙江省老龄工作委员会办公室.浙江省2010—2013年老年人口和老龄事业统计公报.

[5]浙江省统计局.浙江省2010年第六次全国人口普查主要数据公报.

[6]国家统计局.中国统计年鉴2013(电子版).

[7]国家统计局.2010年第六次全国人口普查主要数据公报(第1号).

在制度赡养率背景下合理降低我国
基本养老保险缴费率的研究

□ 路锦非 *

摘　要：我国持续深化的城市化进程和不断加深的老龄化程度,对基本养老保险制度的可持续性提出了挑战。一方面要履行制度建立的根本目的,让城镇企业职工都能够获得养老保障;另一方面却必须面对制度赡养率高和真实缴费率低的尖锐矛盾。因此,继续扩大制度覆盖面,适时适当降低缴费比率,让更多企业和职工参保是改善制度内部结构、提高可持续性的重要措施。

关键词：制度赡养率;基本养老保险;缴费率

我国现行基本养老保险是指始于 20 世纪 90 年代的城镇企业职工基本养老保险制度(以下简称"基本养老保险")。运行至今已发展成为我国覆盖范围最广、影响最大、涉及人口最多的主要养老保障制度,是政府、民众和学界都关注的焦点。在我国人口老龄化的现实背景下,基本养老保险的基金收支平衡受到了挑战。特别是近年来基金收支压力日增,考虑基本养老保险个人账户大规模空账的现实,制度的可持续性受到严重质疑。在未来人口老化、基金支出会持续增长的预期下,要维持基金可持续,要么进一步提高缴费比例,要么进一步扩面征缴。然而,我国社会保障的缴费比例已经高达世界前列,企业和个人双方都深感难以承受,进一步提高缴费比例已经不可取;扩面征缴工作开展若干年来也陷入了潜力枯竭的尴尬境地,在极高的缴费率前提下,无力缴纳的企业和个人存在偷逃缴费现象,进一步扩面难度较大。我国自 2005 年开始的第二支柱企业年金的发展亦不尽如人意,其中重要

　＊　路锦非:华东师范大学公共管理学院。

原因也是基本社保缴费比例太高,导致大多数企业无力再为员工建立企业年金制度。种种尝试及其发展中的困境显示,我国基本社会保障制度,若仅从外部考虑已经难以解决问题,必须从制度内部入手分析,找到破解制度困局的突破因素。

党的十八届三中全会明确提出"适时适当降低社会保险费率",为下一步社会保障改革指明了方向。那么什么时候、以怎样的幅度降低社会保险费率?在什么条件下降低到多少才既能保障收支平衡又能满足基本保障需求呢?本文尝试对该问题进行研究和探讨。鉴于我国基本养老保险制度涉及人群最广、基金体量最大,也是受老龄化影响最深远的制度,本文将研究聚焦于基本养老保险制度缴费率下降的研究。

我国基本养老保险制度设计采取社会统筹与个人账户相结合的模式,即现收现付与完全积累相结合的部分积累制度。然而,由于统筹部分的支付压力,地方政府大多"混账"经营,将本应实账积累的个人账户缴费用于应对当期支付需求。因此个人账户在大多数省份只是一个名义记账工具,并不具备积累的实质。即便从 2001 年起开始试点做实的 13 个省市,做实比例也一再下降。总体上看,我国基本养老保险仍然是现收现付的实质。因此本研究将基本养老保险定位为现收现付制度,相应的基金收支结余数据也都认为是现收现付制度下的运行结果。[①]

一、现收现付制基本养老保险收支平衡的理论模型

现收现付制基本养老保险基金平衡取决于当期基金收入与基金支出的关系。现收现付制基本养老保险基金的收支平衡可用以下公式表示:

$$C_t \times (AS_t \times W_t) = (B_t \times AS_t) \times R_t \qquad (1)$$

式(1)中,C_t 为基本养老保险 t 年的缴费率;AS_t 为 t 年在职职工平均工资;W_t 为 t 年制度内在职职工人数;B_t 为 t 年替代率;R_t 为 t 年制度内退休职工人数。将式(1)两边同除以 $(AS_t \times W_t)$,得:

$$C_t = B_t \times \frac{R_t}{W_t}$$

---

① 这样假设一方面符合我国基本养老保险运行实际,另一方面也方便我们测算在人口老龄化背景下基金收支的走向,有利于准确判断我国基本养老保险制度可持续性的真实情况。

式中，$\dfrac{R_t}{W_t}$ 就是制度赡养率，即 t 年制度内退休职工与在职职工之比[1]，记为 d_t，即：

$$C_t = B_t \times d_t \qquad\qquad (2)$$

公式（2）表明，若要使基本养老保险收支平衡，养老保险的缴费率应等于养老金替代率与制度赡养率的乘积。[2]

若要保证替代率 B_t 不变，随着制度赡养率 d_t 的提高，缴费率必将持续提高；若制度赡养率 d_t 畸高，还可能出现缴费率提高而同时替代率下降的情形。

二、我国基本养老保险制度运行现状及缴费率的矛盾

（一）基本养老保险制度发展迅速覆盖面广

我国基本养老保险自 1990 年建立以来，参保人数不断增加，职工覆盖面不断提高。覆盖类型已经从企业职工逐渐扩展到个体工商户、灵活就业人员等各类从业人员。如图 1 所示，我国基本养老保险制度从 1990 年制度建立时仅覆盖城镇 20.4％的人口，到 2013 年这一比例已经达到 44.1％，成为我国养老保障中最重要的制度安排。

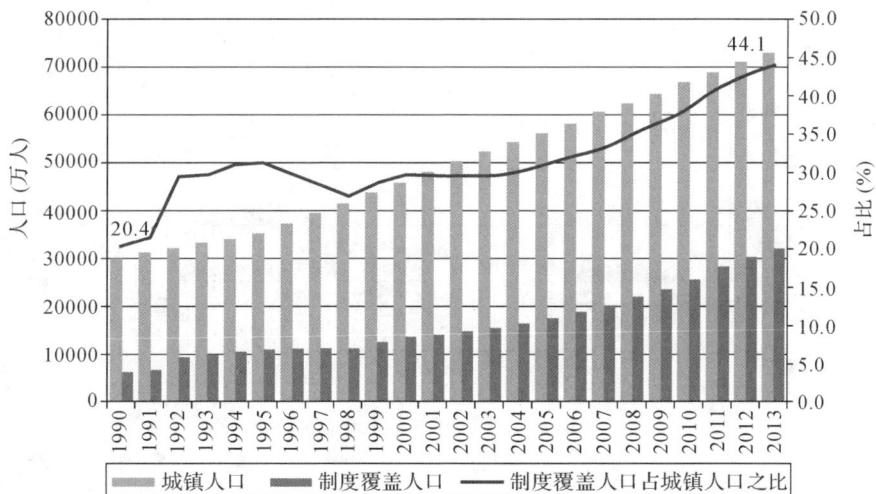

图 1　城镇企业职工基本养老保险制度发展走势

---

① 需特别注意，在我国应为基本养老保险制度内的退休职工与在职职工之比，即"制度赡养率"。
② 左学金：《面临人口老龄化的中国养老保障：挑战与政策选择》，《中国人口科学》2001 年第 3 期。

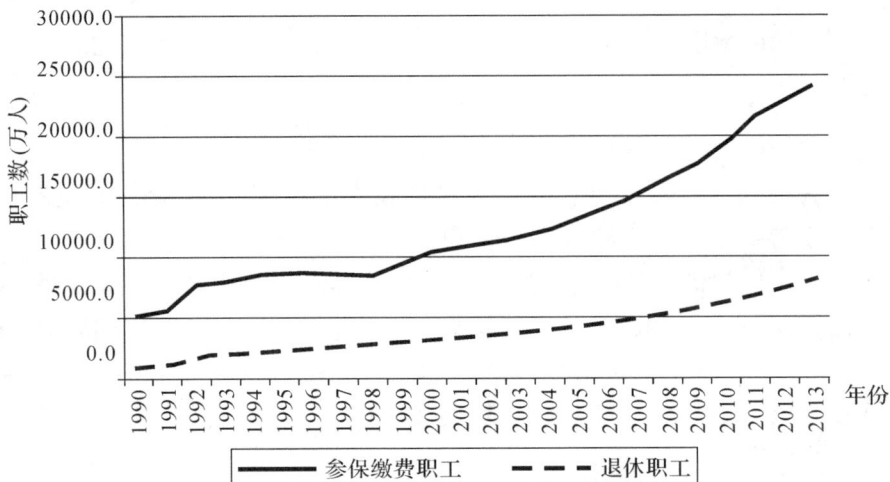

图 2　城镇基本养老保险参保职工和退休职工人数

数据来源:2013 年数据来自劳动和社会保障部;1995—2012 数据来源于国家统计年鉴;1994 年以前数据来源于统计局分类统计。

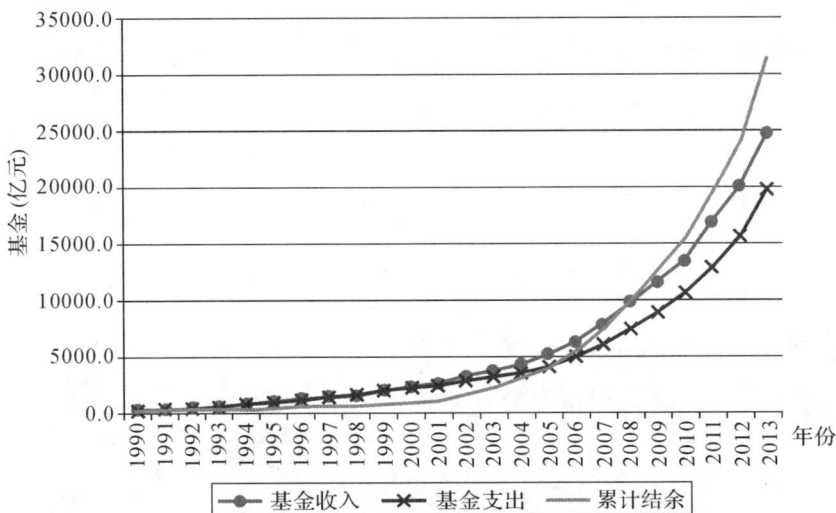

图 3　城镇企业职工基本养老保险财务收支

数据来源:1995—2012 年数据来源于国家统计年鉴;1994 年以前数据来源于统计局分类统计。

图 2 给出了我国基本养老保险制度建立以来参保人数的变化情况。由图 2 看出,基本养老保险参保人数自 1998 年起迅速增加,制度扩面效果显著。参保职工从 1990 年的 5201 万人,到 2013 年底已经达到 2.42 亿人;与此

同时,随着人口年龄自然老化,越来越多的参保职工达到退休年龄开始领取养老金,制度内退休职工从 1990 年的 965 万人增长到 2013 年的 8041 万人。[1]

在参保职工人数节节攀升的同时,基本养老保险的基金支出和基金结余也显示出持续增长的趋势(见图 3)。2013 年,基本养老保险收入 24733 亿元,支出 19819 亿元,累计结余达到 31275 亿元。[2]

(二)名义缴费率畸高而真实缴费率低

随着经济的发展、人民收入的提高以及通货膨胀的影响,基本养老保险退休职工领取的养老保险金也呈明显增长趋势。然而,随着我国人口老龄化的逐渐加深,以及制度建立时精算手段的缺乏,基本养老保险金相对于城镇在岗职工平均工资的替代率却呈现逐年下降趋势,与此同时,政策名义缴费率却逐年上升。最初 1990 年制度建立时企业缴纳 15%,个人缴纳 3%的比例,1997 年制度改革时提升为企业缴费 20%,个人缴费比例用 5 年时间,每年增加一个百分点直至增加到 8%。尽管养老金绝对金额在不断增加,但考虑居民收入增长和通货膨胀因素,养老金绝对金额并不能真实反映退休生活水平。国际上通用养老金替代率来衡量养老金充足程度,即,退休后领取的养老金与退休前收入的比值。本研究将全国平均养老金领取金额与全国在岗职工平均工资的比值作为宏观上衡量我国基本养老金充足水平的替代率指标。我国基本养老保险运行情况如表 1 所示,基本养老保险运行中心替代率、制度赡养率、政策名义缴费率和真实缴费率如图 4 所示。

表 1　我国基本养老保险运行情况

年份	人均年领取养老金(元)	人均月领取养老金(元)	城镇单位在岗职工年平均工资(元)	替代率(%)	制度赡养率[1](%)	真实缴费率(%)
1990	1547	129	2140	72.29	18.56	13.42
1991	1593	133	2340	68.08	19.22	13.08
1992	1914	160	2711	70.61	21.63	15.27
1993	2558	213	3371	75.90	22.97	17.43
1994	3179	265	4538	70.06	24.48	17.15

① 人力资源和社会保障部:《2013 年人力资源和社会保障事业发展统计公报》。
② 人力资源和社会保障部:《2013 年度人力资源和社会保障事业发展统计公报》。

续 表

年份	人均年领取养老金(元)	人均月领取养老金(元)	城镇单位在岗职工年平均工资(元)	替代率(%)	制度赡养率(%)	真实缴费率(%)
1995	3782	315	5500	68.76	25.65	17.64
1996	4375	365	6210	70.46	26.93	18.97
1997	4940	412	6470	76.35	29.21	22.31
1998	5543	462	7479	74.11	32.18	23.85
1999	6451	538	8346	77.30	31.40	24.27
2000	6674	556	9371	71.22	30.34	21.61
2001	6866	572	10870	63.17	31.30	19.77
2002	7880	657	12422	63.43	32.42	20.56
2003	8088	674	14040	57.61	33.14	19.09
2004	8536	711	16024	53.27	33.49	17.84
2005	9251	771	18364	50.37	33.29	16.77
2006	10564	880	21001	50.30	32.80	16.50
2007	12041	1003	24932	48.30	32.63	15.76
2008	13933	1161	29229	47.67	31.97	15.24
2009	15317	1276	32736	46.79	32.73	15.31
2010	16741	1395	37147	45.07	32.50	14.64
2011	18700	1558	42452	44.05	31.65	13.94
2012	20900	1742	47593	43.91	32.40	14.23
2013	24647	2054	52379	47.06	33.26	15.65

注:①制度赡养率:用于衡量制度的负担水平,制度赡养率=制度内退休职工/制度内参保缴费职工。

数据来源:作者根据国家统计年鉴中社会保险相关数据计算得到。

日益沉重的制度赡养负担和支付压力,使得我国一再提高政策名义缴费率,从 2002 年起就已经开始执行企业缴费 20%、职工个人缴费 8%,合计 28%的高缴费率政策。然而,由于我国各地发展不平衡,制度实施和执行力度各有不同,存在大量企业偷逃缴费、低报缴费基数等现象。因此真实的缴费率水平与政策规定 28%的名义缴费率相比要低得多,且很难从全国范围内找到可靠的统计数据。我们转而从理论分析入手,倒推可能的真实缴费率水平。根据前述现收现付制基本养老保险基金收支平衡的理论公式：$C_t = B_t \times d_t$我们在已知真实替代率水平和制度赡养率水平的情况下，可以计算得出基本养老保险的真实缴费率水平（见表1）。图5更加清晰地表明了我国基本养老保险制度真实缴费率与政策名义缴费率的巨大差距。

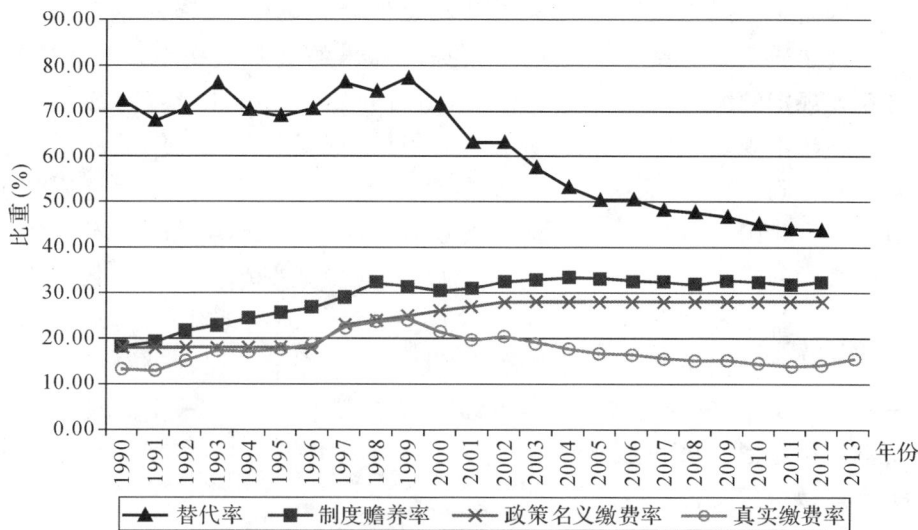

图 4　基本养老保险运行中的替代率、制度赡养率、政策名义缴费率和真实缴费率

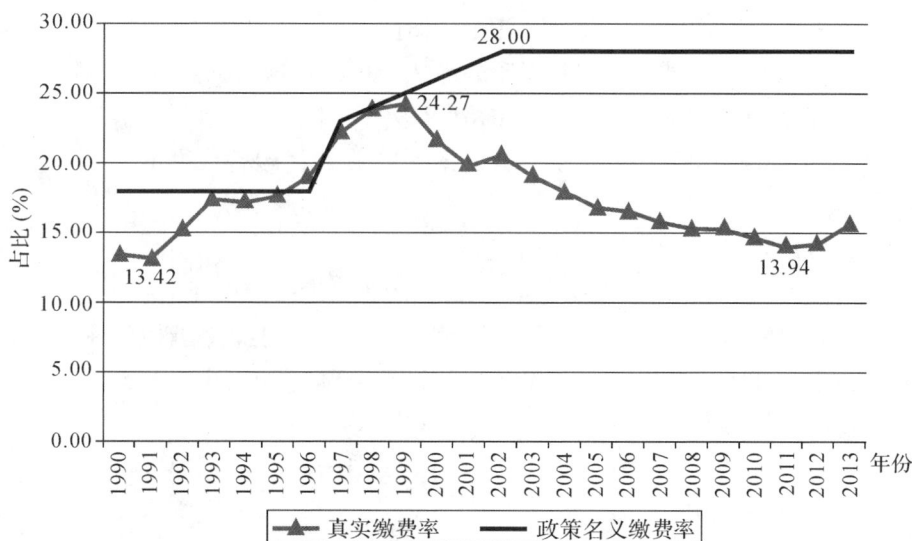

图 5　政策名义缴费率与计算得出的真实缴费率的现实偏离

图 5 中,我国基本养老保险缴费率的政策规定在 1997 年之前是企业缴纳 15%、个人缴纳 3%,合计 18%。随着我国基本养老保险制度的改革,从 1997 年开始企业缴费增加至 20%,个人缴费逐年增加直至达到 8%。从 2002 年起至今,政策规定的缴费比例始终维持在 28% 的合计缴费比例的水平上。然而,一方面是居高不下的政策名义缴费率,另一方面却是呈现剧烈分化的真实缴费率。基于基金运行数据测算出的真实缴费率,1993—1999 年与政策规定的缴费率水平比较接近,随后开始急剧分化。真实缴费率不仅没有随政策规定上升,反而迅速下降,一度走低至 2011 年的 13.94%。

需要明确,上述真实缴费率依据的计算公式其前提是现收现付制基金平衡。因为我国基本养老保险统筹部分不足,中央和地方财政在不同年度有不同额度的转移支付补贴。这使得确切的真实缴费率测算存在数据不可得的困难。基于本文的目的,不陷入微观复杂数据的纠结,而是采用理论公式计算在基金平衡条件下的应有缴费率水平。该缴费率是能够维持基金收支平衡的缴费水平,对把握基本养老保险真实运营状况是一个有价值的参考变量。在考虑中央和地方政府转移支付的现实情况下,实际平均征收缴费率比该缴费率更低。

由基本养老保险基金平衡公式可知,随着制度赡养率 d_t 升高,在缴费率不变的前提下需要替代率下降来维持公式的平衡;或者在替代率不变的前提下可以通过提高缴费率来维持平衡。观察我国基本养老保险的运行数据,发现我国是政策缴费率急剧上升而同时替代率亦迅速下降的走势,1990 年以来,我国基本养老保险制度赡养率从 1990 年的 18.56% 到 2013 年的 33.26%,提高了 79%;而政策名义缴费率从 90 年代初的 18% 到 2013 年的 28% 增长了 55%。若按照基金平衡公式计算养老保险替代率的变化:

$$(1+55\%)C_t=(1+79\%)d_t\times(1+x)B_t$$

解得:$x=-13.4\%$

即:在我国制度赡养率和政策名义缴费率变化的前提下,为维持理论的平衡,养老保险替代率下降 13.4% 就够了。而事实上,我国替代率水平从 1990 年的 72.29% 到 2013 年下降至 47.88%,下降了 34% 的幅度。

同理,若按照替代率下降了 34% 为基准,则,

$$(1+x)C_t=(1+79\%)d_t\times(1-34\%)B_t$$

解得:$x=18\%$

即:若考虑我国现实制度赡养率提高和替代率下降的水平,缴费率只需要提高 18% 就可以满足平衡。而事实上我国基本养老保险的缴费率水平提

高了 55%。

过度下降的养老金替代率,以及过度提高的缴费率,打破了我国基本养老保险的制度平衡。畸高的名义缴费率水平和过度下降的养老金替代率水平,在全国城镇企业职工的范围内同时大幅度降低了在职职工和退休职工的福利,值得引起高度重视。这也折射出我国基本养老保险制度运行内部的重要问题——除了制度设计缺乏精算和实际运行中令人担忧的管理漏洞之外,我国过高的名义缴费率和较低的真实缴费率说明制度设计和制度执行之间存在较大差距。

从我国基本养老保险制度运行的实际来看,大多数企业缴纳社保时按照"缴费基数"进行缴纳,而通常"缴费基数"都低于真实工资水平;有些企业为了少缴社保,通过财务手段处理员工工资构成,从而将"缴费基数"处理到刚刚满足基本社保的缴费下限。这样的做法并非个别现象,而低于实际工资的"缴费基数"更是不言自明的普遍做法。因此,虽然我国政策规定的缴费率高达 28%,但真实测算的缴费率却仅为 15% 左右。这说明我国目前规定的 28% 的缴费率并不合理。尽管在偷逃缴费普遍的现实下,高名义缴费率会使得能够真实征收上来的缴费有一定的保证,但事实上存在诸多弊端:

一是过高缴费率让部分企业想尽办法偷逃缴费,大量应缴养老保险基金流失,同时这些企业中的职工得不到保障;或者因为缴费负担过重,企业缴纳一定时间后感觉难以承受,从而想办法偷逃或少缴缴费。这也是我国政策名义缴费率与实际缴费率发生分化的重要原因。既然实在缴不起,只好转而寻求其他降低缴费的途径。

二是过高缴费率对遵守劳动纪律按时按量缴费的企业是一种惩罚。由于存在大量偷逃少缴企业,那么基金征缴的主要完成主体就由这部分行为良好的企业来承担。但这是事实上的养老金负担不平等,会鼓励偷逃,却让"好人"吃亏,进而形成恶性循环。

三是过高名义缴费率让企业和职工都望费生畏,不利于基本养老保险制度在更大范围的推广。

四是过高名义缴费率并未真正起到保证征缴的作用,相反却背上了缴费率畸高的名声,也不利于其他养老保障制度如企业年金的进一步发展。

因此,过高缴费率的确定在导致实际过低缴费水平的问题上是难辞其咎的。政府在遭遇基金支付压力时没有从内部寻找原因,却仅仅通过行政手段提高缴费比例,起到了适得其反的效果。数据显示缴费改革之后的真实缴费率甚至比 1997 年改革之前更低。这一点是我们应当认真反思的。

综上所述,适时适当降低缴费率是我国基本养老保险制度从内部着手改革的重要措施。

三、人口老龄化背景下的基本养老保险制度赡养率走势

在我国人口老龄化的大背景下,基本养老保险的制度赡养率提高是必然的结果。那么制度赡养率与我国人口老龄化程度相比是怎样的进程,需要我们进一步比较研究。

我国有历年完整的全国人口年龄结构的数据,但是单独考察城镇人口年龄结构的数据并不完整。具体到分年龄的人口数据,只有在人口普查时才会得到。基于我国城乡长期以来的经济和社会差异,以及城市化浪潮的冲击,城乡人口结构可能存在一些不能忽略的关键差异。因此我们需要用城镇人口的年龄结构特征数据来研究应用主体为城镇职工的基本养老保险制度。本文基于 1982 年第三次人口普查、1990 年第四次人口普查、2000 年第五次人口普查和 2010 年第六次人口普查数据,进行整理和计算,得到我国城镇人口年龄结构数据(见表 2)。

表 2　我国城镇人口年龄结构数据

	1982 年	1990 年	2000 年	2010 年
城镇人口(人)	206309144	296145180	458770983	670005546
0~14 岁(人)	55073409	66117571	84509964	94309655
15~64 岁(人)	129975815	214912268	344795797	523441665
65 岁及以上(人)	8181792	15115341	29465222	52254226
0~14 岁人口占比(%)	26.69	22.33	18.42	14.08
15~64 岁占比(%)	63.00	72.57	75.16	78.12
65 岁及以上占比(%)	3.97	5.10	6.42	7.80
总抚养比(%)	48.67	37.80	33.06	28.00
少儿抚养比(%)	42.37	30.76	24.51	18.02
老年抚养比(%)	6.29	7.03	8.55	9.98

注:人口占比是指该年龄段人口占城镇人口数的比例。
数据来源:根据 1982、1990、2000、2010 年人口普查数据整理计算。

尽管缺乏连续的年度城镇人口年龄结构数据,我们仍然可以从表 2 中看出我国城镇人口结构的明显变化。从 1982 年到 2010 年,正是我国改革

开放之后城市化进程的发展周期,且从 90 年代起城市化呈现加速趋势。与此同时,城镇各年龄段人口绝对数量均显著增加,显示城镇人口绝对总量的大幅度提升。然而,各年龄段人口占比数据透露了我国人口老龄化加深的趋势(见图 6)。

图 6 中,城镇 0~14 岁人口占比迅速下降,从 1982 年的 26.69% 下降到 2010 年的 14.08%,老年人口占比则从 3.97% 上升到 7.80%。这两者呈相对方向运动,对比显示我国人口老龄化正持续加深。同时期,15~64 岁人口占比从 63% 增长到 78.12%。这主要得益于该时间段我国城镇化的进程,大量农村青壮年劳动者进城对延缓我国城镇人口老化起到了重要作用。[①]

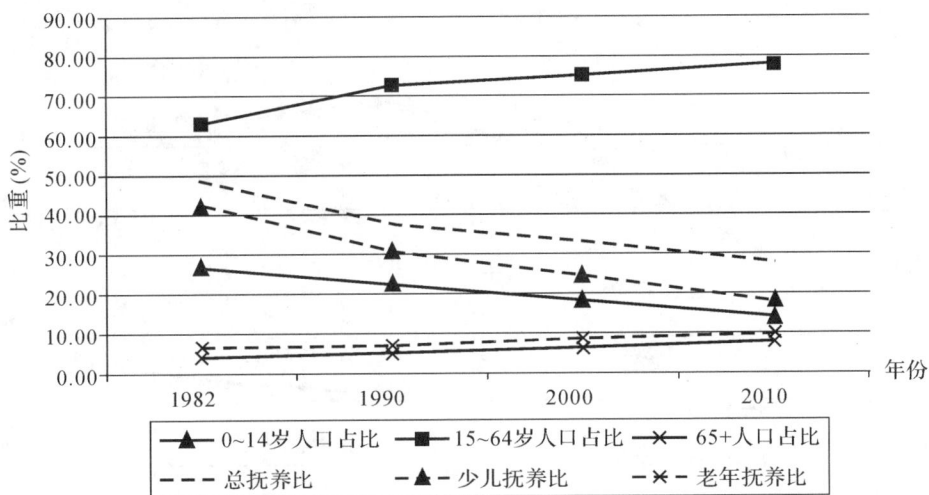

图 6 我国四次人口普查城镇人口年龄结构变动

我国城镇企业职工基本养老保险适用于城镇在各类企业工作的职工和个体劳动者,因为其覆盖面最为广泛,因此本文提出如下假设,以便于后文的研究更为严密。

基本假设:城镇企业职工这一群体的人口年龄结构变化与整个城镇人口的年龄结构变化特征有相同的分布。因此我们对整个城镇人口群体的特征的研究分析亦能够使用于城镇企业职工基本养老保险制度覆盖人口,其与人口年龄结构变动之间关系的研究结论也能够解释未来制度的人口特征变迁。该假设主要基于如下考虑:(1)城镇就业年龄人口中大多数在企业工

---

① 当然会同时带来农村人口的机械性加速老化。

作,参加城镇企业职工基本养老保险。就业人口中属于机关事业单位和城镇居民养老保险的人数相对较少。(2)企业分布行业广泛,就业人口在性别年龄等分布上可近似认为合乎城镇人口群体的分布特征。(3)城镇企业职工基本养老保险制度建立和运行时间最长。从 20 世纪 90 年代建立基本养老保险制度,迄今已经有近 30 年,期间有部分参保企业职工已经走完了自己的生命周期,还有相当部分现在已经退休领取养老金,这使得制度中不同角色均有分布,从而更接近整个城镇人口群体的特征。对比我国人口老年抚养比和基本养老保险制度赡养率,我们发现基本养老保险制度赡养率远远高于人口老年抚养比(见图 7)。

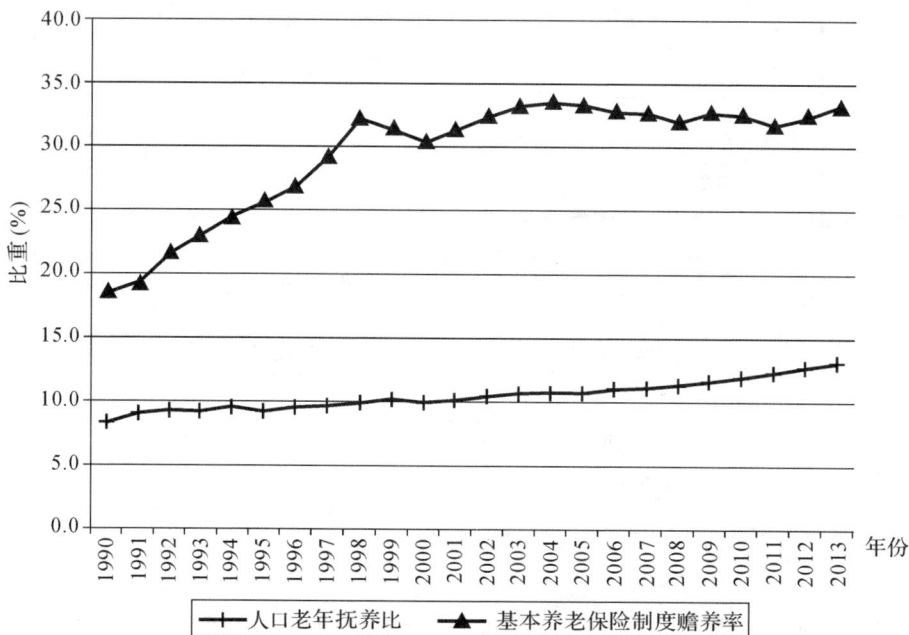

图 7　我国基本养老保险制度赡养率与人口老年抚养比
数据来源:老年抚养比数据来自国家统计局;制度赡养率为作者根据国家统计局数据计算。

制度赡养率是影响基本养老保险基金收支平衡的敏感变量。然而,因缺乏制度内参保职工和退休职工的分年龄数据,使得这一至关重要的参数假设无从估计。我们无法采用人口学方法对未来随人口老化进程下制度赡养率的变化进行年龄移算的递推预测。为了更细致地研究制度赡养率与人口老年抚养比的关系,从而对我国基本养老保险未来的制度赡养率有一个相对符合实际的正确预期,本文构建"制度—老年压力比"这一指标,用来衡量制度赡养率相对于同时期老年抚养比的压力水平。定义：

"制度—老年压力比"=制度赡养率/老年抚养比

从我国1990—2013年基本养老保险制度运行数据得出"制度—老年压力比"如表3所示。同时绘制"制度—老年压力比"相对于老年抚养比的关系图，我们得到图8。图8显示"制度—老年压力比"与人口老年抚养比呈明显的二次函数关系。

表3　基本养老保险制度赡养率与老年抚养比　　　（单位：%）

年份	制度赡养率	老年抚养比	制度赡养率/老年抚养比	年份	制度赡养率	老年抚养比	制度赡养率/老年抚养比
1990	18.56	8.30	2.24	2002	32.42	10.40	3.12
1991	19.22	9.00	2.14	2003	33.14	10.70	3.10
1992	21.63	9.30	2.33	2004	33.49	10.70	3.13
1993	22.97	9.20	2.50	2005	33.29	10.70	3.11
1994	24.48	9.50	2.58	2006	32.80	11.00	2.98
1995	25.65	9.20	2.79	2007	32.63	11.10	2.94
1996	26.93	9.50	2.83	2008	31.97	11.30	2.83
1997	29.21	9.70	3.01	2009	32.73	11.60	2.82
1998	32.18	9.90	3.25	2010	32.50	11.90	2.73
1999	31.40	10.20	3.08	2011	31.65	12.30	2.57
2000	30.34	9.90	3.06	2012	32.40	12.70	2.55
2001	31.30	10.10	3.10	2013	33.26	13.10	2.53

数据来源：作者根据统计局数据计算得出。

根据1990—2013年的数据进行拟合，得到拟合函数：

$$y = -0.0066x^2 + 0.1768x + 1.9387 \quad (R^2 = 0.92697)$$

函数的拟合优度 $R^2 = 0.92697$，说明函数具有较好的解释力，可以用作估计未来随人口抚养比即"制度—老年压力比"的变化。

数据和图表均说明我国基本养老保险的制度赡养率远高于人口老年抚养比，显示我国基本养老保险制度沉重的负担压力。随着我国基本养老保险制度的改革，覆盖面进一步扩大，所有城镇企业职工实现应保尽保的过程中，制度赡养率会呈现下降趋势并最终与人口老龄化程度无限接近。也就是说，未来某个时点，"制度—老年压力比"即制度赡养率与人口老年抚养比趋同，比值为1，并在其后的时间中均保持同步。基于这样的估计，我们可以得到2014—2050年我国基本养老保险的制度赡养率（见表4）。

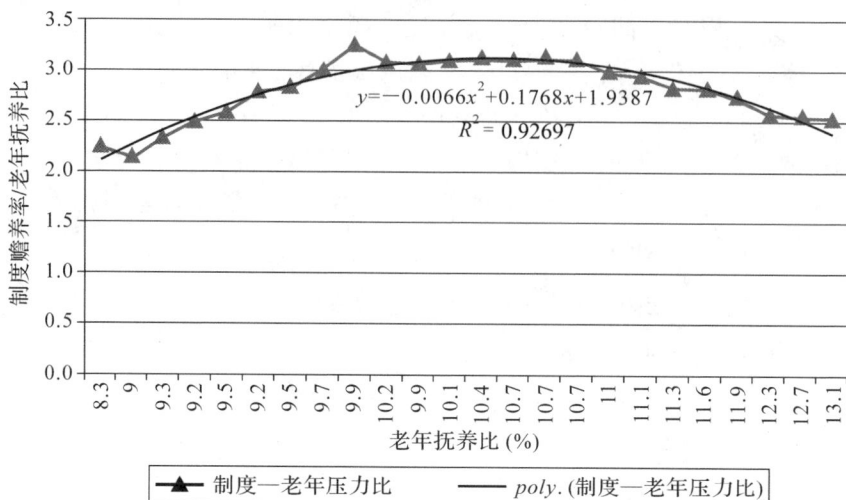

图 8   基本养老保险制度赡养率与人口老年抚养比的压力关系

表 4   2014—2050 年制度赡养率的拟合估计

年份	老年抚养比（%）	制度老年压力比	制度赡养率（%）	年份	老年抚养比（%）	制度老年压力比	制度赡养率（%）
2014	13.05	2.48	32.39	2033	27.30	1.57	42.97
2015	13.06	2.43	31.78	2034	28.47	1.53	43.45
2016	13.79	2.39	32.90	2035	29.63	1.48	43.81
2017	14.51	2.34	33.95	2036	30.67	1.43	43.88
2018	15.24	2.29	34.92	2037	31.71	1.38	43.85
2019	15.97	2.24	35.83	2038	32.75	1.34	43.72
2020	16.70	2.20	36.67	2039	33.79	1.29	43.49
2021	17.27	2.15	37.08	2040	34.83	1.24	43.16
2022	17.83	2.10	37.44	2041	35.14	1.19	41.87
2023	18.39	2.05	37.74	2042	35.45	1.14	40.55
2024	18.96	2.00	37.99	2043	35.76	1.10	39.20
2025	19.52	1.96	38.19	2044	36.07	1.05	37.81
2026	20.38	1.91	38.89	2045	36.39	1.00	36.40
2027	21.23	1.86	39.51	2046	36.91	1.00	36.91
2028	22.09	1.81	40.05	2047	37.43	1.00	37.43

续　表

年份	老年抚养比（%）	制度老年压力比	制度赡养率（%）	年份	老年抚养比（%）	制度老年压力比	制度赡养率（%）
2029	22.95	1.77	40.51	2048	37.96	1.00	37.96
2030	23.80	1.72	40.88	2049	38.48	1.00	38.48
2031	24.97	1.67	41.69	2050	39.00	1.00	39.00
2032	26.14	1.62	42.39				

数据来源：作者根据国家统计局数据经函数拟合测算；老年抚养比采用联合国对我国人口的预测结论。

拟合估计数据显示，基本养老保险的制度赡养率随我国人口老化程度的加深会继续升高，最高将达到 43.88%，接近一个制度内参保职工供养一位退休职工。根据上述拟合估计数据绘制出制度赡养率与未来人口老年抚养比的走势（见图 9）。

图 9 显示，我国人口老年抚养比从 2014 年的 13% 左右一路持续上升，到 2050 年将达到 39% 的水平。随着老年抚养比上升，尽管"制度—老年压力"比在下降，但基本养老保险制度赡养率仍然继续上升，以较小的斜率从而逐渐与人口老年抚养比趋同。那么基于这样的制度赡养率水平和我国未来人口老年抚养比的提高，基本养老保险制度的缴费率需维持多少才能满足制度平衡是我们最为关心的问题。

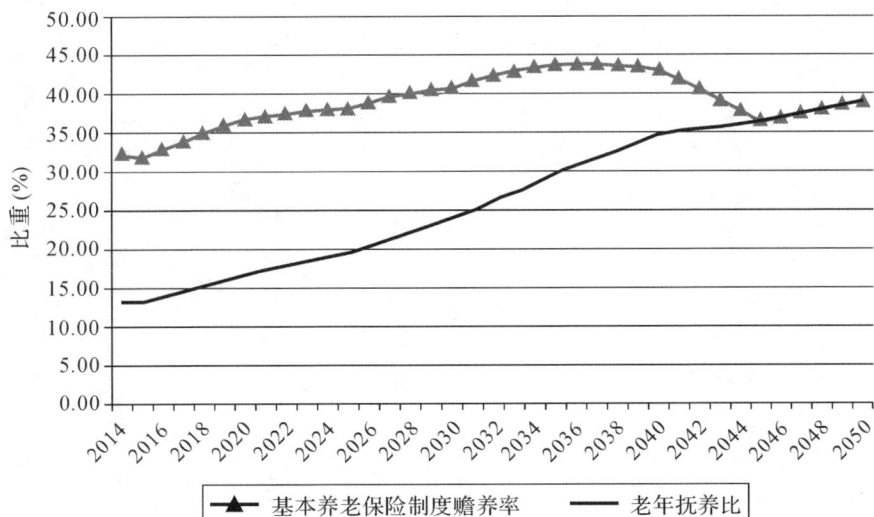

图 9　基本养老保险制度赡养率与城镇人口老年抚养比的未来走势

四、我国基本养老保险基金收支平衡的缴费率估算

本文第一部分给出了现收现付制基本养老保险基金收支平衡的理论模型：

$$C_t = B_t \times d_t$$

基于本文前述关于制度赡养率的分析与估计，我们可以在不同的替代率假设下得到能够满足基金收支平衡的理论缴费率水平，从而为我国未来适时适度改革基本养老保险缴费率提供理论依据。

如前所述，我国基本养老金的替代率水平从制度建立以来一路走低，到2012年甚至不足44%。根据《国务院关于完善企业职工基本养老保险制度的决定》规定的养老金计发办法，以平均缴费30年测算的基本养老金相对于社会平均工资的替代率为50%。而我国1997年基本养老保险制度改革的目标替代率为58.5%。本文以44%、50%、58.5%和60%几个替代率水平分别测算我国维持基本养老保险基金收支平衡的缴费率水平(见表5)。

表5 不同替代率水平下对应的理论缴费率   (单位：%)

年份	制度赡养率	Ct1	Ct2	Ct3	Ct4
2014	32.39	14.25	16.20	18.95	19.44
2015	31.78	13.98	15.89	18.59	19.07
2016	32.90	14.48	16.45	19.25	19.74
2017	33.95	14.94	16.97	19.86	20.37
2018	34.92	15.37	17.46	20.43	20.95
2019	35.83	15.77	17.92	20.96	21.50
2020	36.67	16.13	18.33	21.45	22.00
2021	37.08	16.32	18.54	21.69	22.25
2022	37.44	16.47	18.72	21.90	22.46
2023	37.74	16.61	18.87	22.08	22.64
2024	37.99	16.72	18.99	22.22	22.79
2025	38.19	16.80	19.09	22.34	22.91
2026	38.89	17.11	19.44	22.75	23.33
2027	39.51	17.38	19.75	23.11	23.71

年份	制度赡养率	Ct1	Ct2	Ct3	Ct4
2028	40.05	17.62	20.02	23.43	24.03
2029	40.51	17.82	20.25	23.70	24.30
2030	40.88	17.99	20.44	23.92	24.53
2031	41.69	18.34	20.84	24.39	25.01
2032	42.39	18.65	21.19	24.80	25.43
2033	42.97	18.91	21.49	25.14	25.78
2034	43.45	19.12	21.72	25.42	26.07
2035	43.81	19.28	21.91	25.63	26.29
2036	43.88	19.31	21.94	25.67	26.33
2037	43.85	19.29	21.92	25.65	26.31
2038	43.72	19.24	21.86	25.58	26.23
2039	43.49	19.14	21.75	25.44	26.09
2040	43.16	18.99	21.58	25.25	25.90
2041	41.87	18.42	20.94	24.49	25.12
2042	40.55	17.84	20.27	23.72	24.33
2043	39.20	17.25	19.60	22.93	23.52
2044	37.81	16.64	18.91	22.12	22.69
2045	36.40	16.02	18.20	21.29	21.84
2046	36.91	16.24	18.45	21.59	22.15
2047	37.43	16.47	18.72	21.90	22.46
2048	37.96	16.70	18.98	22.20	22.77
2049	38.48	16.93	19.24	22.51	23.09
2050	39.00	17.16	19.50	22.82	23.40
平均缴费率		17.18	19.52	22.84	23.43

注:Ct1:替代率44%时对应的缴费率;Ct2:替代率50%对应的缴费率;Ct3:替代率58.5%对应的缴费率;Ct4:替代率60%对应的缴费率。

根据表5得到的数据,若替代率维持目前约44%的水平,则从2014年起至2050年期间,缴费率随制度赡养率变动从13.98%到最高19.31%,就可以满足现收现付基金收支平衡的需要;平均缴费率只要17.18%;若平均替代率水平定为 50%,则缴费率最低为 15.89%,最高需要达到 21.94%,平均缴费率 19.52%;若替代率实现制度改革目标 58.5%,则缴费率需从 18.59% 到最高 25.67%,平均缴费率需要达到 22.8%;若要更进一步提高居民养老金替代率水平至 60%,则缴费率随制度赡养率不同需要从 19.07% 到 26.33% 不等,平均缴费率水平要达到 23.4% 才能满足基金平衡。

我国基本养老保险政策规定的名义缴费率虽然高达 28%,但本文的数据分析说明实际缴费率仅 15% 左右,若考虑各级政府的转移支付部分,实际缴费率更低。前已分析高名义缴费率与低实际缴费率的背离带来的若干弊端,因此需要结合我国制度赡养率的变动趋势作出符合实际的调整。我国的国情现实决定了不可能提供过高的养老金替代率水平。社会平均工资 50% 左右的替代率水平应当是合适的,随着制度赡养率的提高,缴费率要相应提高以达成基金的收支平衡。但基本养老保险缴费政策应当具有相当的稳定性,以利于企业和职工形成对未来的稳定预期,所以频繁调整缴费率水平不足取,应当在科学测算的基础上合理确定。以 50% 替代率水平为基准的缴费率,虽然在 2028—2042 年可能需要超过 20% 的缴费率水平,但是在 2014—2028 年以及 2042—2050 年缴费率水平均低于 20%,平均为 19.52%。因此,在实现 50% 替代率水平的假设下,20% 左右的缴费率设定应当是合理的。从企业和职工个人双方的缴费负担考虑,企业缴纳 15%,个人缴纳 5%,应当是可以尝试的一种缴费率组合。

需要特别明确,降低名义缴费率的同时,应当着力抓实征缴工作,确保应缴尽缴。不断提高的制度赡养率只有通过更多年轻人的加入才能够得以缓解。名义缴费率的降低将有助于继续扩大基本养老保险制度的覆盖面,让符合条件的城镇企业职工均能够参加保险。可以预见,降低名义缴费率会促使更多企业参保,而随着更多年轻人的参保,制度赡养率的增幅会趋于缓和。这是从我国基本养老保险制度内部解决其收支可持续性的重要渠道。同时也能够缓解目前高名义缴费率带来的社会抵触和拒绝参保情绪。

五、基本养老保险基金缺口率

我国国情复杂,改革开放以来进行的一系列改革,包括国有企业改革,形成了一大批下岗职工和提前退休职工。这些老职工参与养老保险制度时间不长,对基金收入的贡献不大,有些甚至根本没有在制度内缴纳过费用,但其退休后按照正常退休职工享受养老保险金待遇。他们对新中国经济建设作出了贡献,只是因为制度建立较晚而无缘缴费,给他们提供正常的养老金待遇是合理的。但从制度基金的收入和支出来看,这部分退休老职工必然会造成基金支付债务,需要年轻一代来支付补偿[①]。20 世纪 90 年代的国有企业改革形成大量下岗职工,除成功转岗再就业之外,很大一部分年龄在 45 岁和 50 岁以上的职工提前办理了退休手续。这在当时是快速缓解下岗职工问题的办法,但从养老保险基金的收支角度,无疑是减少了收入却增加了支付压力。此外,还有因管理漏洞等原因造成的基金缺口。上述问题造成的养老金缺口,可能还将在较长的时间内存在,需要我们高度重视,并给予可能的预备考量。

设 N_t 为退休金缺口率,即退休金缺口金额占当年在职职工工资总额之比。我们有:

$$C_t \times (AS_t \times W_t) - N_t \times (AS_t \times W_t) = (B_t \times AS_t) \times R_t$$

两边同除以 $(AS_t \times W_t)$,得:

$$C_t + N_t = B_t \times d_t$$
$$N_t = B_t \times d_t - C_t \tag{3}$$

公式(3)给我们提供了一个测算未来养老金缺口率的方法。[②] 前述本文已经分析计算得到未来我国基本养老保险的制度替代率 d_t,若控制替代率 B_t 和缴费率 C_t 即可得到基本养老保险基金的缺口率水平。缴费率保持 20% 不变,若要提高我国基本养老保险的替代率水平,则需要面对基金缺口。

表 6　较高替代率下的基金缺口率　　　　　　　　　　(单位:%)

年份	制度赡养率	缴费率	替代率	缺口率
2014	32.39	20.00	60.00	−0.56
2015	31.78	20.00	60.00	−0.93
2016	32.90	20.00	60.00	−0.26
2017	33.95	20.00	60.00	0.37
2018	34.92	20.00	60.00	0.95
2019	35.83	20.00	60.00	1.50
2020	36.67	20.00	60.00	2.00

---

① 这里认为政府的转移支付也是年轻一代创造财富的转移。

② 曾毅:《中国人口老化、退休金缺口与农村养老保障》,《经济学(季刊)》2005 年第 4 期。

续　表

年份	制度赡养率	缴费率	替代率	缺口率
2021	37.08	20.00	60.00	2.25
2022	37.44	20.00	60.00	2.46
2023	37.74	20.00	60.00	2.64
2024	37.99	20.00	60.00	2.79
2025	38.19	20.00	60.00	2.91
2026	38.89	20.00	60.00	3.33
2027	39.51	20.00	60.00	3.71
2028	40.05	20.00	60.00	4.03
2029	40.51	20.00	60.00	4.30
2030	40.88	20.00	60.00	4.53
2031	41.69	20.00	60.00	5.01
2032	42.39	20.00	60.00	5.43
2033	42.97	20.00	60.00	5.78
2034	43.45	20.00	60.00	6.07
2035	43.81	20.00	60.00	6.29
2036	43.88	20.00	60.00	6.33
2037	43.85	20.00	60.00	6.31
2038	43.72	20.00	60.00	6.23
2039	43.49	20.00	60.00	6.09
2040	43.16	20.00	60.00	5.90
2041	41.87	20.00	60.00	5.12
2042	40.55	20.00	60.00	4.33
2043	39.20	20.00	60.00	3.52
2044	37.81	20.00	60.00	2.69
2045	36.40	20.00	60.00	1.84
2046	36.91	20.00	60.00	2.15
2047	37.43	20.00	60.00	2.46
2048	37.96	20.00	60.00	2.77
2049	38.48	20.00	60.00	3.09
2050	39.00	20.00	60.00	3.40

这部分基金缺口则需要通过制度外途径加以解决,如,财政转移支付,动用全国社保储备基金等方式加以弥补。

上述本文的分析和探讨,均是基于国家统计局和人力资源社会保障部等国家层面的宏观统计数据展开的分析。鉴于我国复杂的政策变迁和制度改革,以及经济社会环境的巨大变化,很多重要因素仅仅通过宏观数据是无法分析得出的。比如,由于提前退休、视同缴费等原因造成的养老金支付负担有多大?制度内目前的人口年龄构成怎样?这些对制度长期可持续性的判断至关重要的问题基于目前的数据我们无法深入研究,需要有更加细致的基本养老保险运行的数据来进行进一步的深入分析。

六、结 论

1.我国基本养老保险制度运行中出现了政策名义缴费率与真实缴费率的背离。真实缴费率远远低于28%的政策名义缴费率,仅为15%左右。这说明政策名义缴费率的规定不合理,征缴效果不理想。

2.基本养老保险的制度赡养率还将继续升高,未来会达到参保职工与退休职工接近1∶1的负担水平。但是制度赡养率升高幅度会渐趋缓和,缓和的程度将取决于新加入制度的年轻人的数量。因此,继续扩大制度覆盖面,让更多企业和职工参保是改善制度内部结构,是提高可持续性的重要措施。

3.过高的名义缴费率既不利于扩大覆盖面,事实上也未能提高基金征缴水平,反而形成了真实缴费率急剧下降的后果,不能不说是一个失败的政策。应当在科学测算的基础上果断改革,适时适当降低缴费比率。

4.基于人口分析和历史数据拟合的研究结论认为,在直至2050年的时间周期内,维持替代率50%的养老金水平,缴费率20%即可达到基金收支平衡。其中企业缴纳15%、个人缴纳5%是比较合理的养老负担分配。

5.考虑我国复杂的制度现实,需要对可能的基金缺口留有预备。

6.关于基本养老保险制度需要基于更细致数据的深入分析。

我国持续深化的城市化进程和不断加深的老龄化程度,都对基本养老保险制度的可持续性提出了挑战。一方面,要履行制度建立的根本目的,让城镇企业职工都能够获得养老保障;另一方面,却必须面对制度赡养率高与真实缴费率低的尖锐矛盾。应当说,现在已经到了必须迅速改革的时间节点。若能够改革到位,降低缴费率的同时加强实征实缴,基本养老保险制度还是可以赶上我国城市化进程的后半程,让城镇新增青壮年劳动力都能够作为制度的贡献者,从而从内部改善制度结构,增强制度可持续性。同时,配合我国人口放松的政策,假以时日,我国的整体人口结构将得以缓解,则基本养老保险制度将度过危险期,实现长期的可持续发展。

【参考文献】

[1]中国卫生统计年鉴(2008).

[2]中国人口统计年鉴(历年).

[3]China 2020:Old Age Security-Pension Reform in China. The World Bank. 1997.

[4]左学金. 面临人口老龄化的中国养老保障:挑战与政策选择. 中国人口科学,2001(3).

[5]曾毅. 中国人口老化、退休金缺口与弄从养老保障. 经济学(季刊),2005(4).

[6]曾毅. 试论我国城乡人口老化趋势及对策. 人口研究,1990(2).

[7]Robert J. Barro. The Determinants of Economic Growth. MIT Press, 1997.

[8]王燕. 中国养老保险隐性债务、转轨成本、改革方式及其影响,经济研究,2001(5).

[9]全国社会保障基金年报,(2001—2007).

[10]马雷克·戈拉,米哈伊·茹特科夫斯基. 探索养老金改革之路:波兰多支柱的社会保障体系. 经济社会体制比较,2000(1).

[11]上海市城镇养老保险"虚账实记"实施方案. http://www. shanghai. gov. cn/shanghai/node2314/node3124/node3125/node3131/useroject6ai1553. html.

[12]张光,杨晶晶. 基本养老保险覆盖面扩展决定因素实证研究,社会,2007(1).

[13]蔡小月. 扩大基本养老保险覆盖面的影响因素分析,商业文化(学术版),2008(1).

[14]李善同,何建武. 2006—2020 年中国经济前景分析. 卡内基基金会系列论文第 87 号,2007.

[15]Carsten A. Holz. China's Economic Growth 1978-2025:What We Know Today about China's Economic Growth Tomorrow. Social Science Division,Hong Kong University of Science & Technology,Nov. 2005.

我国企业年金发展的困境与出路

□ 孙胜梅　黄佳莺*

摘　要：企业年金是我国多层次和多支柱养老保障体系的重要组成部分，是企业及其职工按照自愿原则建立的补充养老保险制度。经过多年发展，我国企业年金虽已呈现稳步增长的态势，但并未承担起其作为"第二支柱"养老金的相应功能。主要障碍在于基本养老保险缴费负担过重，挤占了企业年金的发展空间，税收激励不足、可携带性差以及保值增值难等。推动企业年金的发展必须从优化我国养老金结构、加大税收优惠力度，以及完善投资运营环境及其配套措施入手，吸引和激励更多的企业加入年金计划。

关键词：企业年金；缴费激励

企业年金是指企业及其职工在依法参加基本养老保险的基础上，自愿建立的补充养老保险制度，是我国多层次和多支柱养老保险制度的重要组成部分。党的十八届三中全会明确指出，要加快发展企业年金等以补充社会保险，构建多层次社会保障体系。按照制度设计，企业年金是我国养老保障体系中的"第二支柱"养老金。但由于种种原因，我国企业年金发展缓慢，并未承担起其作为"第二支柱"养老金的相应功能。全面深入分析我国企业年金的发展历程、现状及存在的障碍，对于破解我国企业年金发展困境，促进其健康快速发展具有重要意义。

一、发展企业年金的必要性

（一）政府层面

从政府层面来讲，这是进一步健全和完善社会保障制度，有效应对人口

　＊　孙胜梅，黄佳莺：浙江省劳动和社会保障科学研究院。

老龄化的需要。21 世纪是人口老龄化的时代,与西方发达国家相比,中国老龄人口不仅基数大,发展速度快,而且是在经济尚不发达的情况下提前进入了老龄化社会,属于典型的"未富先老"。据第六次全国人口普查资料显示,2010 年我国 65 岁及以上的老年人口为 1.16 亿,占总人口的 8.87%。按照联合国的标准,中国已全面进入老龄化社会。据预测,我国将于 2030 年前后进入老龄化高峰,届时每三个人中就有一个老人。面对不断加剧的银发浪潮,进一步健全和完善社会保障制度,建立多支柱的养老保障体系,是世界各国应对人口老龄化的普遍做法。早在 1994 年,世界银行就提出了三支柱养老金制度的思想和建议,得到了世界各国研究者和政策制定者的重视,绝大多数国家采取了三(多)支柱模式。2005 年,世界银行扩展了三支柱思想,提出了五支柱的概念和建议:提供最低水平保障的非缴费型"零支柱";与本人收入水平挂钩的缴费型"第一支柱";不同形式的个人储蓄账户性质的强制型"第二支柱";灵活多样的雇主发起的自愿性"第三支柱";建立家庭成员之间或代际非正规保障形式的所谓"第四支柱"。多支柱模式有利于降低国家基本养老保险的替代率,由此减轻政府在养老金筹资、管理和支付等方面的压力,在一定程度上化解财政风险。由于各种原因,支柱的数量及其构成应取决于各国的取向以及交易成本的水平和影响程度。对于某些国家来说,或者应该对多支柱模式进行"量身定做",或者应该分步实施。

表 1 中国人口年龄结构变化情况

		少儿系数	老年人口系数		老化指数	年龄结构类型
			60＋	65＋		
普查年份	1982 年	33.6	—	4.9	14.5	年轻型
	1990 年	27.7	—	5.6	20.2	成年型
	2000 年	22.9	10.5	7.0	30.5	老年型
	2010 年	16.6	13.3	8.9	53.6	老年型

数据来源:2014 年中国统计年鉴。

(二)企业层面

从企业层面来讲,发展企业年金是增强企业吸引力和凝聚力,稳定职工队伍的需要。在社会主义市场经济条件下,企业的竞争实际上就是人才的竞争。尤其是在创新驱动发展战略下,人才已成为企业的制胜法宝,是企业宝贵的人力资源。然而,如何吸引和留住人才,降低员工流失率是当前很多企业面临的共同难题。企业年金作为一种长期福利制度，是雇主对于长年服务于本企业员工的一种赏金或酬劳，给付额与员工的工作年限密切相关，一般工作年限越长，给付金额越高。因此，从某种程度上来讲，企业年金提高了员工流动的成本，因而有利于提高员工忠诚度，降低流动性。而同样的企业，如果有年金方案，对有能力、有水平的人才肯定更具吸引力。按照目前企业年金的缴纳情况来看，普通职工在退休以后，缴纳年金的企业员工就比没有缴纳年金的企业员工多拿不少"养老钱"。从企业角度来讲，其建立企业年金可以更好地协调雇主与雇员之间的"对立统一关系"，鼓励雇员安心地努力工作，并节约生产经营成本，从而直接或间接地为雇主带来经济利益。

(三)个人层面

从个人层面来讲，发展企业年金可以弥补社会基本养老保险替代率不足，为自己退休后增加一道生活保障。按照国际经验，如果要维持退休前的生活水平，养老金替代率（即养老金占退休前工资的比率）必须大于 70％；如果替代率达到 60％～70％，只能维持基本生活水平；如果替代率低于 50％，则生活水平较退休前会有大幅下降。虽然从 2005 年起，我国连续 10 年调整城镇职工基本养老金，年均调整幅度在 10％以上，但养老金替代率依然较低。根据中国社科院世界社保研究中心发布的《中国养老金发展报告 2012》对城镇基本养老保险替代率的测算，养老金替代率由 2002 年的 72.9％下降到 2005 年的 57.7％，此后一直呈下降趋势。到 2011 年，这一数字更是降至 50.3％，远低于制度设计 58.5％的预期目标。根据国际劳工组织《社会保障最低标准公约》规定，养老金最低替代率为 55％，这说明我们目前的养老金替代率已低于国际警戒线，这与我国长期以来企业年金发展滞后，养老金来源渠道单一有着直接的关系。作为多支柱养老金制度设计的重要组成部分，企业年金不仅可以弥补社会基本养老保险替代率不足，为老年人的退休生活增加一道生活保障，增加他们的收入来源，改善他们的生活质量，而且有利于降低职工基本养老保险的支付风险，保障制度的财政可持续性。从 OECD 国家来看，企业年金的目标替代率一般可以达到 20％～30％。

二、我国企业年金的发展历程和实施现状

回顾我国企业年金的探索和实践，大致走过了 20 多年的发展历程。其

中以 2004 年《企业年金试行办法》和《企业年金管理试行办法》的颁布为界，可以划分为以下几个阶段。

（一）探索阶段（1991—2003 年）

1991 年 6 月，国务院颁布了《关于企业职工养老保险制度改革的决定》（国发〔1991〕33 号），首次提出"企业补充养老保险由企业根据自身经济能力，为本企业职工建立。国家提倡、鼓励企业实施补充养老保险和职工参加个人储蓄性养老保险，并在政策上给予指导"。

1994 年颁布的《中华人民共和国劳动法》第七十五条规定"国家鼓励用人单位根据本单位实际情况为劳动者建立补充保险"，为建立补充养老保险提供了法律依据。

1995 年国务院《关于深化企业职工养老保险制度改革的通知》（国发〔1995〕6 号）中提出："国家在建立基本养老保险、保障离退休人员基本生活的同时，鼓励建立企业补充养老保险和个人储蓄性养老保险。企业按规定缴纳基本养老保险费后，可以在国家政策指导下，根据本单位经济效益情况，为职工建立补充养老保险。"同年，原劳动部制定下发了《关于印发〈关于建立企业补充养老保险制度的意见〉的通知》，提出了发展企业补充养老保险的基本框架，对建立补充养老保险的实施主体和条件、决策程序和管理组织、资金来源、记账方式和计发办法、供款方式和水平、享受条件和待遇给付、经办机构和委托程序、投资运营、基金转移等，提出了指导性意见。

1997 年国务院发布的《关于建立统一的企业职工基本养老保险制度的决定》又一次提出，"各地区和有关部门要在国家政策指导下积极发展企业补充养老保险"。根据国务院和原劳动部相关文件精神，各地开始开展补充养老保险工作，少数电力企业、商业保险公司开始建立企业年金。

（二）试点阶段（2000—2003 年）

2000 年，国务院下发了《关于印发完善城镇社会保障体系试点方案的通知》（国发〔2000〕42 号），将企业补充养老保险正式更名为"企业年金"，并提出"有条件的企业可为职工建立企业年金，并实行市场化运营和管理。企业年金实行基金完全积累，采用个人账户方式进行管理，费用由企业和职工个人缴纳，企业缴费在工资总额 4% 以内的部分，可以成本中列支"。同时确定辽宁为试点省份。至此，企业年金试点工作开始在各地展开，试点企业主要集中在一些效益较好的国有企业。

(三)发展阶段(2004年至今)

2004年以来,我国相继出台了一系列企业年金的法规制度,为企业年金的长足发展奠定了制度基础。2004年5月1日,《企业年金试行办法》(劳社部2004年第20号令)和《企业年金基金管理试行办法》(劳社部等2004年第23号令)颁布实施,对企业年金的建立条件、年金方案建立的程序和内容以及企业年金基金的筹集、投资、运营、管理以及待遇发放等各方面的内容作出了明确规定。两个试行办法的出台标志着我国企业年金制度开始步入规范化运作阶段。

经过10年的发展,我国企业年金初步形成了稳步增长的态势,企业账户、职工账户数都在逐渐增加,积累的基金在不断扩大(见图1)。从图1可以看出,我国建立企业年金的企业数从2007年的32000家增加到2013年66100家,增长了107%。覆盖职工人数从2007年929万人增加到2013年的2056万人,增长121%。积累基金总额则从2007年1519亿元增加到2013年的6035亿元,增长了近4倍。

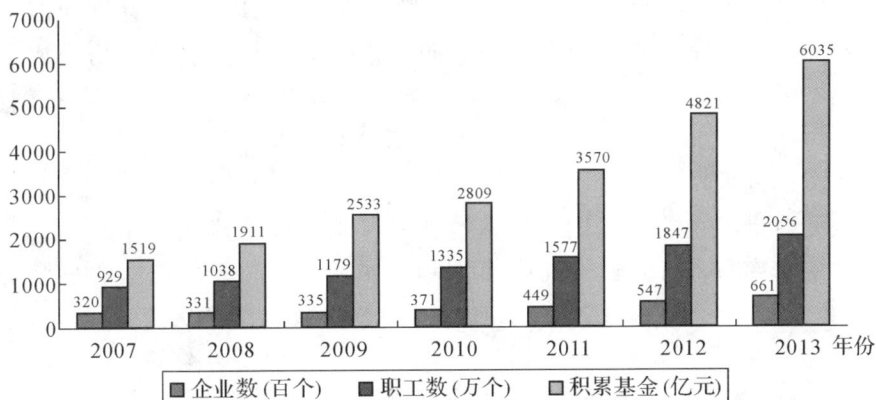

图1 2007—2013年全国企业年金基本情况

但与世界发达国家相比,我国企业年金不管是发展规模、覆盖范围,还是替代水平,都相对滞后。企业年金并未承担起其作为养老保障体系"第二支柱"的相应功能,且已进入发展瓶颈期。目前我国企业参与年金计划的比率仅为1%,企业年金的替代率仅为5%左右,企业年金的基金规模只占当年全国GDP总额的1.06%。而且企业年金的分布非常不平衡,建立年金的企业主要以盈利优厚的央企和国企为主,重点分布在交通、通信、能源、金融等垄断企业。中小企业由于资金规模较小,只有几十万甚至几万元的年金总额,投资渠道较窄;养老保险公司则出于管理成本的考虑,往往视之为食之无味、弃之可惜的"鸡肋",因此基本被排斥在外。而在 OECD 国家中,加拿大、爱尔兰、英国、比利时、德国、挪威等国的自愿性职业养老金已覆盖了 40% 的雇员,澳大利亚、丹麦、冰岛、挪威、瑞典、瑞士的强制性职业养老金覆盖率超过了 80%。澳大利亚的超级年金覆盖了 96% 的全职雇员、80% 的非全日制雇员和 73% 的零工和自雇人员,覆盖率非常高。美国共有 5200 多万人参加 401(K)计划,占企业雇员的比例接近 80%,总资产规模达到 3.5 万亿美元,占 GDP 比重约为 22%。在 OECD 国家,企业年金目标替代率一般可以达到 20%~30%。

三、影响企业年金发展的主要障碍

(一)基本养老缴费负担过重,挤占了企业年金的发展空间

我国企业年金的创建和发展阶段尚处在我国工业化中前期,受既有产业结构限制,资本或技术密集型产业国际竞争力不高,对劳动密集型产业和中小型服务业的带动作用不明显,大多数企业及其雇员缺少意愿和能力设立或参与企业年金。再加上我国企业职工基本养老保险转轨的历史成本没有得到有效化解,导致基本养老保险的缴费费率居高不下,个人缴费(8%)加上单位缴费(20%)达到了个人缴费工资总额的 28%,一定程度上挤占了企业年金的发展空间。

表 2 对世界主要发达国家的基本养老保险缴费费率进行了梳理。美国的总缴费费率只有 10.4%,其中雇主和雇员各为 5.2%。德国的总缴费费率为 19.5%,雇主和雇员各为 9.75%。日本的缴费费率为 13.8%,雇主和雇员各为 6.9%。

表 2　主要发达国家基本养老保险缴费费率

国别	雇主缴费费率	雇员缴费费率	总缴费费率
美国	5.2%	5.2%	10.4%
英国	12.8%	11%	23.8%
日本	6.9%	6.9%	13.8%
德国	9.75%	9.75%	19.5%
法国	9.45%	6.55%	16%

(二)税收优惠力度小,对企业和个人吸引力不足

研究国外所有成熟私营养老金计划可以得出一个结论,税收优惠是促其快速发展的主要动力。目前我国企业年金的行业分布非常不平衡,主要以国有大中型垄断企业为主。国家一方面出于对企业年金加剧社会分配不公的担忧,另一方面担心影响当期财政收入,因此对企业年金的税收优惠力度总体较小。在企业缴费税优方面,按照目前规定,企业为职工支付的企业年金在不超过工资总额的5%以内可准予扣除,这一比例与发达国家相比明显偏低。据了解,各国的扣除比例分别为:德国10%、美国15%、加拿大18%,均大大高于我国。在个人缴费税收优惠方面,2014年1月1日起,我国实施了企业年金、职业年金个人所得税递延纳税政策。年金个人缴费部分在不超过本人缴费工资计税基数的4%标准内的部分,暂从个人当期应纳税所得额中扣除;对年金基金投资运营收益分配计入个人账户时,个人暂不缴纳个人所得税;在个人达到退休年龄时,将对个人实际领取的年金计征个人所得税。而美国401(K)计划中,个人收入的15%以内可以享受税收递延。企业根据个人的缴费进行配比,一般比例在6%以内,两者合计最多达到21%。

表3　不同国家和地区企业年金雇主缴费税收优惠比例比较

	德国	美国	加拿大	中国
企业税收优惠力度	10%	15%	18%	5%

(三)个人决策权有限,可携带性差

我国企业年金计划一般由企业委托给企业年金管理机构进行投资运营,个人投资选择权非常有限。再加上我国企业年金覆盖面较窄,计划参加者更换工作时,可能下一家企业没有建立年金计划,该员工的年金只能放在原单位,由原单位支付管理费用,因此导致企业年金的可携带性较差。相比之下,美国的401(K)计划中,雇主为了避免承担过多的"受托人责任",普遍把投资决策权交给雇员个人。与此相对应,投资管理人提供了丰富的产品组合,供个人选择。而且美国401(K)计划参加者在更换工作时,可以将账户余额转移至新企业,也可以将账户资金转至第三支柱的个人退休账户。

(四)投资限制较多,保值增值难度大

根据《企业年金基金管理办法》规定,企业年金基金财产限于境内投资,投资范围包括银行存款、国债、中央银行票据、债券回购、万能保险产品、投资联结保险新产品、证券投资基金、股票,以及信用等级在投资级以上的金融债、企业(公司)债、可转换债、短期融资券和中期票据等金融产品。其中投资股票等权益类产品以及股票基金、混合基金、投资联结保险产品的比例,不得高于投资组合企业年金基金财产净值的30%。受企业年金投资限制的影响,再加上我国资本市场本身存在的缺陷以及各种中介组织不完善,导致企业年金保值增值效果不明显,投资收益率波动性较大。从2007—2013年我国企业年金的加权平均收益率来看,最高的2007年,达到了41%,2008年和2011年均为负数,分别为-1.83%和-0.78%,其他大多数年份加权平均收益率在3%~8%之间(见图2)。近五年的平均收益率为3.95%。

相比之下,美国401(K)计划资金可广泛投资于国内外股票、债券、货币市场产品等,占比长期在60%左右,而且投资运作体制灵活,基金运营过程中只设立一个计划管理人角色,不单设账户管理人角色。受托人可以自己投资或者交给基金管理公司投资。

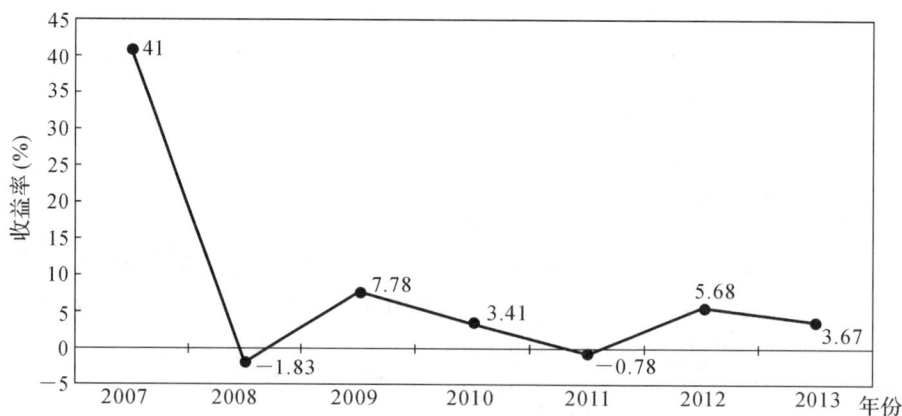

图2 2007—2013年全国企业年金基金投资收益率

四、推进企业年金发展的政策建议

党的十八届三中全会通过的《中共中央关于全面深化改革若干重大问题的决定》明确提出"加快发展企业年金、职业年金、商业保险,构建多层次社会保障体系"。企业年金个人所得税递延政策的出台,无疑有利于企业年金计划的发展,但是要想实现美国401(K)计划的成功,还需要解决以下几个问题。

(一)降低基本养老金缴费水平,为企业年金发展留出空间

美国第一支柱的联邦公共养老金中,企业和个人缴费率合计为12.4%,其待遇水平(养老金领取额与缴费工资的比例)也较低,平均在40%左右。较低的缴费和待遇水平为第二支柱的401(K)计划留出了空间,同时减轻了政府在第一支柱养老金的负担。澳大利亚超级年金的强制缴费比率为工资的9%,自2013年7月起,强制缴费比率逐步上调,到2019年6月底将逐步上调至12%。雇员加入超级年金,强制缴费部分全部由雇主承担,如果雇员想提高缴费水平,可以在雇主缴费的基础上增加缴费额度,缴费由雇员自己负担。我国基本养老金制度中,企业缴费比例为20%,个人缴费比例为8%,合计达到28%,待遇水平维持在70%左右。结果是企业和个人的基本养老金缴费负担沉重。本次企业年金税收递延优惠仅仅针对那些已经建立企业年金计划的参保者个人,企业没有享受新的税收优惠政策。如果企业新建企业年金计划,仍然是一笔额外的支出,所以积极性不高。因此,必须考虑适度降低基本养老金缴费率和待遇水平,将降低部分缴费转移到企业年金计划中来,通过市场化投资运作壮大企业年金计划,进而弥补基本养老金待遇水平的降低,减轻基本养老金支出压力。

(二)加大企业年金计划税收优惠力度

按照新制度经济学派的观点,制度变迁的类型可划分为强制型和诱致型,显然企业年金制度的变迁应当属于诱致型方式。而这一制度变迁方式表明,完善有效的税收优惠作为诱导对推动企业年金制度发展应当具有重要的激励作用。从西方各国年金制度的建立与发展历程来看,在各国政府主导下,税收优惠政策支持的确起到了不可替代的激励与推动作用。与国外相比,我国企业年金的税收优惠力度还不够,建议将个人缴费的税收优惠

比例提高到 10%～15%,同时企业税收递延优惠比例也相应提高,并对年龄较大的职工给予更高税收优惠比例,鼓励年龄较大的职工加速积累养老金。同时,适时出台针对第三支柱个人自愿性养老金计划的税收优惠政策,鼓励单位中那些没有建立年金计划的个人为自己养老进行自我储蓄。未来政策重点要鼓励和引导职工个人缴费,结合未来我国个税税改适时提高职工个人缴费的税优比例至 8%～12%,取消个人缴费基数封顶的限制,或者设置一定缴费额度上限,缴费额度上限可根据社平工资增长率定期调整公布,并对于 50 岁以上的人允许额外增加个人缴费税优额度,比如 5000 元/年,鼓励年龄较大的人加速积累养老金。对高收入者的避税行为进行规范。

(三)完善企业年金投资运营及其配套体制

目前我国已初步建立企业年金的投资运营体制,但还不完善。建议政府监管部门进一步简化企业年金的发起程序,降低管理费用,放开单个企业建立年金对人员覆盖率的要求;探索建立中小企业集合年金计划,激发中小企业设立企业年金的积极性;逐步放松基金投资限制,发挥企业年金的长期资金性质,真正通过资本市场长期深度投资获得回报;逐步给予参保者个人投资选择权和特殊情况的提款机制安排,提高个人参与年金计划积极性。同时,年金计划的投资管理人应该提供更加多样的投资产品满足参加计划者的个性化、多样化需求。

目前,在我国整个养老保障体系中,基本养老保险、企业年金和职业年金,以及个人养老保险三者的发展还非常不平衡,要实现从"三个层次"到"三个支柱"的转变还有很长的路要走。

论老年期长期生活的服务保障

□ 王先益*

摘　要:当前,养老依然是公众焦虑的一大问题,主要原因在于养老服务的社会支持不足。养老服务保障是与收入和医疗保障同等重要的老年期生活保障支柱。养老服务不仅应作为弱者的社会福利,而且也应作为老年阶段越来越重要的公民权利。为此,要将社会养老服务纳入到基本公共服务,为公民年老以后的基本养老公共服务提供保障,使所有老年人都能够获得基本养老公共服务保障。构建社会养老服务体系是实现老年期服务保障的重要途径。

关键词:养老服务权利;公共服务;养老服务体系

高龄化与长寿是我国进入新世纪以来逐渐显现的一个重要人口学现象,并将持续发展而不可逆转。这一现象对老年社会福利政策产生了重大影响,因为此前的政策设计一般以较低寿命水平为假设,缺乏对供养年限延长、老年人服务需求多样化增长的前瞻。"人生八十年"时代的悄然来临,使我们不得不对既有的社会政策进行适应性调整,并不断设计出台新的制度安排。然而,从现有的政策体系来看,碎片化、应急性、临时性倾向比较明显,缺乏对老年期长期生活进行整体的制度安排。

由于老年人社会角色转换以及生理心理的变化,长达几十年的老年期生活有诸多特殊需要,不仅需要得到物质保障,而且也需要得到生活照料、医疗护理、精神生活等方面的服务保障。幸福而有尊严地度过老年期是所有老年人的现实希望,也是中青年人对未来生活的期待。要实现这一目标,个人的规划安排和家庭的养老功能固然重要,但老年期生活的社会支持已

---

*　王先益:浙江省民政研究中心。

经不可或缺并日显其突出地位。当前,养老依然是公众焦虑的一大问题,主要原因在于养老服务的社会支持不能使人们产生足够的安全感。

一、服务保障是与收入和医疗保障同等
重要的老年期生活保障支柱

根据第六次全国人口普查数据计算,2010 年我国人口平均预期寿命达到 74.83 岁,10 年间提高 3.43 岁,而上海、北京已超过 80 岁。

长期以来,老龄社会政策的重点是老年期的收入和医疗保障。诚然,这两方面的保障是老年社会保障的核心和基础,主要为公民年老以后提供基本养老和基本医疗所必需的费用,必须得到不断加强。然而,老年期的多样化服务需求特别是长寿时代新出现的服务需求的满足并不在这两项保障的设计目标中。事实上,由于老年期的延长、老年群体内部结构的变化、老年人经济状况的改善、家庭结构的演变,当代意义上的老有所养内涵已发生重大变化,除了基本生活费用的物质保障之外,养老的内容已扩展到日常生活照料、长期照护、临终关怀、社会参与、精神慰藉等多方面,服务性需求增多。长达几十年的老年期生活闲暇时间需要得到合理安排,患病时需要获得便捷的医疗服务,失能之后需要得到生活照料和康复护理,临终阶段需要特别的关怀,这些都离不开各方面的服务保障。而服务保障并不是有钱就必然能购买的,它需要由一套服务设施、组织、人才和技术要素构成的网络以及配套的服务标准、运行机制和监管制度。此外,老年期生活离不开适宜老年人的居住和活动环境,住宅、交通、社区环境都需要进行适老化改造和配置,这些新需求必须通过公共服务来提供。因此,服务保障是独立于收入和医疗保障之外的老年人特殊需要,是长寿社会老年期生活的重要支柱。基于老年期服务需求的长期性、特殊性和规模性,国家公共政策有必要将老年期作为人生一个重要阶段、作为一个长期生活期来进行整体安排,从全人群的视角对公民进入老年期时的服务保障进行专门的制度设计。

二、按照老年期服务需求重新定位
社会养老服务体系建设

构建社会养老服务体系是实现老年期服务保障的重要途径。近年来,各级政府都比较重视社会养老服务体系建设,中央和地方财政在这方面的

投入逐年增多,社会养老服务得到较快发展,但由于现有的政策设计还没有将养老服务纳入到老年期长期生活的视野,而大多侧重于解决某些特殊老年群体、老年人某一方面或几方面的需求,缺乏系统性和可持续性,基本养老服务依然缺少科学规划下的制度保障。要从制度上实现老年期长期生活的服务保障,需要对当前的社会养老服务发展理念重新定位。

在服务内容上,社会养老服务体系不仅要提供生活照料服务,而且要根据不同类型、不同状态老年群体需求提供多样化服务。生活照料是在老年人失能后最基本的需要,包括购物、做家务、洗衣、做饭乃至行走、洗澡、如厕、穿衣、梳洗、进食等生存方面的需要,这是社会养老服务的基础内容和工作重点。老年人的养老服务需求是多方面的,除生活照料之外还有社会参与、精神文化等其他多方面的需求。目前,在一些地方开展的社会养老服务仅仅提供简单的家政服务,服务内容比较单一,并非老年人最需要的服务,与其实际需求差距较大。

在服务形式上,社会养老服务的重点不是发展养老机构而是提供居家养老的社会支持。入住养老机构只是少数严重失能老年人的需要,绝大多数老年人都生活在家中。现在不少地方将发展养老机构作为社会养老服务体系建设的首要任务,提出了按老年人口一定比例(一般是3%)建设养老床位,很多经费都投在养老机构建设上,而且在机构床位规模与类型、投资主体、入住对象、建设地点上还存在是否合理的问题。政府针对特殊对象的需要发展养老机构是必要的,但更应该将工作重点放在社区养老服务上,发展社会服务,为大多数居家老年人当前迫切的需要提供服务支持。

在服务设施建设上,社会养老服务设施不仅包含养老照护机构,而且还应包含老年活动室、老年大学、老年体育场所、老年食堂、养老服务站等健康老年人养老支持性机构。人们传统观念上的养老服务设施仅仅局限于养老照护机构,随着养老内涵的扩展,现在已经扩大到为老年人文化、教育、体育和日常生活提供支持服务的多种类型机构。而且,养老服务设施从广义上还包括道路、公交、医院、住宅等公共环境为满足老年人出行需要的适老化改造设施。当前,养老服务设施建设存在部门化倾向,缺乏适老化的统筹安排。

在服务专业性方面,社会养老服务不仅包含简单的体力服务,而且更需要有一定专业技能的服务。老年群体的躯体和心理特征及其特殊需要,决定了社会养老服务需要有配套的服务标准和监管制度来保障服务的安全和规范,需要对所有从业人员进行老年心理学、营养学、社会学、康复医学、护理学等多门学科知识的培训,需要医生、护士、营养师、康复师、心理咨询师、社会工作师等专业人才。目前,社会养老服务体系建设还处在起步阶段,服务的专业化水平不高,专业人才缺乏。要实现社会养老服务的专业化,必须务实性地开展服务规范制定和职业推广工作,实行职业资格准入制度。

在服务对象上,社会养老服务是为所有家庭存在养老困难、需要社会支持的老年人提供的服务,而不仅仅限于经济困难或其他特定身份的老年人。从身体状态的角度,社会养老服务的对象既包含失能失智老年人,也包括健康老年人;从经济状况的角度,社会养老服务对象既包含贫困老年人,也包含富裕老年人。养老服务可视不同经济状况采用不同费用支付方式,但不能因其身份特征而有所限制。当然,不同的服务项目其服务对象有所不同,但需要明确服务对象的准入条件、服务标准和补贴标准。

在责任主体方面,社会养老服务体系建设应由"政府主导"而非"政府举办"。社会养老服务是在家庭养老存在困难情况下由政府提供的基本公共服务,需要政府在服务规范、监督管理、服务设施布点规划、专业人才培训、职业准入、政策研究等方面进行主导,需要一定的财政投入。政府重在通过购买服务、监督服务规范来保障养老服务的有效供给和服务质量,而不应直接建设机构和组织来提供服务。

三、实现老年期服务保障的政策路径

老年期服务保障的最终政策目标是:让所有老年人在因贫困、疾病和失能发生生活困难时得到所需要的各种服务,减轻中青年人照护老人的压力并使他们消除自己未来进入老年的后顾之忧,使老年人幸福而有尊严地度过老年期。养老服务不仅仅作为照顾弱者的社会福利,而且应该作为老年阶段越来越重要的公民权利。为此,要将社会养老服务纳入基本公共服务,为公民年老以后的基本养老提供公共服务保障,使所有老年人都能够获得基本养老公共服务保障,使低收入老年人能够得到政府购买的服务,养老有困难的中高收入老年人或其子女能够便利地购买到服务。

一要建立国家基本养老服务项目,保障老年期的基本生活服务需要。社会养老服务并不是政府包揽一切的服务,应定位于基本养老服务,在最大化满足老年人需要的同时要防止追求超现实的福利目标。基本养老服务就是大多数公民维持养老所必需的服务,而不是满足少数人特殊需要的服务。政府举办或资助的所有养老服务设施和服务项目都应是基本型的,要杜绝政府财政资金用于建设高端养老机构的现象。有必要设立以家庭为基础的国家基本养老服务项目,面向全体老年人基本生活服务需求提供的服务。非基本养老服务是满足中、高收入老年人提高生活质量的高层次服务和少数特殊群体的特殊服务,不应纳入基本公共服务,但国家有责任为部分老年人通过购买获得高端养老服务提供便利,主要通过产业引导政策和市场机制来实现。

二要最大限度发挥家庭的功能,建立以家庭为基础的社会支持体系。我们所要建立的社会养老服务体系是以家庭为基础的,是对家庭的支持系统,而不是替代性的。包括入住机构在内的所有老年人都离不开家庭在经济上、生活照料上和情感上的支持,社会养老服务解决家庭养老中出现的困难,但不能替代家庭的基本功能,不能割裂老年人与家庭的关系,更不能产生老年人子女逃离基本养老义务的政策导向。社会养老服务要定位于对家庭的支持性服务,其政策设计要让老年人尽可能就地养老(Ageing in Place),尽可能不离开现居地。为此,要针对家庭演变的现状,将政策的重点放在提供家庭服务和营造社区养老环境上,构建以家庭为基础的政府、市场、社区、家庭成员各方功能互补的支持体系。

三要建立社会力量参与养老服务的有效机制,积极发展养老产业。发展社会养老服务,不仅要有资金的投入,而且更需要服务的具体承担者。政府财政投入并不是资金的唯一渠道,政府也不是养老服务的具体承担者。政府可以通过政策引导激励社会力量直接捐赠或投入资金,推动养老产业发展。产业界、理论界和政府公共管理部门都已经意识到,养老产业具有良好的发展前景。目前,我国的企业和社会组织参与养老服务的积极性都比较高,但由于没有建立有效的激励机制,他们在这方面发挥的作用还很有限,并没有发挥应有的主体作用。而在西方发达国家,教会、基金会、志愿者组织等非营利机构在养老服务中发挥着重要的作用,政府主要通过购买服务的方式提供资金支持,并在服务质量上进行检查,这是值得我们借鉴的。

四要充分发挥老年群体自身的积极作用,建立有效的老年互助模式。在强调政府、社会和家庭的养老功能时,不能将老年群体视为一个普遍需要照顾的弱势群体。老年人既是社会养老服务体系的享受者,同时更应该是积极参与者。实践表明,老年人的许多服务需求是完全可以也十分有必要通过互助的方式来满足的,结伴养老的成功案例不少。通过开展老年自助,老年人既可实现老有所为,自我价值得以充分体现,闲暇时间得到适当安排,精神生活得以充实,又为他人提供服务,并获得他人提供的现时或将来的帮助,从而提高自养能力,减轻政府、社会和家庭的负担,形成新型的自助养老机制。

五要加强对养老服务的业务指导和监督管理,建立服务质量检查制度。由于养老服务是为特殊群体的服务,政策设计应将服务项目的提供和服务质量的保证并重。要建立服务规范,最大限度地降低服务风险,确保服务质量。无论是支付财政支持的服务项目还是企业和社会组织提供的服务,都必须纳入管理监督的范围。当前的一些政策重在扩展养老服务项目和服务规模,而缺少对服务标准化、服务质量检查的设计和执行。缺乏服务规范和服务质量检查,不仅影响到当前财政投入经费的绩效评判,而且直接影响到受益人服务需求的满足程度,还会由于粗放式管理而影响到养老服务行业的健康发展。要实现社会养老服务的政策目标,当前迫切需要建立国家基本养老服务规范,供各级政府管理机构、从事养老服务的机构参照执行;建立国家基本养老服务检查制度,确保服务质量,向所有服务对象提供服务质量上的保证。

为了1.94亿当前老年人,更是为了即将进入老年期的人们,我们相信,国家必将把基本养老服务保障纳入与基本生活费用保障同等重要的地位,建立并不断完善让老年人体面、尊严度过老年期,消除中青年人后顾之忧的国家基本养老服务制度,实现老年期长期生活的服务保障。

老年照护服务补助制度及其成本分析*

□ 何文炯**

摘　要：当前我国老年照护服务资源不足且配置不合理,公平不足,效率也不高。因此,要转变政策设计思路,由补供方为主转向补需方为主,增加有效需求,培育服务市场,建议实施老年照护服务补助制度。经过定量分析,该制度实施成本在财政可承受之范围,且可通过老年保障领域财政支出结构优化匀得部分资金,并推动体制机制创新。

关键词：老年保障;老年照护;服务补助制度;成本分析

从老年人的需求出发,老年保障体系至少应当包括生活保障、健康保障、照护服务[①]和精神慰藉等方面。从现行制度安排看,老年人的基本生活保障和基本健康保障主要通过基本养老保险制度、基本医疗保险制度和公共卫生制度提供,这些制度已经建立,今后的任务主要是增强公平性、可持续性和制度运行效率,并提高服务的质量。相对而言,老年照护服务保障制度比较薄弱。随着人口老龄化、高龄化和家庭小型化的趋势,老年照护服务需求不断增长,这一问题将更为严峻。因此,老年照护服务体系建设是老年保障体系建设的战略重点。老年照护服务体系需要人员、设施和技术,还需要资金。这就需要一套合理而有效的筹资机制,包括资金承担主体、资金筹措方式和资金运行模式等。本文基于政府的基本职责,提出老年照护服务

　*　本文受国家社会科学基金重大项目"人口老龄化与长寿风险管理的理论和政策研究"(13&ZD163)和国家自然科学基金项目"老年护理保障需求、成本与筹资机制研究"(批准号:71273228)资助。本文发表于 2014 年第 10 期《行政管理改革》。

　**　何文炯:浙江大学公共管理学院。

　①　需要说明的是,这里的照护服务不包括医疗过程中的护理服务,医疗护理服务可以纳入健康保障范畴。

补助制度①,并分析其成本和需要创造的条件。这是针对需方的一项补助政策,应当成为老年照护服务体系中的一个重要项目。

一、政策反思

最近几年,各级政府开始重视老年照护服务问题,并出台了一系列政策,主要有以下几类:一是土地政策,优先安排养老机构建设用地;二是财政政策,对公办养老机构和民办非营利性养老机构床位、"星光老年之家"建设等予以财政支持;三是税收政策,对公办养老机构和非营利性民办养老机构有若干税收优惠政策,对企事业单位、社会团体和个人的公益性捐赠予以税前扣除;四是费用优惠政策,敬老院用水用电享受与居民用水用电相同的价格;此外还有信贷支持政策等。② 无疑,这些政策对老年照护服务事业的发展起到了推动作用,尤其是在增加机构养老服务供给方面。同时应该看到,这些政策是有缺陷的,主要是对引导养老资源合理配置和促进社会公平的贡献不多。

(一)重机构养老,轻居家养老

现行政策主要是针对养老机构的,或政府直接开办养老机构,或对民办养老机构进行床位补贴,或给予养老机构其他政策优惠,很少有针对居家养老服务的支持政策。事实上,大多数老年人采用居家养老方式,他们很难从上述政策中获益。因为居家老年人所得到的照护服务主要来自于家庭、亲友、社区以及周边的营利或非营利机构,而目前很少有针对居家养老服务提供者的支持政策,尤其是一些提供家庭服务的企业,实际上提供了老年服务,但没有享受到政策的支持,因而缺乏拓展新的服务项目的动力,这就制约着居家养老社会化服务的供给。

(二)补供方为主,补需方很少

现行政策主要是针对养老服务提供方的,很少有直接针对需求方(老年

---

① 笔者于 2010—2011 年参与《国家基本公共服务体系"十二五"规划》编制工作时,提出"建立老年照护服务补助制度"的建议,部分被采纳。该规划第六章中有"有条件的地方可发放高龄老年人生活补贴和家庭经济困难的老年人养老服务补贴"的规定。

② 杨一心:《浙江省社会养老服务补贴制度研究,发展中的老年保障事业:制度与政策》,浙江大学出版社 2013 年版。

人)的政策,只有部分地区实施了老年服务券政策。事实上,这些针对供方的补贴政策和高含金量的支持政策,属于"暗补"方式,最终得到实惠的,是能够享受到由政策支持范围内的服务主体所提供服务的那些老人,享受不到这类服务的其他老人是无法得到这种实惠的。以养老机构支持政策为例,只有进入养老机构的老人才能享受到这些政策的好处,那些未能进入养老机构的老人是享受不到的。一个值得关注的问题是,目前养老机构中失能老人的比重很低,其中公办养老机构中的失能老人比重更低,这就意味着政府政策的好处未能有效地惠及最需要得到政府政策帮助的失能老人。

(三)重公办,轻民办

现行政策的主要支持对象是公办机构,对于民办机构的支持相对较少。就养老机构而言,公办养老机构的土地是划拨的,房屋设施是财政投资建造购置的,工作人员中一部分是"吃皇粮"的,而民办养老机构所能够得到的支持主要是床位补贴,其运营没有任何补贴,而且一些营利性养老机构和规模以下(例如有些省份规定 50 张床位以下)的小型养老机构则得不到任何补贴,因而民办养老机构与公办养老机构所得政策支持差距很大。民办养老机构经营成本高,而物价部门对其价格却有严格的限制。这种歧视性的政策,还造成了机构养老服务市场的扭曲。根据笔者亲历的调查和长期的观察,确有不少地区的公办养老机构收养了农村"五保"供养对象、城镇"三无"人员和优抚对象,这是正确的,因为这是政府职责分内之事。但也有一些公办养老机构以低廉价格收养了许多不属于上述三类的老年人,这就使得一些"有关系"、"有办法"的老年人通过特殊渠道进入公办养老机构从而享受"暗补"政策之好处。再看居家养老服务,部分地区财政出资为老年人发放养老服务券,但这种服务券一般只能到公办或半公办的社区服务机构去使用,而很少可以到民办的营利或非营利服务机构去使用。

二、制度设计

鉴于现行政策的缺陷,老年照护服务领域的政策亟待调整,这里的关键是要明确政府职责定位,转变政策设计思路。[①] 市场经济条件下,社会化的老年照护服务一般可以从市场购买,因而政府的主要职责:一是培育老年照

---

① 何文炯、张翔:《中国社会保障:要加强更要改善》,《社会保障研究》2013 年第 2 期。

护服务市场,制定规则、实施监管,使之健康运行;二是为特别困难的失能老人直接提供或购买老年照护服务;三是建立有效的筹资机制,使老年人有能力购买社会化的老年照护服务。这一领域的政策调整,既要针对现行政策缺陷、解决当前突出问题,更要考虑未来发展趋势、实现新制度的持续健康运行。由此出发,建立并实施老年照护服务补助制度,将是促进政府职能转变、优化政策设计、推动老年照护服务业健康发展的有效举措。

所谓老年照护服务补助制度,是指政府为满足一定条件的失能老人提供老年照护服务补助的制度。这里所说的“一定条件”是一套清晰而可操作的规则,即补助对象评估制度,以失能程度和家庭经济状况为核心指标,用以评估老年人失能状态及其家庭经济状况和照护能力,从而确定评估对象是否可以享受补助以及享受补助的档次。这是实施这项制度的基础性工程,需要专题研究。该项制度由地方政府民政部门组织实施,其资金来源于同级财政,对于财政困难地区,可以通过中央财政或上级财政转移支付加以保障。提出此项建议,主要基于以下考虑。

(一)落实政府职责

现代社会中,社会保障权是一项基本人权,因而政府有责任为每一位老年人提供基本保障,包括养老金、医疗费用和照护服务费用等。其中基本养老保险普遍受益,基本医疗保险患病者受益,老年照护服务补助则是为失能老人提供的,这是政府购买养老服务的一种形式。

(二)改进补助机制

市场经济是能最有效发挥所有人信息、知识、才能及创造力的制度安排,个体的分散决策和自由选择是其实现机制。现行政策以补供方为主,其公平性和绩效均受到质疑,今后应当转向补需方为主,以期提高老年保障领域公共政策的公平性和政策绩效,并尊重老年人接受照护服务的选择权。[①]失能老年人得到政府补助后可用以居家购买社会化的养老服务,可用以入住养老机构,也可以支付给为其提供照护服务的保姆或亲友。这样做,就是老年人的分散决策和对老年照护服务的自由选择购买,形成竞争机制和退出机制,从而使这类公共服务的提供更具效率。

---

① 张翔、林腾:《补“砖头”,补“床头”还是补“人头”——基于浙江省某县养老机构的个案调查》,《社会保障研究》2012 年第 4 期。

(三)增加有效需求

从老年照护服务市场看,供给不足,有效需求也不足。许多家庭经济困难的失能老年人渴望得到社会化的照护服务,但是无力购买。政府如果能够给予适当的补助,则既能使得这些失能老人提高生活质量,还可以提高全社会购买照护服务的能力,使潜在需求转化为有效需求,从而促进老年照护服务市场繁荣。

(四)采用救助模式

针对老年照护服务的经济保障制度,可以采用保险模式、公共福利模式,也可以采用救助模式。从国际经验看,实行照护保险制度的国家和地区,不乏成功者,例如德国;也有遇到困难的,例如日本。[①] 就我国的情况而论,最近几年,有人建议以社会保险方式强制实施护理保险。但事实上,护理保险是技术复杂、成本较高的一项保险。[②] 如果采用普惠的公共福利模式,成本将是较高的。因而笔者建议,我国先建立老年照护服务补助制度,这是针对一个弱势群体的补助政策,是带有救助性质的制度安排。至于护理保险,则以补充保险方式实施,由商业保险或互助合作保险组织办理,老百姓自愿选择。

三、成本分析

建立并实施老年照护服务补助制度,需要有学理基础和法律依据,还需要有财务可行性。因此,必须分析该项制度的运行成本。基本思路:一是分析补助对象人数及其变化趋势;二是通过对当地老年照护服务成本调查确定补助标准及其增长机制;三是把需要补助的经费总额与当地财政收支状况及其他项目进行比较。显然,这一方法适用于各地。

(一)测算模型

$$p^k = \sum_{i=1}^{n} \left[B_i (1+a)^k \times \sum_{j=61}^{\omega} l_j^k \times c_{ij} \right]$$

---

① 近年来,笔者多次听日本学者介绍,日本介护保险制度财务日渐困难。

② 赵亚男:《护理保险制度财务可行性研究》,浙江大学硕士学位论文,2012 年。

其中，p^k 表示在 k 年所需要投入的资金；B_i 表示第 i 类失能者全年补助标准；l_j^k 表示第 k 年 j 岁老年人口数；c_{ij} 表示 j 岁老年人口中成为第 i 类失能者的比率；a 表示补助标准的年增长率；ω 表示极限年龄。

(二)测算方案

为分析制度运行成本，我们需要对测算模型中的参数作出假设，从而形成若干可供讨论的方案。

老年人数和失能老年人数以 2010 年第六次人口普查资料为基础确定，主要有两个指标：根据 2010 年第六次全国人口普查结果及其生命表，可以预测 2015 年至 2040 年全国各年龄段老年人口数 l_j^k，再利用表中生活不能自理人员统计数据，计算得出失能人口比率为 c_{ij}（见表 1）。

表 1　各年龄段老年失能人口比率

年龄（岁）	60～64	65～69	70～74	75～79	80～84	85～89	90～95	95 以上
比率（%）	0.88	1.51	2.67	4.33	7.97	12.68	20.96	26.37

补助标准以老年照护服务价格市场调查为基础确定。综合北京、上海、杭州、深圳等地老年照护费用的价格情况，参考谢红等的研究成果[①]，设定起始年份（2015 年）补助标准最高额为 1000 元/月。另根据近五年 CPI 情况，补助标准的增长率设为 3%。

方案一：假定对各类失能老年人的补助标准相同，2015 年该标准为 600 元/月，即 $B_i=600$。

方案二：假定失能老年人的补助标准分两档：50% 的失能老人 2015 年享受 600 元/月的补助，另 50% 的失能老人 2015 年享受 300 元/月的补助。

方案三：假定仅对家庭经济困难的失能老人提供补助，并假定这个人群占失能老年人总数的 30%，其中 10% 特别困难失能老人补助标准 2015 年为 1000 元/月，20% 较困难失能老人补助标准 2015 年为 600 元/月，其他失能老人不享受补助。

(三)测算结果

按照前面的测算模型和假设，我们可以测算实施老年照护服务补助制度三种方案所需的资金量（见表 2）。

---

① 谢红等：《北京市护理院收费方案和标准的探索性研究》，《中国护理管理》2011 年第 6 期。

表2 2015—2040 年各方案所需资金 （单位：万元）

年份	老年人数	失能老年人数	方案一	方案二	方案三
2015	220694095	6564711	4726592	3544944	1733084
2016	229641440	6868786	5093892	3820419	1867760
2017	238906437	7177786	5482737	4112053	2010337
2018	248492334	7495388	5897097	4422823	2162269
2019	254470400	7791437	6313918	4735439	2315103
2020	258942511	8077907	6742446	5056834	2472230
2021	261768929	8352910	7181144	5385858	2633086
2022	266053379	8635489	7646805	5735104	2803828
2023	280519860	8989028	8198663	6148997	3006176
2024	294507686	9353589	8787105	6590329	3221938
2025	306488046	9714325	9399773	7049830	3446583
2026	318597658	10085027	10051226	7538419	3685449
2027	328455182	10452759	10730257	8047693	3934428
2028	338809439	10831456	11452578	8589433	4199279
2029	352512963	11235357	12236030	9177022	4486544
2030	364490936	11646243	13064016	9798012	4790139
2031	376136390	12064647	13939356	10454517	5111097
2032	386102792	12483267	14855716	11141787	5447096
2033	395491354	12918202	15834509	11875882	5805987
2034	403094584	13355677	16861868	12646401	6182685
2035	408749526	13780245	17919832	13439874	6570605
2036	413130382	14193427	19010848	14258136	6970644
2037	415824668	14584469	20120653	15090489	7377573
2038	417218989	14953482	21248633	15936475	7791165
2039	419065685	15309001	22406434	16804825	8215692
2040	421012386	15661411	23609892	17707419	8656960

(四)财务可行性分析

为了便于决策,我们将老年照护服务补助制度实施所需资金规模与国家财政收入规模进行比较,与最低生活保障资金规模进行比较,与国家财政对职工基本养老保险基金补助规模进行比较。结果发现,建立老年照护服务补助制度并不需要大规模的资金投入。

1. 与国家财政收入规模之比较

2013 年全国财政收入为 129143 亿元。比较发现:采用方案一,财政需要拿出财政收入的 0.37%;采用方案二,财政需要拿出财政收入的 0.27%;采用方案三,财政需要拿出财政收入的 0.13%(见表 3)。

表 3　各方案 2015 年所需资金量与 2013 年财政收入占比

	方案一	方案二	方案三
资金需求(亿元)	472.66	354.49	173.31
所占比率(%)	0.37	0.27	0.13

2. 与最低生活保障资金规模之比较

2012 年全国最低生活保障资金支出 1365.07 亿元[①]。比较发现,采用方案一,所需资金为最低生活保障制度所需资金的 34.63%;采用方案二,所需资金为最低生活保障制度所需资金的 25.97%;采用方案三,所需资金为最低生活保障制度所需资金的 12.70%(见表 4)。

表 4　各方案 2015 年所需资金量与 2012 年低保支出规模比较

	方案一	方案二	方案三
资金需求(亿元)	472.66	354.49	173.31
所占比率(%)	34.63	25.97	12.70

3. 与国家财政对职工基本养老保险基金补助规模之比较

国家财政每年对职工基本养老保险有补助,2012 年这个数字是全国

---

① 数据来源:财政部 2012 年全国公共财政支出决算表,http://yss.mof.gov.cn/2012qhczjs/201307/t20130715_966261.html.

2527亿元[①]。比较发现,采用方案一,所需资金为财政对职工基本养老保险补助规模的18.70%;采用方案二,所需资金为财政对职工基本养老保险基金补助规模的14.03%;采用方案三,所需资金为财政对职工基本养老保险基金补助规模的6.86%(见表5)。

表5 各方案2015年所需资金量与2012年财政对职工基本养老保险基金补助规模比较

	方案一	方案二	方案三
资金需求(亿元)	472.66	354.49	173.31
所占比率(%)	18.70	14.03	6.86

四、政策建议

把老年照护服务补助制度作为老年保障领域一个基本项目,是保障失能老人基本权益的制度安排,是调整老年保障领域财政支出结构、促进老年保障服务资源优化配置的改革之举,需要一系列有效的配套措施。

(一)逐步减少对老年照护服务供方的财政补贴

实施老年照护服务补助制度,需要财政预算安排资金。从前面的讨论看到,这笔资金量相对于我国的财政来说,规模并不大。而且,通过对老年保障这一领域财政资金安排的结构性调整,可以从中匀出一笔资金用于老年照护服务补助,从而减少财政新增支出。从最近几年的情况看,国家财政在养老机构等方面的投入不少且年年增加,虽然我们看不到具体的准确数据,但从机构发展和有关政策看,这个数字应该是不小的。如果适当减少,或者今后不再增加,就可以节约资金用于老年照护服务补助。这样做,不仅可以解决老年照护服务补助的资金来源,更重要的是实现从补供方向补需方的转变,增强公平性和财政资金使用效益,促进老年照护服务资源优化配置。

(二)适度控制工薪劳动者养老金增长幅度

2005年以来,职工基本养老保险的养老金年均增长10%左右,机关事业单位退休职工的养老金一直处于高位,使得用人单位负担沉重,也使国家

---

① 数据来源:财政部2012年全国公共财政支出决算表,http://yss.mof.gov.cn/2012qhczjs/201307/t20130715_966261.html.

财政在养老金领域的支付压力加大,而且进一步扩大了工薪劳动者与居民(尤其是农民)的养老金待遇差距。[①] 无论是基于公平,还是基于效率,这样的机制非改不可。因此,必须对养老金制度及其待遇调整机制作重大改革,使之回归原有职能——保障老年人具有购买基本生活资料的能力。尤其是要将养老金制度中老年照护服务的保障职能分离出去,交给老年照护服务保障项目——老年照护服务补助制度。这样做,就可以将养老金确定在一个合理的水平,将一部分资金用于老年照护服务补助制度。因此,建议从2015 年开始,职工基本养老金增长主要考虑 CPI 因素,同时加快机关事业单位退休金制度改革,严格控制其退休金增长幅度,将这两项节约的资金用于老年照护服务补助制度和增加城乡老年居民的养老金。

(三)建立健全老年照护服务质量评价和价格确定机制

当老年照护服务补助资金到了失能老年人手里,希望能够买到他们所需要的服务,一是买得到,二是买得好。前者需要增加供给,尤其是居家老年人的照护服务供给;后者讲的是物有所值、价廉物美,这就要有服务的质量保障和合理定价。因此,无论是居家养老服务,还是机构养老服务,都要有一套老年照护服务质量的评价机制,包括评价指标体系和相应的评价方法。[②] 要深入分析老年照护服务的成本构成及其核算方法,以此为基础确定服务价格及其调整机制。现阶段的重点,是要建立居家老年照护服务的评价机制和价格确定机制。在这一点上,仅仅依靠政府部门是不够的,应当加强行业自律。行业协会要在政府部门的支持下,制定行业规范、行业标准,并接受社会监督。

---

① 何文炯、洪蕾、陈新彦:《职工基本养老保险待遇调整效应分析——基于可持续的视角》,《中国人口科学》2012 年第 3 期。

② 杨一心:《浙江省社会养老服务补贴制度研究,发展中的老年保障事业:制度与政策》,浙江大学出版社 2013 年版。

浙江省养老服务价格管理问题研究 *

□ 张　翔　王佳丽 **

浙江省自 20 世纪 80 年代后期进入老龄化社会。截至 2010 年底,全省 60 岁及以上户籍老年人口数达 789.03 万人,占户籍人口总数的 16.6%,[①] 其中 80 岁及以上高龄老人共有 121.09 万人,占老年人口总数的 15.35%。 浙江省人口老龄化还呈现出发展快、高龄化等特点。2005—2008 年,浙江省 老年人口比重增加了 0.7 个百分点,"不仅高于全国平均水平,而且在世界 相似发展水平的国家和地区中也处于高位","未来 20 年将进入快速老龄化 时期,最明显的特点是老年人口规模持续上升,人口老化速度将经历快速增 长到重度发展"。[②]

长期以来,浙江省高度重视养老服务事业的发展,切实采取有效措施, 加大资金投入,加强政策扶持,目前已基本形成了与以居家养老为基础、社 区服务为依托、机构养老为补充,资金保障与服务提供相匹配的社会养老服 务体系。但面对我省人口老龄化形势和养老服务需求迅速增长的现实,制 定合理的养老服务价格管理政策,建立健全社会养老服务体系,仍需我们进 一步的努力。

一、浙江省养老服务事业发展的现状及问题

根据浙江省民政厅提供的最新数据,截至 2011 年底,全省共有养老机

* 本文为作者 2012 年 11 月向浙江省物价局提交的研究报告。2013 年本文提出的成本定价的建议 由杭州市进行试点。2014 年 10 月 20 日,浙江省物价局和浙江省民政厅印发了《浙江省养老服务收费管 理暂行办法》,吸收了本文的部分建议,但也遗留了部分问题。本文摘要版已发表于《中国民政》2015 年第 15 期。

** 张翔,王佳丽:浙江大学公共管理学院。
① 数据来源于《浙江省 2010 年老年人口和老龄事业统计公报》。
② 数据和论述来源于《浙江省 2010 年老年人口和老龄事业统计公报》。

构 1869 家,其中城市公办机构 134 家,街道(乡镇)敬老院 1038 家,各类民办机构 697 家,占养老机构总数的 37.29%。养老机构床位数 210172 张,其中民办机构床位 90009 张,占床位总数的 42.83%;护理型床位 32919 张,占床位总数的 15.66%;年末在院老人 104351 人,其中失能老人 18597 人,占 17.82%。

从工作人员情况来看,全省养老机构工作人员 13578 人,其中公办机构 8387 人、民办机构 5191 人,分别占 61.77% 和 38.23%。全省养老机构中,专职医生 400 人,其中公办机构 268 人、民办机构 132 人,分别占 67% 和 33%;护士 581 人,其中公办机构 397 人、民办机构 184 人,分别占 68.33% 和 31.67%;初、中、高级护理员分别为 3698、273 和 103 人,其中公办机构分别为 2467、154 和 61 人,民办机构分别为 1231、119 和 42 人。全省养老机构核定事业编制数 1327 人,实际在编人员 1075 人。

浙江省居家养老服务从"十五"规划开始逐步推进。截至 2011 年底,全省共有养老服务指导中心 53 个,乡镇(街道)养老服务中心 1214 个,城市社区居家养老服务站 3082 个(实现城市社区全覆盖),农村星光老年之家 17284 个,托老床位 15243 张,老年食堂 873 个,居家养老服务覆盖人数 319.43 万人,专职护理人员 7544 人。2011 年,志愿者服务 55.14 万人次,由政府购买居家养老服务老人 71048 人,政府购买服务资金总额达 1.07 亿元。

经过多年的努力,浙江省在养老服务体系建设方面已取得较大进展,但与日益加深的人口老龄化趋势相比,与广大老年人的需求和经济社会发展的整体要求相比,我省老龄事业发展仍面临许多问题,突出表现为以下几个方面[①]。

(一)有效供给不足,结构有待优化

根据《关于加快推进养老服务体系建设的意见》(浙政发〔2008〕72 号)的要求,"到 2012 年,实现城乡社区居家养老服务基本覆盖,机构养老服务床位数保持年均增长 10% 以上,享受机构养老服务人数达到老年人口总数的 3% 以上"。但截至 2010 年底,浙江省平均每百位老人拥有床位数 2.4 张,与文件要求有较大距离,还无法满足老年群体日益增长的实际需求。

根据《关于深化完善社会养老服务体系建设的意见》(浙政发〔2011〕101

---

① 此部分主要参考何文炯等:《浙江省老龄事业发展战略研究专题报告》,2011 年。

号)的要求,到 2015 年,全省"每百名老年人拥有养老服务床位数达到 3 张以上,其中护理型床位占比不低于 40%,民办养老服务机构床位占比达到 50%以上"。截至 2011 年年底,我省护理型养老机构床位数占比仅为 15.66%,民办养老服务机构床位占比也仅为 42.83%,民办养老机构和护理型养老机构有待发展。

(二)发展不平衡,资源配置不合理

在居家养老服务方面发展不平衡。农村远落后于城镇,养老服务面不够宽,养老服务的手段、方式和内容都需进一步调整和改进。在城镇,部分社区为老服务功能还不健全,服务设施和服务水平难以满足老年人的实际需求;服务项目分配不够合理,目前社区为老服务主要偏重于家政服务,而生活照料、保健服务等方面的服务则相对缺乏。

在机构养老方面,资源配置不合理。一方面,公办养老机构获得大量补贴,质优价廉、一床难求,但也有一部分民办养老机构和村镇(街道)养老机构门可罗雀,床位空置率较高。另一方面,入住公办养老机构的老人绝大多数是有收入保障、有子女供养的老人,自理老人大大多于失能老人,而最需要得到政府保障的低收入(半)失能老人往往在竞争中被排斥在公办养老机构之外。

(三)体制机制缺乏活力,政策落实不到位

"十一五"以来,国家及省里都印发了推进养老服务体系建设的系列政策文件,但由于缺乏系统的总体规划,政策衔接不到位,部分优惠政策无法落实。政府在养老服务体系建设中的定位不准,存在政府"缺位"、"越位"现象,老年风险责任没有保障,养老服务体系建设尚未取得显著的突破。

现有政策对民间资本参与养老服务业的激励仍然不足,民间资本积极性难以充分发挥。首先,民办养老机构面临土地落实难的问题,特别是城市中心城区,很难得到政府的划拨或优惠供地。其次,对民办养老服务业补贴数量少,门槛却很高,水电气等优惠政策有时也落实不到位。第三,现有民办养老机构缺乏专门的行业组织、独立的行业标准和行业管理规范,不利于养老行业总体发展。

二、浙江省养老服务价格管理的现状及问题

养老服务价格是调节养老服务供求、配置养老服务资源的重要手段,合理的养老服务价格管理政策会对养老服务市场供求和养老服务资源配置效率产生重要的正面影响。

2002 年公布的《浙江省定价目录》并未将养老服务价格纳入政府定价范围。2006 年,浙江省颁布《关于促进养老服务业发展的通知》(浙政办〔2006〕84 号),明确指出"改革和完善养老机构收费制度。除政府投资的养老机构的收费标准应报价格管理部门确定外,其他养老机构的服务收费,由养老服务机构根据设施条件、服务项目和标准,自行确定收费标准。……省物价局、省财政厅要会同省民政厅研究制定养老机构收费管理办法"。自此形成了由各地市、县价格管理部门对政府投资养老机构事实上的价格管理局面,但各地的做法并不一致。

2010 年修订后的《浙江省定价目录》(2010 年 9 月 1 日起施行)正式规定"辖区内政府投资的养老服务机构普通服务项目"作为"重要公益性服务"[①],其"收费标准"由"市、县人民政府""实行政府定价",首次正式明确了政府对养老服务价格管理的政策依据。但目前与该政策配套的更详细的、具可操作性的管理办法和实施细则尚未出台。目前,各地价格主管部门对于养老服务价格管理到底应该"管什么"、"管多少"、"怎么管"等问题还并不十分明确,这给养老服务价格管理工作带来了困难。

(一)养老服务价格管理对象指向不清晰

"政府投资的养老服务机构"缺乏明确的界定。近年来各地出现的各类公办民营养老机构、政府通过资本金注入方式部分参与投资的养老机构是否属于"政府投资的养老服务机构"?

"普通服务项目"也欠缺明确的界定。《〈浙江省定价目录〉收费管理部分解读》指出,"养老机构的普通服务项目由各地自行确定"。目前各地出台

---

① 浙江省物价局柳萍局长在就《浙江省定价目录》答媒体问时指出,对政府投资的养老机构的普通养老服务实行政府定价管理是"维护群众切身利益,促进社会和谐稳定的需要。现阶段,一些与人民群众生活密切相关的商品和服务价格,特别是部分公益性服务收费,不适宜由市场竞争形成。……政府投资的养老机构普通服务收费等 6 项与人民群众生活关系密切的公用、公益事业的商品和服务价格列入新定价目录,实行政府指导价或政府定价"。

的相关价格管理文件大多将普通服务项目界定为床位费、护理费和伙食费，而临终照护等其他服务则属于特需服务。但对床位费、护理费、伙食费包含的具体内容规定却并不一致。如单人间或套间的床位费是否需要政府定价？什么等级的护理属于普通养老服务？实行点菜制的养老机构提供的高级菜品是否属于政府定价管理的范围？这些问题都有待进一步明确。

（二）养老服务机构价格管理制度存在的问题

1.政府定价的指导思想和基本原则有待明确

对政府投资的养老机构普通服务收费实行政府定价的主要理由是普通养老服务与人民群众生活关系密切，具有公益性。但什么样的价格管理政策才能更好地体现养老服务的公益性？对这一问题的不同理解会对政府定价管理的指导思想和基本原则产生很大的影响。

现行政府投资的养老机构在服务收费方面存在哪些问题？什么样的价格管理政策才有助于解决这些问题？价格政策如何与财政补贴等其他政策相衔接？如何处理好养老服务的社会平均成本、养老服务市场供求状况、国民经济与社会发展要求以及老年群体的经济承受能力之间的关系，以更好地体现普通养老服务的公益性？对这些问题的深入探讨有助于制定合理的养老服务价格管理政策。

2.养老服务机构收费项目内容不一致

目前，各地方价格管理部门对床位费、护理费的界定参差不齐。床位费中是否已包括一定额度的水电费、电话费、有线电视视听费、空调费等项目？调查发现，各地规定并不一致。各地护理费的价格管理内容也不尽相同。如绍兴市规定自理和介助等级的护理实行政府定价，介护等级护理的服务内容和收费标准由养老服务机构拟定，报市价格主管部门备案后执行。而有些地方的价格管理部门则对介护收费也实行政府定价。

3.养老服务机构价格调整不够及时

随着物价水平和人工成本的市场变动，养老机构的成本也会发生相应变动，其收费标准应及时作相应调整。但调查发现，目前各地养老机构的收费标准调整申请往往难以获得价格主管部门的批准，收费标准好几年维持不变的情况屡见不鲜。一些地方的价格管理部门明文规定养老机构一定期限（如2年）内不得调整收费标准。养老机构成本上升的刚性与养老机构收费标准调整的黏性之间会引发一系列的矛盾。

(三)养老服务低价管制与养老服务体系健康发展之间的矛盾

为使公办养老机构在低收费标准下能正常运营,政府不仅对公办养老机构在供地、税费等方面提供非常优惠的政策,还投入了大量财政补贴,包括建设补贴和运营补贴。作为事业单位的公办养老机构在进行会计核算时,无须进行固定资产折旧和土地使用权成本的摊销。

由于公办养老机构在土地使用、资金投入、政策优惠这些方面拥有得天独厚的优势,与民办养老机构相比,其地理位置往往较好,建设标准相对较高,配套设施较为齐全,其提供的养老服务显得"价廉物美"。个案调查发现,衢州市某公办养老机构的定价不仅低于完全成本价,而且低于运营成本价,向老人收取的费用不到其完全成本的50%。[①] 本课题组称这种现象为低价管制现象。

这种低价管制现象在浙江省各地的公办养老机构中是很常见的现象。但这种依靠政府大量资源投入和价格管制形成的"价廉物美"的公办养老服务,却在一定程度上制约了养老服务体系的发展。

1.养老服务低价管制政策与优化养老资源配置之间的矛盾

养老服务的低价管制加剧了公办养老机构"一床难求"的状况。价廉物美的公办机构养老服务引发了老年群体旺盛的需求。很多老人宁愿在公办养老机构长期排队等候也不愿入住价格相对较高的民办养老机构。张海彤(2012)调查发现,杭州市社会福利中心地处市中心,设施先进,服务规范,收费低廉,2012年4月其排队等待入住的老人达2600多人,排在第一位的老人2007年就已登记。而当工作人员通知排队等候的老人时却发现很多排队的老人已经去世。

在机构养老资源有限的情况下,最需要入住公办养老机构的老人首先应该是低收入的失能老人。这也是政府对公办养老机构实行财政补贴和低价管制的初衷。但公办养老机构的低价管制加剧了各类老年人对质优价廉的公共养老服务资源的竞争,结果出现了其他的分配潜规则,如托社会关系、开后门等现象。公办养老机构在有较大挑选余地的情况下,出于降低护理成本和减少风险事故的考虑,往往更倾向于选择个人健康状况、家庭经济和社会条件较好的老人入住。调查发现,最需要得到政府保障的低收入失

---

① 张翔、林腾:《补"砖头",补"床头"还是补"人头"——基于浙江省某县养老机构的个案调查》,《社会保障研究》2012年第4期。

能老人反而在竞争中被排斥在公办养老机构之外(张翔、林腾,2012;张海彤,2012)。

已入住公办养老机构的老人在入住后往往不愿主动离开,公办养老机构以自理老人为主的入住结构进一步降低了床位周转率,有限的公共养老资源没有得到充分的利用,公共养老资源的配置效率十分低下(何文炯、杨翠迎,2008)。

可见,公办养老机构的低价管制政策加剧了公办养老机构"一床难求"的状况,并引发了低收入失能老人难以入住、中高收入自理老人享受了大量政府隐性补贴、养老机构"挑人"、床位周转率低下等养老资源配置不合理的问题。

2.养老服务低价管制政策与增加养老服务供给之间的矛盾

得到政府大量补贴、收费低廉的公办养老机构挤占了民办养老机构的部分市场空间。物美价廉的公办养老机构凭借其靠近城市中心的地理位置、优质的硬件设施和优良的服务质量特别是远远低于成本的低廉价格,吸引了大量经济状况较好又有机构养老服务需求的老年人。

这些经济状况较好的老年人本应自费入住民办养老机构,但却凭借其较高的经济社会地位在入住公办养老机构的竞争中占优;而低收入失能老人住不进价廉物美的公办养老机构,又住不起民办养老机构。这就造成了民办养老机构的市场空间被公办养老机构挤占,公办养老机构与民办养老机构的职能错位,加剧了部分民办养老机构的床位空置情况。

民办养老机构受到公办养老机构低收费标准的制约,其部分市场空间被公办养老机构挤占,这大大阻碍了社会资源举办养老机构的热情。与公办养老机构不同,民办养老机构得自己消化全部成本。虽然近年来政府加大了对新建民办养老机构的补贴,但与公办养老机构所获补贴相比仍十分有限。公办养老机构单床位的政府投入往往在10万元以上,而即使按照2012年新的补贴标准,民办养老机构单床位能获得的补贴也不到1万元,甚至不如很多公办机构每年获得的运营补贴。

因此,尽管养老服务市场供给严重不足,但由于得到政府大力支持和低价管制下的公办养老机构挤占了民办养老机构的部分市场,不少已开办的民办养老机构处于亏损状态,社会力量对养老服务市场望而却步,民办养老服务的供给难以迅速增加。而公办养老机构受到政府财力限制也难以迅速增加床位。

3.养老服务低价管制政策与保证养老服务质量之间的矛盾

在现行养老机构价格管理中,养老服务机构价格调整不够及时,使得养老服务质量难以得到保证和提高。

即使是能够获得政府各项优惠和大量财政补贴的公办养老机构,为了在相对较低的收费水平上维持正常经营也必须严格控制成本、节约开支。如果人工成本等随市场物价水平发生变动,而养老服务价格长期保持不变,就容易导致养老机构为压缩成本而降低养老服务的质量。张海彤(2012)发现,杭州市社会福利中心的收费标准多年未调整,不得不用一个护工照顾更多老人的方式来降低成本,新建公寓中的设施数量和质量也有所下降。

养老服务中的一个重要问题是护理人员招工难,流动率高且专业化水平低。全省养老机构工作人员总数 13578 人,其中专职医生 400 人,护士 581 人,初、中、高级护理员分别为 3698、273 和 103 人,三类专业护理人员仅占工作人员总数的 37%,平均每家养老机构仅 2.69 名专业护理人员。

专业护理人员是保证和提高养老服务质量的人才基础。我们需要在工资薪酬、社会保险、职称评定乃至社会氛围等多个方面加强工作,吸引更多的专业护理人员加入养老服务队伍。在社会平均工资日益增长的背景下,如果不能非常灵活地及时调整护理服务收费标准,那么目前以"40、50"非专业人员为主的老年护理队伍的现状就无法改变,保证和提高养老服务质量也就无从谈起。[①]

综上所述,现行的养老服务价格管理政策并未如预期的那样能很好地保证公办养老机构的公益性,反而在一定程度上降低了现有公共养老资源的配置效率,阻碍了养老服务资源供给的增加,也无法保证和提高养老服务的质量,影响了养老服务体系的健康持续发展。因此,有必要对现行的养老机构价格管理工作进行深入的反思和切实的改进。

需要特别指出的是,目前养老服务价格管理方面所存在的这些问题并不仅仅是价格管理部门的问题,也不仅仅是发改、民政、财政、国土等某一个部门的问题,而是过去政府在养老服务体系建设中的角色不能很好适应新时期经济社会发展新形势要求的一种体现。在公办养老机构提供了大部分机构养老服务的大背景下,在需方补贴制度和政府购买服务制度等配套制

[①] 浙江省 2007—2011 年全社会单位在岗职工年平均工资分别为 24603、25918、27480、30650、35731 元,依次增长 5%、6%、11.5% 和 16.6%。而我们调查的绍兴市社会福利中心和绍兴市社会福利院在此期间内护理费均未作任何调整。

度尚未建立的情况下,政府对公办养老机构提供补贴并实行低价管制政策是非常自然的选择。

而要解决目前养老服务价格管理方面存在的这些问题,也不是仅仅靠价格管理部门单方面的政策调整就可以做到的。政府需要明确其在养老服务方面的责任,调整角色定位,从直接建设和经营养老机构逐步转为制定发展规划、设定服务标准、监督服务质量以及对低收入失能的弱势老年群体提供基本保障,加强价格管理部门与发改、财政、民政、国土等部门的协调,通过建立和完善老年服务补贴制度、老年人身体状况评估制度和经济收入调查制度、公办养老机构入住对象审查制度等,有效地改善和解决上述问题。

三、制定合理养老服务价格管理政策的基本思路

(一)指导思想

建立合理的养老服务定价机制和价格调整机制,鼓励增加机构养老服务供给总量,优化机构养老服务的结构,提高公共养老服务资源的配置效率,保证和提高养老机构服务质量和服务水平,逐步建立健全与人口老龄化进程相适应、与经济社会发展相协调的价格管理政策,为建立以居家养老为基础、社区服务为依托、机构养老为补充,服务方式多元化、投资主体多样化、居家养老普及化、服务队伍专业化,覆盖城乡的养老服务体系建设提供强有力的价格管理服务支持。

(二)基本原则及要求

《中华人民共和国价格法》规定:"制定政府指导价、政府定价,应当依据有关商品或者服务的社会平均成本和市场供求状况、国民经济与社会发展要求以及社会承受能力,实行合理的购销差价、批零差价、地区差价和季节差价。"本课题组认为,养老服务价格管理的原则为:以养老服务的社会平均成本为基础,综合考虑当地养老服务市场供求状况和老年群体的经济承受能力,以保障老人的基本养老需求为出发点,并优先满足低收入失能老人的基本养老需求。

根据以上原则,政府制定养老服务价格管理政策应体现如下要求。

1.养老服务价格管理政策应有利于增加养老服务的供给

通过适当提高公办养老机构的养老服务价格,充分发挥价格对养老服

务资源的动员能力,缓解公办养老机构挤占民办养老机构市场空间的现象,增强社会力量投资养老服务事业的信心,增加养老服务的有效供给,改善养老服务的市场结构,保证养老服务机构的可持续发展。

2.养老服务价格管理政策应有利于优化养老服务资源的配置

公办养老机构的低价管制政策往往更有利于经济社会条件较好的老年人,最需要得到政府补贴的低收入、失能、半失能老年人难以享受到政府的各项优惠及补贴。因此,需要调整包括价格管理政策、老年服务补贴政策、公办养老机构入住对象审核政策在内的一系列政策,优先保证低收入失能老年人的入住需求,优化公共养老服务资源的配置效率。

3.养老服务价格管理政策要有利于保证和提高养老服务的质量

要建立与成本变动挂钩的价格动态管理机制,使价格能更及时地反映社会平均成本的变动,防止出现因收费标准调整不及时而导致服务质量下降的问题。此外,为了吸引更多的专业护理人员加入养老服务业,提高养老服务专业化水平,护理费收费标准的调整幅度应适当高于社会平均工资水平的增长幅度。

(三)具体建议

1.明确界定养老服务价格管理对象

(1)"政府投资"概念的界定

根据《浙江省人民政府投资项目管理办法》(省政府令第185号)及《浙江省人民政府投资预算管理办法》(省政府令第286号),政府投资分为直接投资、资本金注入和投资补助①、转贷、贷款贴息等方式;政府投资项目,是指县级以上人民政府通过以上方式利用政府性资金进行的固定资产投资项目。

因此,公办养老机构作为政府的直接投资项目,毫无疑问属于政府定价的管理范围。公办民营养老机构向政府支付租金以获得土地、房屋和设施的使用权,并没有获得政府的直接投资、资本金注入和投资补助,不属于政府投资的养老服务机构。民办公助养老机构是民间组织或机构自行购买土

---

① 根据《中央预算内投资补助和贴息项目管理暂行办法》规定,投资补助是指国家发展改革委对符合条件的企业投资项目和地方政府投资项目给予的投资资金补助,具有无偿性。浙江省并未出台相关文件对省级预算内的投资补助作出解释,可根据中央文件将投资补助理解为对企业或地方政府投资项目的投资资金补助。

地、自建或自行租用房产、自我经营的养老服务机构，政府并未对其股权进行投资，也不属于政府投资的养老服务机构。民办民营养老机构显然也不是政府投资的养老服务机构。因此，政府投资的养老服务机构即指公办养老机构。[①]

此外，对于一些政府通过资本金注入方式部分参与投资的养老机构，本课题组认为，注册为营利性机构的，不应纳入政府价格管理范围；注册为非营利性机构的，政府不控股的，也不纳入政府价格管理范围。

（2）"普通服务项目"概念的界定

章国平等（2011）认为，"普通服务项目是指养老机构为老年人提供生活照料、康复护理、精神慰藉、卫生保健等方面与经济社会发展水平相协调、满足老年人基本生活需求的服务"。参考以上界定，本课题组认为普通服务项目是指养老机构为满足老年群体的基本生活需求而提供的一系列基本性服务项目。特需服务是养老机构提供的除普通服务以外的其他服务。而所谓基本生活需要则是一个相对的概念，不同地区、不同时期其内涵都会有所不同。

目前，养老机构通常将普通服务项目收费分为床位费、护理费和伙食费三项。其中床位费这一概念移植于医疗机构的住院床位费。个体在医疗机构住院治疗出于康复目的，一般具有短期性；而老年人入住养老机构则是为了生活，具有长期性。因此，本课题组建议今后文件中统一将床位费改称为"住宿费"。

下面，分别对住宿费、护理费和伙食费的具体内涵进行界定。

住宿费是指为满足入住老人基本住宿需求，补偿水电燃气、管理费用、固定资产设施维护、设备运行维修等支出而收取的费用。用于满足基本住宿需求的费用（如每月一定额度水电费）已包含在住宿费中，非用于满足基本住宿需求的费用如市话费、空调费、（超出一定额度的）水电费可纳入特需服务收费。

鉴于目前公办养老机构床位突出的供求矛盾，为了更有效地利用有限

---

① 2011 年 5 月 1 日开始执行的《苏州市民办养老机构管理办法》规定："本办法所称民办养老机构，是指国家机构以外的社会组织或个人举办的，为老年人提供住养、生活照料、康复护理等养老服务的机构。"根据苏州市法制办公室公布的《〈苏州市民办养老机构管理办法〉解读》，该规定以民办养老机构的举办主体而非出资性质为界定标准，界定后的民办养老机构包括利用非国有资产举办的，租用国有资产举办的以及国资民资合办的所有民办养老机构。本研究关于民办养老机构的界定与苏州的相关管理颁发十分相近。

的公共养老资源,我们建议运用价格机制,通过对住宿费的管理鼓励老年人合住。在目前大量老年人在公办养老机构门外排队的情况下,居住套间对老人来说是一种较为奢侈的需求。政府价格管理部门在定价时要对套间实行完全成本原则定价甚至按市场价原则定价。针对一些公办养老机构常见的包间现象,我们建议物价部门对包间按照完全成本原则实行政府定价。因为套间和包间的建设都利用了大量的公共资源,所以无论哪种情况,都要加强监督管理制度,保证公办养老机构通过套间和包间收取的费用全部用于补贴其普通服务项目。

护理费是指入住老人在入住期间为满足基本生活需求而需要的普通护理服务项目而产生的收费,主要用于支付直接护理老年人的护理人员的人工开支和护理耗材开支。根据老年群体的失能情况,可将护理等级划分为自理、介助和介护。绍兴市人民政府规定政府只对自理和介助护理费用进行定价,介护服务不作为普通服务项目纳入政府定价范围。

我们认为,虽然介护服务是否属于普通服务项目有待商榷,但绍兴市的这一做法有利于增加介护服务收费标准调整的灵活性,有利于吸引专业护理人员加入养老服务队伍,提高养老服务质量,不妨作为一种参考模式。而即使将介护服务纳入政府定价范围,地方物价管理部门也应该考虑到护理服务的工作特性和供求现状,建立护理服务收费标准与劳动力市场的联动机制,鼓励专业护理人员加入养老服务队伍。

伙食费是指养老机构为满足老年群体对食物数量和营养均衡的基本需求提供食物而收取的费用,用于补偿食材采购和食堂工作人员人工等开支。个别老人额外提出要求的高级菜品则属于特需服务范围,养老机构可以自行定价。

2. 规范收费项目,明确定价原则,根据成本变动及时调整价格

在明确养老服务价格管理对象之后,我们建议依据基本养老服务项目的内容,确定全省统一的收费项目和定价原则。

(1)住宿费

目前物价管理部门应按补偿运营成本原则确定公办养老机构住宿费收费标准。今后物价管理部门应通过在成本中列支固定资产更新基金(下详),逐步过渡到按完全成本原则定价,实现公办养老机构的独立可持续运营。因为事业单位制公办养老机构的土地、房屋、设施设备均为国家投资,且无须进行固定资产折旧和土地使用权成本摊销,所以公办养老机构的住宿费应纳入政府定价管理的范围。

值得注意的是,在核定住宿费成本的过程中,管理人员的费用也纳入了考虑,而公办养老机构存在大量高成本的事业编制人员。[①] 在对公办养老机构进行成本核算以确定住宿费的过程中,事业编制人员的存在导致老人要为此付出较民办养老机构更多的住宿费,造成了成本的虚高,应配合事业单位人事制度的改革逐步降低此部分虚高的成本。

此外,我们的研究发现养老机构所在地理位置对养老机构的空置率有十分重要的影响。[②] 目前,我省一些村镇养老机构虽然设施也进行过升级改造,但因地理位置偏远,床位空置率较高。这是一种养老资源的浪费。地理位置较好的公办养老机构相当于获得了政府让渡的级差地租。我们建议住宿费收费标准也应适当地体现养老机构所在地理位置级差地租的差别。在成本核算确定的住宿费的基础上,适当提高地理位置较好的养老机构的住宿费收费标准,通过价格手段来缓解地理位置较为偏远的养老机构的床位空置现象。

（2）护理费

护理费应全部用于补偿直接护理老年人的护理工作人员人工成本和护理耗材的开支。

我们建议建立护理费收费标准与社会平均工资调整幅度挂钩的自动调整机制。物价管理部门应每年根据劳动部门公布的当地上一年度社会平均工资的变动情况,自动调整当年公办养老机构护理费收费标准的定价范围,由养老机构在物价部门给出的定价范围内自主定价。物价部门每年应统一公布调整指数,以保证价格调整的一致性,彰显价格调整的合理性,减少老年人对养老机构调价行为的阻力。为了鼓励专业护理人员加入养老服务队伍,增加护理型床位比例,提高养老服务的质量和专业化水平,物价部门应允许介护服务收费标准在当地上一年度社会平均工资的变动情况基础上上浮一定的百分点。

（3）伙食费

伙食费应全部用于补偿食材采购和食堂工作人员人工等开支。

公办养老机构实行包餐制的,其伙食费收费标准应纳入政府定价管理范围。实行点菜制的,应由养老机构根据当地的生活水平和老人的实际需

---

　① 王佳丽(2012)在对某公办养老机构调查中发现,占员工总数73.53％的合同制护工仅拿到全部工资的54.76％,其余26.46％的事业编制员工则享受到45.24％的工资。民办养老机构由于没有事业编制人员能更好地控制了人工成本。

　② 王佳丽(2012)对杭州市6家养老机构的个案调查以及胡悦(2012)对2008年全省民办养老机构的计量分析均证明养老机构所在地理位置对养老机构的空置率乃至盈利情况均有显著影响。

求,通过成本核算自主确定收费标准,报批物价部门后执行。

养老机构应每月公布收支情况,接受老年人的民主监督,养老服务机构不得从中营利,物价部门要对此实行监督。物价管理部门应该按照统计部门发布的食品价格指数定期(每半年或一年)调整伙食收费标准,防止出现因物价上涨而降低老年人伙食标准的情况。

(4)其他收费项目

养老机构内设置医疗机构的,其提供的医疗服务项目应按国家和省制定的医疗服务价格政策规定执行。特需服务的收费标准应由市场调节,各养老机构可根据成本情况和市场供需状况自主定价。物价管理部门应协同民政等部门,尽快制定基本养老服务质量标准,明确规定各养老机构不能自立名目,分解上述基本服务项目收费,形成二次消费负担。

3.配合浙江省养老服务需方补贴制度的实施,逐步提高收费标准,分步实现运营成本定价和完全成本定价

上述建议会使得公办养老机构收费较现有水平有一定幅度的上涨。我们建议,通过切实落实养老服务补贴制度,直接提高弱势老年群体的支付能力,体现政府在养老服务方面的责任。

2011年,浙江省人民政府在新出台的《关于深化完善社会养老服务体系建设的意见》(浙政发〔2011〕101号)中提出"对城乡最低生活保障家庭中的失能、失智老人,政府给予养老服务补贴。根据老年人或其家庭意愿,到养老服务机构接受服务的,其养老服务补贴由当地民政部门支付给相应的养老服务机构;居家接受服务的,其养老服务补贴由当地民政部门支付给提供服务的居家养老服务企业或从事居家养老服务的机构。从2012年起,养老服务补贴标准参照当年度重度残疾人托(安)养费用补助标准执行。有条件的地方,可将政府养老服务补贴范围扩大到中低收入家庭中的失能、失智老人以及高龄老人等"。这就是直接面向低收入失能老年人的养老服务补贴制度。

养老服务补贴制度直接对经过身体状况检查和经济情况调查的低收入失能老年人提供补贴,显著提高弱势老年群体的支付能力,提高政府财政资金的使用效率,维护老年群体自主选择服务机构的权利,促进养老机构之间的有益竞争,推动机构养老服务市场健康发展。因此,各地民政部门应抓紧落实养老服务补贴制度。

一直以来,政府为保证老人享受低价养老服务而对公办养老机构提供大量建设补贴和运营补贴,这些均属于养老服务供方补贴制度。但事实证

明,供方补贴制度和低价管制政策难以让弱势的低收入失能老人切实享受到这些补贴。随着养老服务补贴制度的逐步建立、补贴水平的逐步提高和补贴范围的逐步扩大,低收入老年群体的支付能力会得到逐步提升,这些老人将有经济能力入住公办养老机构或民办养老机构。公办养老机构的低价管制政策应该随着需方补贴制度的实施而逐渐放松,逐步提高收费标准,政府就可以逐步减少对养老机构的供方补贴,将节约下来的资金用于需方补贴。

收费标准的提高可以分为两步:第一步是逐步将收费标准提高到足以弥补公办养老机构的运营成本(不含土地、房屋等折旧),同时逐步取消运营补贴。第二步是将收费标准逐步提高到足以弥补公办养老机构的完全成本,同时逐步取消固定资产大修补贴和建设补贴,实现公办养老机构的独立可持续运营。具体的办法可以参照章国平等(2011)的建议:各养老机构每年可按营业收入的一定比例提取基金,专项用于设施、设备等固定资产的更新(类似于提取折旧)。

4.加强部门间协调,切实落实其他优惠政策

我们的调查发现,还有不少的民办养老机构甚至公办养老机构难以实际享受供水、供电、供气、通信等优惠政策,这十分不利于资金实力本就不足的民办机构的发展。浙政发〔2011〕101号文件再次强调了针对养老机构的税务、用水、用电、用气等各项优惠政策。物价管理部门应加强部门间协调工作,严格按照文件要求,宣传并帮助养老机构落实各项价格优惠政策。

【参考文献】

[1]何文炯,等.浙江省老龄事业发展战略研究专题报告.2011.

[2]胡悦.浙江民办养老机构盈亏状况影响因素分析——基于浙江省2008年民办养老服务机构基本状况调查数据.浙江大学本科毕业论文,2012.

[3]丽水市发改委收费管理处.丽水市养老服务价格管理现状及思考.研究与建议,2011(16).

[4]舒可洪.《浙江省定价目录》收费管理部分解读.浙江价格,2010(9).

[5]王佳丽.公办民营养老机构的成本结构——以杭州市J区为例.浙江大学本科毕业论文,2012.

[6]张海彤.公办养老机构低价政策及其实际效果分析——以杭州市某公办养老机构为例.浙江大学本科毕业论文,2012.

[7]张翔,林腾.补"砖头",补"床头"还是补"人头"——基于浙江省某县养老机构的个案调查.社会保障研究,2012(4).

[8]章国平,王兴梅,俞国泰.完善养老机构收费管理政策研究.浙江价格,2011(12).

浙江养老服务补贴制度实践与发展

□ 董红亚*

摘　要：浙江省率先在全国实现统一的养老服务补贴建制。今后应着力解决"好不好"的问题，实现从"有没有"向"好不好"的转型；需要进一步确立老年人需求导向的理念，完善服务运行机制，健全制度配套，扩面提质，不断提升制度绩效。

关键词：养老服务补贴；制度评估；需求导向；制度完善

养老服务补贴制度是指政府为老年人入住养老机构或接受居家养老服务提供资金支持的一种制度，是社会养老服务体系建设的重要内容，是我国政府应对人口老龄化的一项重大政策。2012 年，浙江省在全国率先统一建制，实现了老年人从基本经济生活保障向服务保障的制度转向，对于提升老年人生活品质有着重要的意义。

一、浙江省率先在全国实现统一的养老服务补贴建制

(一)养老服务补贴制度是养老服务时代的一项基本制度

老年人，尤其是高龄和失能老人，由于身体机能衰退，需要由他人协助或提供服务，才能满足其日常基本生活需求；老年人又是一个处于收入下降阶段的群体，在传统家庭照料日渐弱化的背景下，政府通过提供服务补贴为其消费社会养老服务提供资金支持，以确保其生命尊严，维持基本的生活品质。

从性质上说，养老服务是指为老年人提供的社会照料，或者说是社会服

---

* 董红亚：浙江外国语学院社会福利研究所。

务,包括部分非核心的医疗护理,以及康复训练、精神慰藉等,重点是对失能老人的家政服务、生活照料、非医疗护理、安全守护等,可以用"照护"一词进行概指。养老服务补贴既非基本生活保障,也非救助保障,而是一种福利服务。从国际社会保障制度发展规律来看,政府最先关注的是社会成员维持生存所必需的生活资料,给予收入维持的保障;随着经济和社会的发展,基本生活得到有效保障后,各类社会服务的供给和保障开始凸显。

经过改革开放以来特别是近十多年的努力,浙江省相继建立了城镇居民养老保险制度、城乡最低生活保障制度及其新型社会救助体系、城镇居民基本医疗制度、新型农村合作医疗制度、新型城乡居民养老保险制度等,并逐步实现制度全覆盖,保障标准持续提高,保障水平迈上一个大台阶。人民群众特别是老年群体的基本生活有了切实保障后,旨在提高生活品质的社会服务需求开始突出。建立养老服务补贴制度,既符合养老保障制度发展的基本规律,也是积极推进公共服务均等化的题中应有之义,是建设美丽浙江、共享美好生活的必然要求。

2012年,国务院印发的《国家基本公共服务体系"十二五"规划》、《社会养老服务体系建设规划(2011—2015年)》从国家层面首次提出探索建立养老服务补贴制度的要求;2013年新修订实施的《老年人权益保障法》进一步明确了建制要求,标志着这一制度提升到了基于老年人基本权益保障及我国养老保障制度演进的高度,成为与养老服务时代相配套的基本制度。

(二)浙江省率先实现城乡统筹居家机构融通的养老服务补贴建制

养老服务补贴制度核心是为老年人,尤其是失能、高龄等经济困难的老年人提供服务资金的保障。从全国和我省实践看,这一制度的实践起始并侧重于居家养老服务补贴。

在我国,居家养老服务的发展和养老机构截然不同,它一开始没有实体支撑,起源于社区服务,由社区居委会承担,在政府部门主导下推进,一直带有很强的行政色彩。政府可以出钱建设施,却难以直接提供服务,尤其是有专业化要求的日常照护。面对居家高龄、独居,生活不能自理或不能完全自理的老人日增的情况,政府唯有通过购买服务,交由专业组织运作,来提供相应的照护服务,居家养老服务补贴由此产生。在全国层面,伴随2000年居家养老服务工作全面启动,各地开始陆续探索政府购买服务的居家养老服务补贴;2005年宁波首创了"海曙模式"①,得到中央领导和国家有关部委充分肯定后,并在全国逐步推广。

在养老机构,一直来存在隐性和显性的服务补贴。新中国成立不久建立的农村"五保"和城镇"三无"对象供养制度,其中就隐含有服务方面的补贴。20世纪80年代以来,国家推进社会福利社会化,出现了民办性质的养老机构,政府加大政策扶持,陆续有了以直补养老机构的一次性床位补助和以实际入住老人数为依据的运行补贴,以及直补个人用于抵扣老人入院护理费的补贴,其中直补个人的部分可以算作养老服务补贴,但实践中并不普遍。相比之下,2008年浙江省推行的重度残疾人托安养制度更多地涉及服务补贴的内容。

随着人口老龄化程度的加深和社会养老服务体系建设的推进,各自发展的居家养老、机构养老在政策上出现碎片化倾向;居家养老服务补贴标准不断提高后,又带来了居家老人与入住机构老人之间的公平性问题。在推行公共服务均等化和转变政府职能的背景下,统筹城乡,打通居家和机构,允许补贴在居家和机构之间转接,整合为统一的养老服务补贴制度的呼声和需求日益突出。

2010年底,浙江省民政厅从社会养老服务体系融通的角度,对社会福利处分管的机构服务和老龄办分管的居家养老服务进行了整合,归入社会福利和慈善事业促进处②管理指导。2011年12月,浙江省政府出台了《关于深化完善社会养老服务体系建设的意见》(浙政发〔2011〕101号),决定建立统筹城乡、融通机构和居家的养老服务补贴制度。2012年5月,浙江省民政厅、浙江省财政厅印发《浙江省养老服务补贴制度实施意见》(浙民福〔2012〕81号),对养老服务补贴制度的申请、审批、资金管理等作了明确规定,在体制机制上进行重新构建,养老服务补贴制度开始从零散走向整合,从单一走向综合,在全国率先实现了省一级的制度顶层设计。在随后的浙江省社会养老服务体系发展规划中,又进一步明确了享受政府购买服务补贴老人到2015年达到2%、2020年为3%的发展目标。③

---

① 2005年,宁波海曙区在全区65个社区全面推广"政府购买居家养老服务",由区政府出资,向海曙区星光敬老协会购买居家养老服务,尤其为辖区内600余名高龄、独居的困难老人提供上门服务。

② 2012年,浙江省民政厅又将社会福利和慈善事业促进处等整合调整为社会福利与老年服务处、儿童福利和慈善事业促进处。

③ 即浙江省社会养老服务体系发展规划发展目标"9732"中的"2"和"9743"中的"3"。

二、浙江省养老服务补贴制度现状分析

为摸清底数,掌握科学的评估标准,2011 年 7 月,省民政厅在全省选择 17 个市、县(市、区)试点养老服务需求评估工作。2012 年 5 月,正式出台《浙江省养老服务补贴制度实施意见》,当年发放补贴 1.33 亿元[①],其中一类补贴对象达到 1.37 万人。2013 年底,完成全省 90 个县(市、区)建制工作,养老服务补贴制度在全省全面实施,全年发放补贴 20417 万元,享受服务补贴老人达 145078 人。从 2011 年至 2014 年 9 月,全省累计实施养老服务需求评估老年人 500 万人次,享受服务补贴人数 42.59 万人,共计发放补贴资金 5.1 亿元。[②]

(一)享受服务补贴老人情况

1.需求评估人数

自 2013 年养老服务补贴制度全面建制以来,全省每年评估老人均在 100 万人左右,约占到老年人总数的 12%;其中,经评估确定为一类对象[③]的为 1.5 万~2 万人左右。

2.享受补贴人数

截至目前,全省已有 29.5 万人次享受了养老服务补贴,2014 年[④]为 15.1 万人,占到老年总人口的 1.68%;其中一类对象 11973 人,基本实现应补尽补;二类对象为 139134 人,占到全部享受服务补贴老人的 92%(见表 1)。可以说,补贴制度在确保重点困难老人的同时,实现了适度扩面。

表 1　2014 年全省享受养老服务补贴人数及分布

总人数(人)	占老年总人口百分比(%)	一类补贴对象		二类补贴对象	
		机构(人)	居家(人)	机构(人)	居家(人)
151107	1.68	1827	10146	1223	137911

①　文中数据均来自浙江省民政厅年度统计数据。

②　在没有特别说明的情况下,文中数据皆为来自浙江省民政厅有关处室截至 2014 年 9 月的统计数据。

③　浙江省政府 2012 年下发的《关于深化完善社会养老服务体系建设的意见》(浙政发〔2011〕101 号)把补贴对象分为两类:一类对象为城乡最低生活保障家庭中 60 周岁以上的失能、失智等生活不能自理的老年人;二类对象为当地政府认为需要给予补贴的老年人。

④　文中没有特别说明的 2014 年数据,均为截止到 2014 年 9 月底的全省统计数据。

3.服务补贴标准

2014 年,全省已发放补贴资金 51059 万元,人均补贴标准达 1469 元/年。一类对象,入住机构人均补贴为 9193 元/年,居家服务人均补贴 3342元/年;二类对象,入住机构人均补贴达 4007 元/年,居家服务人均补贴 1103元/年(见表 2)。

表 2　全省养老服务补贴标准

总金额 (万元)	年人均补贴(元)	一类对象				二类对象			
		机构		居家		机构		居家	
		总金额 (万元)	人均 (元)	总金额 (万元)	人均 (元)	总金额 (万元)	人均 (元)	总金额 (万元)	人均 (元)
51059	1469	5228	9193	10207	3342	1395	4007	34229	1103

4.补贴对象分布

在享受政府购买服务的 151107 人中,一类对象,入住机构有 1827 人,占到一类对象总人数的 15.26%,接受居家服务 10146 人,占到一类对象老年人数的 84.74%;二类对象,入住机构 1223 人,占到二类对象总人数的0.88%,居家服务 137911 人,为 99.12%(见表 3)。

表 3　全省服务补贴对象居家、机构分布

一类对象					二类对象				
总人数 (人)	机构		居家		总人数 (人)	机构		居家	
	人数 (人)	占比 (%)	人数 (人)	占比 (%)		人数 (人)	占比 (%)	人数 (人)	占比 (%)
151107	1827	15.26	10146	84.74	139134	1223	0.88	137911	99.12

(二)补贴制度运行情况

1.制度取向:建立需方导向的服务选择机制

从国际来看,老年照护供给一般有四种运作模式:一是以经理人为中心(manager model);二是以专业人员为中心(profession model);三是以照顾者为中心(career model);四是以使用者为中心(user model)。其发展走过了从政策制定者(政府)、服务供给者(专业组织)为中心逐渐向以服务使用者为中心的转变。

养老服务补贴制度是服务使用者为中心的制度,从性质上说是政府对需方的补助,应该直接发放到个人;但它又不同于其他补贴,作为补贴的享有者——老年人不能自我服务,大部分失能者还不具有自行购买和选择服务方式的能力。为避免补贴移作他用,往往通过政府购买服务——老年人及家属选择服务——补贴转移支付给服务供给者来实施。

浙江省养老服务补贴制度立足老年人需求导向,建立了补贴对象的服务选择机制。老年人根据身体状况及需要,到养老服务机构接受服务的,补贴由当地民政部门支付给机构;居家接受服务的,支付给提供服务的居家养老服务企业或从事居家养老服务的机构。通过实行"费随人走",赋予老年人及家属以服务的选择权,便于老人根据意愿和需求,在居家与养老机构之间进行自由转接;同时,通过赋予老年人服务选择权,促使各服务机构之间良性竞争,不断提升服务质量。享受服务补贴中的一类对象基本为重度失能老人,目前其入住机构人数占到一类对象总数的 15.26%,反映了制度在居家与机构之间的贯通,保障了老年人服务的选择权。

2.服务对象:形成分类分层的补贴对象确定机制

服务对象瞄准率,是影响服务补贴政策公平公正的重要因素。理论上讲,所有老年人都应享受服务补贴,这是公共服务型政府的基本职责,也是我国宪法规定的公民权利。但从我国当前补缺型福利制度特性看,政府首先应保障困难老人。

补贴制度以老年人身体状况、经济状况和居住状况等为主要评估参数,每类参数分若干等级,确定不等分值,通过综合评估,确定老年人应该享受的服务补贴标准(见表4)。其中,身体状况,即日常生活自理需要协助的程度,包括日常生活自理能力(ADL)和日常活动能力(IADL)。一般情况下,日常生活自理能力缺乏的老人大多丧失了日常活动能力。经济状况,即购买服务的能力,一般可分为低保、低收入和中等收入家庭等层级,经济收入越低,能够享受福利的比例越高。居住状况,即寡居独居,与配偶同住,还是与家属、朋友同住等情况,居住状况反映传统家庭照护资源的可得性,体现老年人服务需求的情况。此外,在实际评估时,各地市还综合考虑了老年人年龄和社会贡献等情况。因为年龄与身体机能衰退具有直接正相关性,尤其是80岁以上高龄老人,就算身体健康,在日常生活中或多或少也需要协助;根据民政助弱优抚传统,各地把老年人社会贡献情况纳入补贴评估因子,主要包括离休干部、老居干和获得过省市政府荣誉的老人、优抚对象等,根据社会贡献程度适当予以加分。

表 4 补贴标准评估参数

评估参数	分层分等
身体状况	重度依赖、重度依赖、轻度依赖
经济状况	低保家庭、低保边缘家庭、低收入家庭、中收入家庭等
居住状况	寡居独居、与配偶同住、与子女或亲友同住等
其他因素	年龄、认知、社会贡献等

至于各评估参数分值占比,各地在实施中有所差别,但总体来讲,凸显了身体和经济状况在其中的核心作用。

3.补贴标准:建立以机构护理等级为基准的补贴标准确定和调整机制

根据补贴政策,省级指导标准:入住养老机构的为不低于12000元/人·年,居家接受服务的不低于4800元/人·年。

一是有效解决实际需求。浙江省养老服务补贴标准应该说既体现与一定的经济社会发展水平相适应,又针对老年人的实际服务需求。补贴制度是保障老年人照护需求,目前可参照比较的就是养老机构护理收费标准。养老机构护理等级粗一点可分为自理、半自理和全护理;细一点可分为特一到特七7个等级,外加专护。根据调研,从全省养老机构护理收费情况看,不包括专护,全失能老人护理收费最高收费为1800元/月,最低800元/月。浙江省入住机构补贴标准12000元/人·年,每月为1000元,基本能满足老年人入住机构的护理费用,体现了实际需求导向,补贴标准能有效解决困难老人的服务需求。

2014年,根据社会服务收费水平的上涨,浙江省及时调整了补贴标准,入住机构补贴标准上调为不低于15000元/人·年,居家服务补贴为6000元/人·年。

二是体现机构居家布局。养老服务补贴要便于老年人在居家照护与机构照护之间进行自由选择和转换,这种转换不仅仅是补贴金额的转移支付,同时还要体现对不同身体状况的老人照护方式的政策导向。在社会养老服务体系中,机构照护和居家照护各有不同的适宜对象。重度依赖老人一般情况下,需要24小时不定时的照护,机构照护采用特护区集中、轮班护理的方式,成本低,现有护理收费标准基本在800～1200元/人·月;而居家照护往往需配备住家保姆才行,人员工资外加生活费,至少需要三四千元;除保姆外,另需家人协助照护。此外,重度依赖老人对设施和服务的专业性有着更高的要求,这也是居家服务所无法比拟的。因此,从经济性、服务专业性、服务便捷性及对家庭照护的支持看,重度依赖老人采用机构照护更合适,这也正是机构照护存在的意义。浙江省养老服务补贴制度,采用了居家和机构不同的补助标准,且重点补助机构,体现了对重度失能老人机构照护的政策导向。

此外,现行补贴标准还考虑了与现有相关政策的衔接。浙江省 2008 年实行重度残疾人托(安)养政策,考虑到重度残疾人护理等级和重度依赖老人相类似,养老服务补贴标准参照了重度残疾人托(安)养费用补助标准。

4.服务运行:探索多元服务供给运行方式

服务供给运行关涉到制度的实际绩效。当前,养老服务业发展还处于初级阶段,各类专业养老服务组织非常缺乏,尤其是基层。在制度实施初期,鼓励各地培植和整合资源并重,多途径探索服务供给方式。从全省层面看,根据调研情况,服务运营方式有以下几种情况:

一是竞争性招标,团购打包服务。这一方式是指政府采取团购方式,选择若干居家养老服务专业机构,通过竞标确定单位价格,为政府确定的补贴对象提供整体的打包服务。一般情况下,以家政服务单位价格为参照竞价。2008 年,杭州市江干区率先开始试点,总结经验后在全市推开。2010 年 11 月,杭州市委、市政府下发《关于加快推进养老服务事业发展的意见》(市委〔2010〕24 号),明确提出实行居家养老服务招标制度,通过政府招标采购方式,引导具备资质的各类机构进入养老服务领域从事各类居家养老服务;同时,相继出台了有关标准和评估办法,规范居家养老服务与管理;目前有条件的县(市、区)也采用这一方式。应该说,采用公开招标的方式符合政府购买服务的相关规定,但基于目前可选择的专业服务组织少或缺乏,尚有很多地方无条件开展。

二是利用信息服务平台,呼叫服务。在智慧城市建设推进中,各地大多建有公共信息服务平台,很多市(县、区)还建有专门的养老服务信息平台。各地利用信息服务平台,实行供需对接。信息服务平台具有服务的便捷性、即时性和选择性,尤其是对于家政清洁、管道疏通、家电维修、日用品委托购买等非贴身性照护来讲,具有灵活性。

三是老年协会监管,委托家属邻里照顾。在农村地区,因为专业社会组织缺乏,同时服务对象分布散,不具有聚集性,各地往往因地制宜,由村(社区)老年协会牵头委托家属照护,或者委托同村低龄老人就近照护;同时实施服务监管。

　　根据笔者在温州地区所做问卷调研①,可具体来看服务供给情况。调研显示,养老服务补贴服务提供主体,由"社会服务组织"提供服务的占到 36.0%,是主体;其次是"家人"照护,占比 29.3%;由社区工作人员和志愿者提供服务的各占 16.0%(见表 5)。

表 5　养老服务提供主体

	回　答	
	频数	占比(%)
社会服务组织	27	36.0
社区工作人员	12	16.0
志愿者	12	16.0
家人	22	29.3
邻居	2	2.7
总计	75	100.0

注:数据来自温州市养老服务课题问卷调查。

　　从服务"运行方式"看,其中委托家属发放发现金占比最大,达 56.8%;向社会组织购买服务占比为 32.4%,通过信息平台占比为 10.8%(见表 6)。

表 6　养老服务补贴运行方式

	回　答	
	频数	占比(%)
向社会组织团购	12	32.4
通过信息服务平台	4	10.8
委托家属发放现金	21	56.8
总计	37	100.0

注:数据来自温州市养老服务课题问卷调查。

---

　　①　笔者受温州市民政局委托研究温州市居家养老服务模式及深化发展,调查数据为面向温州全市以每个街镇 5 个社区(村)为调查样本的抽样调查。

（三）制度保障情况

1.资金分级保障

对于一类对象，省财政按照最低补贴标准，分两类六档下拨补贴资金；县（市、区）财政按最低补贴标准予以资金配套。有条件的地方，鼓励将补贴范围扩大到中低收入家庭中的失能、失智老人以及高龄老人等。一类对象中提高补贴标准的资金以及二类扩面对象补贴资金，一般来说由县（市、区）根据实际情况实行县（市、区）和街道（乡镇）两级财政分担。基本对象的基本保障实行省级统筹并统一最低补贴标准，确保公共服务的均等性，利于减少地区差异，保障基本服务。县（市、区）、街道（乡镇）两级资金共担机制，利于基层以更加积极、严谨的态度参与服务评估和监管工作。

2.社会组织培植

服务是社会养老服务体系建设的核心，没有成熟的养老服务产业基础的支撑，制度很难有实际执行力。养老服务补贴制度推行以来，各地积极探索养老服务组织培植和社会服务资源整合，发展各类养老服务社会组织。例如，杭州江干区，在杭州市率先设立了社会组织孵化园，建立了从服务平台建设，到场地、设施和运行补助，购买服务和设立社区服务专项的项目扶持、人才鼓励和人员培训，以及各类配套评优奖优等一列配套齐全的政策；每年拿出 500 万元专项资金用于社会组织的培育发展，政策扶持力度非常大。温州市，通过非禁即入、直接登记、零资金门槛和放宽登记限制等鼓励政策，最大限度地吸引各类社会组织进入养老服务行业，同时设立每年 200 万元的资金供政府向社会组织购买服务项目基金，支持社会组织发展。目前，全省涌现了一批在业内有一定影响力、管理规范的养老服务专业组织，比如杭州的巾帼西丽家政服务集团、夕阳红养老服务中心，温州的红景天养老服务公司、国瑞养老服务有限公司、爱家居家服务中心，台州的久久居家养老服务中心等。

3.服务标准规制

政府购买服务，由社会组织提供服务，规制市场行为，保障老年人权益，编制各类服务标准是政府职能转变后的重要职责。2011 年 11 月，由杭州市上城区政府、浙江省福利协会、浙江省标准化研究院等负责起草了浙江省地方标准《居家养老服务与管理规范》，标准内容包括管理要求、服务内容与要求、服务机构等级划分、服务质量评价与改进等四个方面。其中，将居家养老服务内容划分为生活照料、助餐服务、助浴服务、康复服务、安全守护服务等 12 类,明确各类服务的基本内容和服务要求。2012 年 5 月,浙江省民政厅、浙江省卫生厅联合印发了《浙江省养老服务需求评估工作的实施意见》,实施意见统一提供了"老年人生活自理能力评估表",指导规范老年人身体需求评估。2014 年 8 月,由浙江省老年服务业协会、浙江省标准化研究院联合编制了《浙江省养老机构服务与管理规范》,明确了养老机构管理要求、服务内容、服务机构等级划分、服务质量评价与改进等内容。各地市结合实际也相继出台各类养老服务管理和服务标准。这些服务和管理标准,规制了社会组织行为,也为养老服务监管提供了客观依据。

4. 服务质量监管

为确保公共财政资金真正用于老年人身上,各地在落实服务的同时,加强监管,强化绩效考核,建立健全社会组织奖惩及进入、退出机制。基本建立了以社会服务组织自查、服务对象——老年人及家属反馈服务和满意度为基础,以社区助老员、老年人协会成员回访常规监管为主体,以接受公开投诉电话、各级政府部门抽查为补充的服务质量监管体系,对各社会服务实体实施动态监管和考核。像杭州西湖区养老服务指导中心,还探索建立区养老服务研究评估中心第三方机构,行使评估、监督、培训、研究等职能,确保服务评估、监管的客观性,提高政策效度和信度。在此基础上,完善退出制度,对服务质量不达标、不守信,管理不规范、老年人满意度低的服务机构和服务人员予以及时清退。在西湖区实施养老服务补贴制度问卷调查①表明,当各项上门服务完成后,85.51% 的老年人表示接受过服务反馈调查,或社区居委会人员、助老员或居家服务公司人员通过打电话或上门了解服务情况。

(四)补贴制度的制约性

基于整个养老服务产业还处于初级发展阶段,就当前看,养老服务补贴制度还存在一定的制约性。

1. 政府职责的双重性

在制度发展过程中,政府实际上担负了建设供方和引导需方的双重职责,也就是既建设、培育养老服务机构和专业组织,又通过发放养老服务补

---

① 受西湖区民政局委托,由笔者主持专题研究了西湖区养老服务补贴制度绩效,对全区享受政府补贴老年人及家属做了问卷调查。

贴,引导需方消费。对供方的支持,一方面体现在养老服务设施建设上,由于这些设施公益性明显,市场主体缺乏积极性,政府只有通过制定规划、投入资金、提供场地等措施进行落实;另一方面,由于缺乏专业提供养老服务的社会组织,政府还花大力进行培育,否则即使发放了补贴资金,也没有机构提供相应的服务。这也是宁波海曙区为什么必须先培育星光敬老协会,才能启动购买服务程序的原因所在。由此,在早期,政府投入的居家养老服务补贴资金大都用于设施建设、组织培育、服务购买等几个方面。张国平研究宁波、南京、苏州三地政府购买居家养老服务模式后指出,政府培育社会组织是共性,宁波海曙区是"政府+社会组织+社区",南京鼓楼区是"政府+社会组织+民办养老机构+社区",苏州沧浪区是"政府+社会组织+商业企业+社区",[①]都有政府主导的影子,区别在于社会组织、市场主体对政府的依赖度,是否更紧密一些。

2. 初创阶段的不周延性

总体上,目前养老服务补贴制度框架已成,制度覆盖对象、补贴标准、运行机制、责任主体、监督管理等核心要素逐步添加,并相应完善。可以说,制度初创阶段最难的博弈已过。但因是初创,制度运行的不周延性还比较明显。从补贴对象看,国家法律、省市有关文件中仅定为"困难老人",在实践中较难掌握;补贴标准的确定,因评估机制不健全、科学性不足,在执行过程中有很大的随机性,有的地方以家政服务的单位价格确定政府购买价格,明显低于养老服务需求,造成真正需要照护的失能老人难以得到有效服务,专业的服务机构也难以引进;补贴所涵盖的内容较为狭窄和表面,主要以家政服务、代办服务(如代购菜、米、药品等)等生活照料、休闲活动为主,不少地方起初还允许使用者购买食品、日用品等,身体照护、康复护理等专业性要求较高、家人亟须的服务提供较少;监管机制不够有力,服务质量难以得到保证。这些不周延之处,既是补贴制度与养老服务其他制度协同性不足造成的,也是制度内部各要素缺乏相互配合所致。

3. 比较突出的非竞争性

政府购买服务建立在治理理论和公共服务型政府理念基础上,是政府通过公布公共服务预算、购买服务的价格、服务数量和服务要求等相关指标,面向社会公开招标的,有较强的竞争性。中标的社会组织、企业利用政

府购买服务的资金,按要求完成服务提供。这意味着将原由政府直接提供的福利服务交给有资质的社会组织、企业来完成,是对传统社会政策运行模式的创新。但是,直至杭州市"团购模式"出来以前,无论是上海市、宁波海曙区,还是南京鼓楼区、苏州沧浪区等发展较早的地区,采取的运营方式都是非竞争性的政府委托经营模式。其中原因就是这些组织都是政府主导下内生的,而不是由市场培育出来的,加之养老服务整个行业发展处于初级阶段,政府只能采取委托方式,并尽可能形成紧密体,以降低服务成本。即便是杭州市的竞争性打包委托服务的"团购模式",由于可选择的服务机构不足,也还存在着竞争不充分的问题。

要发挥市场机制的作用,吸引社会力量进入养老服务供给,需要有一定的服务需求市场规模,社会服务机构才能运营平衡。从目前情况看,一方面,政府购买服务对象面窄,且人员分散,摊派到一个社区(村),也就几个老人,农村地区村落分布散,间隔距离远,对服务机构来讲人员管理成本太高。另一方面,社会自主消费意识尚未普遍形成,服务有效需求不足。服务市场的不成熟,客观上制约了社会组织的发展。

三、进一步深化发展的重点

浙江省养老服务补贴制度建制早,起点高,发展规范,经过近两年的实施,制度成效良好。在课题组进行的西湖区养老服务补贴制度专项课题问卷调查中,有90.7%的老年人及家属认为"政府购买服务"工作是养老服务工作中的突出亮点和最有成效的工作;在课题组的走访调查中,也普遍感受到老人及家属对于政府这项政策的由衷感谢。

从制度的发展过程看,已经解决了"有没有"的问题,今后应着力解决"好不好"的问题,实现从"有没有"向"好不好"的转型;进一步确立老年人需求导向的理念,完善服务运行机制,健全制度配套,扩面提质,不断提升制度绩效。

(一)清晰制度内涵外延

养老服务补贴制度是保障服务而不是基本生活,是福利服务而不是救济,是这一制度的本质所在。从外延看,养老服务涉及生活照料、家政服务、康复护理、精神慰藉、文化娱乐、安全守护、法律维权等方面内容,范围较广,但核心是生活照料、康复护理等照护服务,也就是护理人员为老年人实现有尊严的生活提供的服务。补贴制度要解决的是事关老年人生命尊严的工具性需求;要防止各地在实践中简单发放现金及仅用于购置基本生活用品和吃饭补助等状况。同时,要进一步理清服务供给和服务设施配置、改造,以及作为补贴制度核心的照护服务和健康体检、文体娱乐之间的关系,避免服务泛化,失却制度的针对性。

(二)科学研定评估依据

评估机制与养老服务补贴制度相辅相成,既是独立的制度体系,也是补贴制度最重要的组成部分。目前补贴制度不周延的种种问题大多与评估机制不够科学有关。其中最关键的是评估指标因素及其关系的确定,主要是身体状况、年龄状况、经济状况、居住状况、认知状况、贡献程度等内容。作为服务补贴,身体状况是老人是否需要照护的决定性因素;作为一项福利制度,经济状况是老人能否享受补贴及享受到什么程度的依据。实践中普遍采用的独居、空巢等居住状况,应该是服务需求评估的指标,不适合纳入作为福利服务享受的考虑因子。因为居住条件在现实中比较复杂,并会导致福利及文化的反导向。总之,身体状况是确定是否需要照护,照护到何种程度的依据,经济状况是确定政府是否应该买单,买到何种程度的依据。其组合状况是政府根据自身财力推行养老服务补贴制度、确定养老服务补贴对象顺序及标准的依据。

(三)推行分类竞购方式

竞争性团购方式的实行,使得获利周期长和公益性质并存的养老产业,发挥出社会资本中制度资本的作用,[1]有助于降低成本,提高财政资金绩效,需要进一步坚持发展。但这种方式也带来了一定程度上的供需不对应问题。老年人所需要的服务具有多元性,服务组织作为某一类型的行业组织,服务具有单一性和局限性,且不同的服务因其专业程度不同,单位价格也不同。以质定价、优质优价是市场经济的基本规律。养老服务有专业、非专业之分,政府在向社会购买服务时,就应该以质定价,实行级差定价,分类购买服务;专业性和非专业性,专业性强和弱的服务之间实行差异化定价。要根据服务性质和需求特点,探索分类购买方式,由不同的专业机构提供相应的专业服务。这一方式将有利于引导发展居家养老专业组织,提高为老服务质量。

---

① 许晓茜、李洁明、张钟汝:《老年利益论》,复旦大学出版社 2010 年版,第 296 页。

居家老年人的服务需求具有多元性和个性差异。从专业技能要求看，可以分为专业性服务和非专业性服务；从需求频率来讲，有常规性的、周期性的和即时性的；从服务空间来分，有在宅服务、日间照料和机构住养，等等。同时，这些服务需求又因人而异、因时而异，因家庭照护不同而异。因此，要建立并推行选择性的服务方式。

根据服务的不同性质，设计多种选择性服务方式。建议：(1)家政服务原则一周一次。城市老人家庭卫生习惯好，农村地区对家政要求不高。因此，减少以家政为主的服务时间和次数，改为一星期一次，主要做深度家政清洁工作。(2)生活照料服务每天定时。对失能、半失能老人的生活照料服务，涉及人身服务，包括身体擦洗等，应该每天定时上门。(3)康复护理定期进行。康复护理相对专业，要引入专业医疗保健机构，同时是人对人的服务，需相对稳定的服务关系，便于了解老年人及家庭状况和需求，提供针对性的服务，应实行稳定关系的组织服务供给方式。(4)增加自行选择服务的范围。如家电维修、疏通管道、清洗油烟机等技术性家政，普通家政清洁、配送餐等。这些服务需求，专业性强且具有不确定性，不宜采用指定服务机构固定服务的方式，可借助信息呼叫服务平台，链接社会企业，为老年人及其家属提供选择性、更加便捷的服务。

(四)探索构建社区综合性转接平台

老年人因身体状况变化，需要在家、社区照料中心、医院和养老机构之间转移。要按"全人"理念，探索在社区建立统一平台，为老年人做好服务提供的衔接和经费统一支付等工作。这一平台要充分掌握老年人的服务需求，强化政策导向功能。可通过信息的开放，为各种身体状况的老人提供选择机会。轻度依赖者、中度依赖者可以选择居家养老服务，引导重度依赖老人入住到机构，享受机构服务补贴。社区平台可以由社区的助老员或社区居家养老服务照料中心(站)中有关工作人员承担，根据失能老人养老服务需求评估结果及服务需求，联系相应的居家养老服务组织、护理型养老机构、医疗护理机构等，并按服务等级申请财政经费，转移支付给相应机构。

(五)推进养老服务社会组织发展

政府不仅要敞开大门、降低门槛，欢迎各类有志于养老服务的企业、组织和个人进来；还要积极孵化其能力，扶持其发展。

一是搭建政府与社会的供需对接平台。编制并公布政府购买服务指导性目录,规范并扩大政府购买养老服务的范围和力度。建立健全政府购买养老服务的招投标运行机制及有关制度,各级政府要及时出台各类养老服务及设施招标运行的指导性实施意见,指导并规范实践操作。

二是搭建养老服务社会组织服务和发展平台。搭建养老服务社会组织公共服务平台,各地要建立养老服务社会组织服务中心,打造集培育扶持、公益创投、信息服务、培训交流等多功能于一体的社会组织公共服务平台。创建养老服务社会组织孵化园,通过"入壳孵化"模式,为养老服务社会组织提供综合服务场所,优先进驻需要重点扶持的社会组织。

三是拓展并加大政策扶持。设立养老服务社会组织专项发展基金,专门用于扶持具有创新、示范和品牌效应的居家养老服务组织的发展。设立养老服务社会组织服务和平台组建和管理补助资金;对列入重点培植的养老服务组织,提供免费办公场地,或提供场地租赁补贴。加大人员扶持,把居家养老服务管理和服务人员列入养老服务队伍建设,定期组织政策和业务培训,享受各类养老服务人员鼓励政策等。

四是鼓励争先创优。规范并拓展养老服务组织评优种类,鼓励行业争先创优,积极鼓励各类养老服务组织参加社会组织信用评定以及各级各类政府荣誉评定,对获得信誉和荣誉的给予一次性奖励,并优先纳入政府购买服务的范围。

(六)构建多元监管体系

服务监管是政府退出直接服务供给后需要补缺和强化的职能,包括编制服务标准和服务监管。相对而言,服务监管问题较多,难度较大。服务监管的主体,包括服务对象即老人及家属、政府、服务机构自身,以及第三方等。目前来看,这些主体监管职责都还没完全到位。第三方应该是专业监管的主体,但培植发展不足,尚需时日。

一是双向互动,责权相符。老年人及家属作为直接的服务及接洽对象,是服务及质量监管的最重要主体,也是最有效的监管者。目前老年人及家属监管流于形式,很重要的原因是不清楚自身的权益,以及服务单设计得不合理。① 所以,在服务合同签署之时,要向老年人及家属清楚告知补贴制度的宗旨、拥有的权利及服务方式选择和转换的流程;告之其服务反馈监督的

---

① 先行的服务单设计过于局促,服务内容无法详细写。老人及家属有部分书写不便,或会碍于情面,不便详细写,所以,便捷的是实行选择性打钩,简化操作。

意义和责任。服务单的设计要简便、易行,服务内容及服务满意度宜采用菜单式直观打钩的方式,时间填写实际的服务时间。在清晰并进一步规范老年人及其家庭权益职责的同时,应建立惩戒制度。一旦出现服务他用、服务折现、服务反馈形式化,轻则警告,重则取消服务资格。

在线助老,常态问询。加强并进一步细化社区助老员的监管工作。在第三方专业评估机构尚未成熟的情况下,做实以社区助老员为常规问询的监督机制,是最易行且最有效的。社区助老员是与老人直接接触的基层工作人员,政府自实行管理和服务分开之后,社区助老员从直接为老人提供服务,转向服务管理、沟通协调、监督检查等职责上来。目前,社区助老员尽管也承担了服务及质量了解反馈的职能,但未作明确的规定,随意性比较强。下一步要围绕助老员的常态监督管理机制,制定具体制度,确保助老员在线,经常问询,经常监督。要明确社区助老员担负对居家养老服务组织服务监管的责任及具体的监管细则等日常职责,及时报告服务补贴发放、使用、服务提供者的服务质量等情况,并与其工作业绩考评直接挂钩。在此基础上,辅助以区级、街道层面的,由行政牵头和民间团体实施的不定期抽查。抽查结果、老人及家人投诉就是助老员工作考评的依据。

二是进退有序,奖惩分明。在制度实施初期,相对来说政府管理还比较宽松,各种类型的养老服务机构都进入到这一服务领域。今后应逐步建立规范的进入退出机制,确保行业健康有序发展。要制定参与提供养老服务供给的养老机构、居家养老服务组织的基本条件,如在省级编制的居家养老服务规范、机构有关标准基础上,进一步明确地方的基本要求,只有达到这些基本条件,才具有养老服务补贴招标资格。在服务过程中,凡被老年人一年投诉达到规定界限,就予以劝退,情节严重者禁入养老服务市场。同时,对于信誉好、服务满意度高的服务机构,给予奖励和各种褒扬。

(七)积极培植新型照护文化

在每一个显性的社会现象后面,都有隐性的制度规范,以及与此对应的文化导引。

目前,养老服务,尤其是居家养老服务供给家政化现象,并不能够简单归结于由外来农村妇女构成的服务队伍的职业技能限制,这只是其中一个原因。基本的协助家人做失能老人身体清洁、简单的肢体康复训练,稍微培训一下就能做。因此,关键不是职业技能不够,而是职业素养缺失;不是不会,而是因为忌讳、难为情,怕辛苦、麻烦,以及为规避风险等,不肯做。这背后有文化的因素。传统文化认为护理是低人一等的事,是伺候人的活,社会地位低。这种文化制约因素不解决,养老服务从家庭外移到社会后,服务质量是不可能真正提高的。因此,要积极宣传,营造社会氛围,形成与社会化养老服务相适应的照护文化,增强从业人员的职业理念、职业素养,提高他们的职业认同和归属感。同时,培植照护文化,要以规范的组织为依托,健全职业培训和提升制度,提高职业福利,形成良好的新型照护文化。

浙江省社会养老服务体系创新的构想*

□ 戴卫东**

摘　要：浙江省在 1987 年进入人口老龄化社会，而且老龄化系数越来越趋高，社会养老服务体系受到了严峻的挑战。全省 11 个市的人口老龄化程度、养老服务需求和供给都呈现出较大的地区差异。然而，全省城乡居民可支配收入并不足以支付当期养老机构的服务费用。为此，根据老化系数、养老服务基础、失能老年人口以及居民可支配收入、财政收入等综合因素分析，建议浙江省在杭州市率先试点长期护理保险，从 10 个方面进行长期护理保险政策设计。

关键词：杭州市；养老服务；长期护理；保险试点

　　浙江省是我国东部经济较发达的省份，1987 年就相对其他地区较早地进入人口老龄化社会。这意味着浙江省养老服务的责任比其他省份要重得多。《浙江省老龄事业发展"十二五"规划》的发展目标是到 2015 年，基本建成以居家养老为基础、社区服务为依托、机构养老为支撑，资金保障与服务提供相匹配，无偿、低偿和有偿服务相结合，覆盖城乡的社会养老服务体系，努力满足老年人不同层次的养老服务需求，争取实现居家养老服务网络覆盖率 90% 以上，养老机构床位数占老年人口比率 3%。在即将进入"十二五"期末之际，检视浙江省社会养老服务体系建设，有利于下一步工作的推进和制度的完善，有助于建立一个社会服务与经济发展相匹配的强省。

一、浙江省社会养老服务的需求趋势

　　人口老龄化的快速发展反映了社会养老服务的需求趋势。2012 年底，浙江省 60 岁及以上老年人口 857.69 万人，占总人口的 17.87%，比上年同

---

　　* 本文发表在《中国国情国力》2015 年第 4 期。

　　** 戴卫东：浙江财经大学财政与公共管理学院。

期增长 4.19％;其中 80 岁及以上的高龄老人 130.36 万人,占老年人口总数的 15.2％,比上年同期增长 2.97％。① 截至 2013 年底,全省 60 岁及以上老年人口 897.83 万人,占总人口的 18.63％,比上年同期增长 4.68％;其中 80 岁及以上的高龄老人 140.16 万人,占老年人口总数的 15.61％,比上年同期增长 7.51％。② 高龄老人增速明显快于老年人口增长。这是近两年浙江省人口老龄化的状况。为此,有必要了解浙江省人口老龄化的变动趋势(见图 1)。

从图 1 可以看出,2006—2013 年八年来我省 60 岁以上、65 岁以上和 80 岁以上三个不同年龄段的老年人口数量一直处于上升态势,并没有出现波折或回旋的现象。而且,数字还将继续攀升,预计 2020 年全省老年人口将达到 1186 万人。

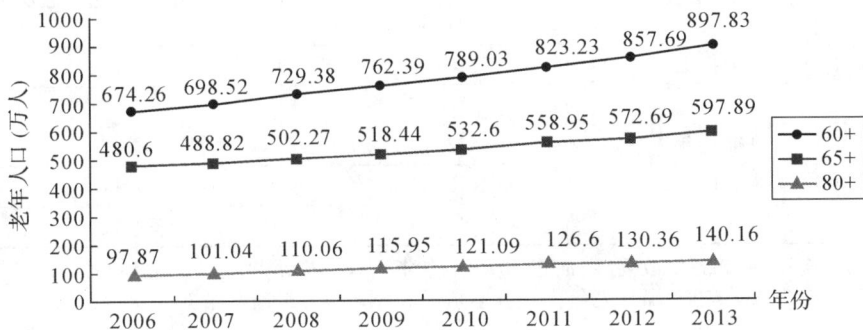

图 1　浙江省人口老龄化发展趋势(2006—2013)

资料来源:浙江省发改委《浙江省 2012 年老年人口和老龄事业统计公报》;2013 年数据来源于浙江省人民政府《浙江老年人口基本情况和养老服务最新政策新闻发布会》。

二、浙江省社会养老服务的当期需求

人口老龄化程度的加重说明社会养老服务体系建设的重要性和迫切性。那么,目前浙江省社会养老服务有多大规模的需求呢?一般来讲,人到老年,由于生理、心理等机能的下降导致失能或半失能的概率更高,因而整个社会的养老服务需求量更大。由于家庭结构小型化、女性就业结构职业化以及疾病结构慢性病化等,"空巢"家庭或者纯老家庭对养老服务的潜在需求也高于其他类型的家庭。

---

① 《浙江省 2012 年老年人口和老龄事业统计公报》,浙江省发改委网站。

② 《浙江老年人口基本情况和养老服务最新政策新闻发布会》,浙江省人民政府网站,2014 年 5 月 15 日。

（一）全省需求总量

2012年底，全省纯老家庭人口数为214.49万人，占老年人口总数的25.01%。至2013年底，纯老家庭人口持续上升，全省纯老家庭人口共有218.38万人，比上年同期增长3.89万人，纯老人口约占老年总人口的1/4。失能老年人口情况如表1所示。从2012年、2013年情况来看，失能、半失能老年人总数大致在70万人左右。应该说，这些老年人基本上或多或少都有养老服务的需求。

表1　浙江省失能老年人口情况

		人数（万人）	占老年人口总数的比例（%）
2012年	失能老年人	24.52	2.86
	半失能老人	48.95	5.71
	合计	73.47	8.57
2013年	失能老年人	22.10	2.46
	半失能老人	45.85	5.11
	合计	67.95	7.57

资料来源：浙江省发改委《浙江省2012年老年人口和老龄事业统计公报》；2013年数据来源于浙江省人民政府《浙江老年人口基本情况和养老服务最新政策新闻发布会》。

（二）地区需求差异

这里，从浙江省11个地级市的老年人口比例及其增幅情况（见图2），纯老家庭、失能和半失能老年人状况（见图3）来分析各地区之间的养老服务需求量的不同。

通过图2可以看出，老龄化系数居全省前5位的市依次为嘉兴市、舟山市、湖州市、绍兴市和宁波市，同比增幅较大的前5位的市是：嘉兴市、绍兴市、舟山市、宁波市和杭州市。图3显示，纯老家庭人口数占老年人口数比例居前3位的依次为衢州市、舟山市和宁波市，比例分别为52.95%、45.07%和37.15%。失能、半失能老年人口数占老年人口数比例居前3位的依次为温州市、丽水市和衢州市，比例分别为14.00%、11.63%和11.32%。但是，纯老家庭人口数列前3位的依次为宁波市、金华市和杭州市，分别为41.75万人、27.19万人和26.19万人。失能、半失能老年人口数列前3位的依次为温州市、杭州市和宁波市，分别为16.56万人、9.18万人和8.82万人。有一个问题值得注意，温州市是全省人口老龄化程度最低的地区,但为什么失能、半失能老年人口的数量和比例都占据全省第一位呢?这恐怕与温州市在工业化初期的速度、规模与工业伤害等方面有较大的关联。综合来看,当期养老服务需求最迫切的是舟山、杭州与宁波。

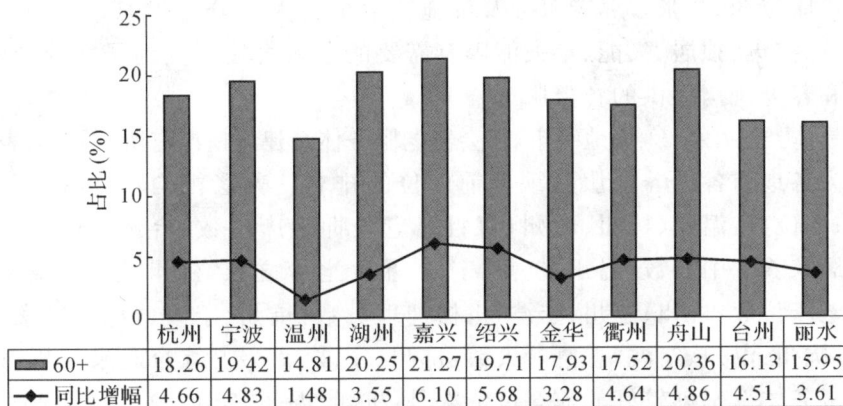

图 2　浙江省人口老龄化的地区差异(2012 年)

资料来源:浙江省发改委《浙江省 2012 年老年人口和老龄事业统计公报》。

	杭州	宁波	温州	湖州	嘉兴	绍兴	金华	衢州	舟山	台州	丽水
60+	18.26	19.42	14.81	20.25	21.27	19.71	17.93	17.52	20.36	16.13	15.95
同比增幅	4.66	4.83	1.48	3.55	6.10	5.68	3.28	4.64	4.86	4.51	3.61

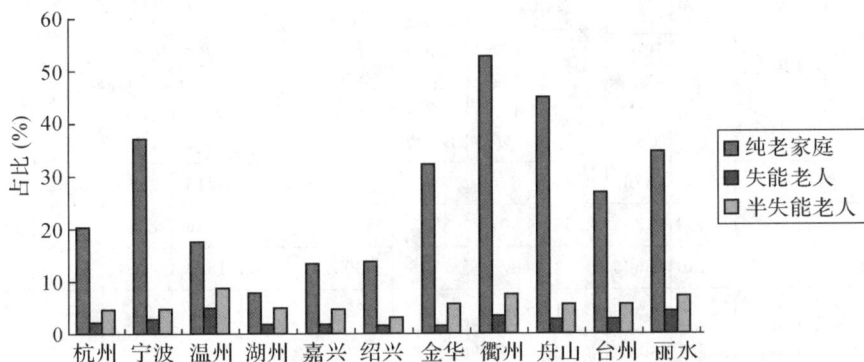

图 3　浙江省纯老家庭、失能、半失能老年人的地区差异(2012 年)

资料来源:浙江省发改委《浙江省 2012 年老年人口和老龄事业统计公报》。

三、浙江省社会养老服务的供给体系

据报道,浙江省以居家为基础、社区为依托、机构为支撑的社会养老服务体系框架已基本形成。截至 2013 年 9 月底,已建成城乡社区居家养老服务照料中心 3588 家,居家养老服务站(星光老年之家)2 万余个,有提供上门服务的组织机构 7500 家,基本覆盖城市社区和近 70% 以上的农村。全省 90 个县(市、区)已有 52 个建立了养老服务信息系统。有各类养老服务机构 2039 家,机构床位 26 万张;每千名老人拥有社会养老床位 37.1 张,其中拥有机构床位 30.3 张。养老服务及设施覆盖全省大部分老年人,其中 650 多万高龄、空巢、独居、失能、半失能等有需要的老人直接享受到居家养老服务组织和养老机构提供的各类服务。[①]

具体到浙江省 11 个地级市,社会养老服务体系建设情况有所不同(见表 2)。以下为各地市各项养老服务项目前 3 位的排名。养老机构数:温州、台州、杭州;床位数:温州、杭州、台州;每百名老人拥有床位数:台州、温州、衢州;社区居家养老中心数:温州、杭州、宁波;星光老年之家:杭州、宁波、温州;居家养老床位数:杭州、温州、宁波;机构护理员数:杭州、宁波、台州;居家护理员数:杭州、温州、宁波;志愿者人数:杭州、宁波、嘉兴。综合起来分析,社会养老服务体系基础较好的前 3 位依次是:杭州、温州、宁波。

表 2　浙江省社区为老服务、居家养老服务供给体系(2012 年)

地区	养老机构情况				居家养老服务基本情况				组织队伍情况			
	机构数		床位数		每百名老人拥有床位(张)	社区居家养老服务中心数	社区居家养老服务站(星光老年之家)数	居家养老床位总数(张)	老年食堂数(个)	专职人员		志愿者	
	总数(个)	其中:民办机构(个)	总数(张)	其中:民办床位数(张)						养老机构护理人员(人)	居家养老护理人员(人)	志愿者服务队伍(支)	志愿者人数(人)
杭州	292	94	35001	13767	2.74	325	4323	7000	756	5616	2966	2732	144624
宁波	169	44	28638	11338	2.55	307	3792	5013	121	1836	2247	3293	59111
温州	395	227	38140	28605	3.22	378	2338	6003	453	1589	2604	1963	22671
湖州	88	25	12788	4209	2.41	46	737	1881	21	551	239	354	17718
嘉兴	99	17	20741	3387	2.83	148	891	4012	30	853	823	1496	37210
绍兴	212	108	26220	12899	3.02	93	1884	1657	17	784	181	688	8549
金华	132	77	24521	12620	2.91	85	1987	1740	193	974	267	812	21873
衢州	103	18	13490	3448	3.04	29	1425	1547	11	345	35	286	5979
舟山	62	19	5130	1010	2.58	12	429	1186	49	287	271	487	7842
台州	340	222	32909	21764	3.45	60	2323	2927	72	1651	1111	4021	27972
丽水	77	27	10195	2818	2.43	25	1574	1570	31	196	26	452	12943

资料来源:根据浙江省发改委《浙江省 2012 年老年人口和老龄事业统计公报》改制。

---

① 《浙江养老服务业发展总体情况和主要做法》,浙江省发改委网站。

四、浙江省社会养老服务的支付能力

所谓养老服务的支付能力,是指在参照各地养老服务的市场价格基础上,政府购买服务的财政实力,以及老年人家庭利用服务的可支配收入高低状况。由此有必要分析浙江省 11 个市的财政收入、养老服务价格,以及城乡居民家庭可支配收入水平。

(一)各地市养老服务的价格与家庭可支配收入的水平

根据浙江省各地市养老机构报价,进入养老机构收费一般包括床位费和护理费。床位费每床 600～1350 元/月(含双人间、单人间),一、二、三级护理费分别在 430～1500 元/月、370～1000 元/月、310～850 元/月区间(含公办、民办)。如果按双人间、二级护理来计算,大致收费标准为 970～1600元/月,每年付费 11640～19200 元。按单人间、一级护理来计算,收费高达1800～3000 元/月,每年付费 21600～36000 元。

依据各地市养老服务的价格,对比表 3 数据可以发现,按双人间、二级护理来看,城镇居民基本上都能承受,除了丽水市外大多地市农村居民勉强能够支付。如果按单人间、一级护理计算,绝大多数城镇、农村居民都负担不起。

表 3　2013 年浙江省城乡居民人均可支配收入

	城镇人均可支配收入(元/年)	农村人均纯收入(元/年)
杭州	39310	18923
宁波	41729	20534
温州	37852	16194
嘉兴	39087	20556
湖州	36220	19044
绍兴	40454	19618
金华	36423	14788
衢州	28883	11924
舟山	37646	20573
台州	37038	16126
丽水	29045	10024

资料来源:根据各地市统计信息公布数据整理。

(二)各地市财政收入状况

2013 年各地市财政收入情况,如图 4 所示。各地市财政收入的高低,说明各市政府购买养老服务能力的强弱。因为养老服务是"准公共产品",其中国家责任必须要体现出来。财政收入排名前 3 位的是:杭州市、宁波市和温州市。

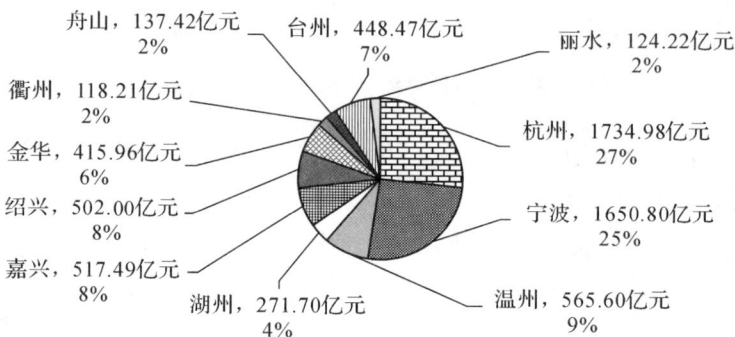

图4　2013 年浙江省各地市财政收入状况

资料来源:根据各地市 2013 年国民经济和社会发展统计公报的数据整理制成。

五、浙江省社会养老服务体系的创新路径

由于工业化的发展、经济社会的进步和人民生活水平的提高,浙江省的老龄化程度远远高于全国的水平,大概要高 4 个百分点。这给浙江省养老服务体系建设带来了严峻的挑战。当前全省 70 万左右失能、半失能老年人养老服务需求难以得到满足,各地市之间对养老服务的需求与供给也都表现出较大的差异。高昂的养老服务市场价格与城乡居民可支配收入之间勉强持平。可见,资金维持是浙江省养老服务体系可持续发展的瓶颈。显然,单靠老年人家庭或者地方政府都不能解决这一问题。为此,转换思路进行养老服务制度创新是唯一可行的选择。

(一)建议在杭州市率先试点长期护理保险

根据国外的经验和前文的分析,建议浙江省在杭州市率先试点长期护理社会保险。这里,有三个问题需要先阐释清楚。

其一,什么是长期护理? 与养老服务是什么关系? 所谓长期护理

(Long-Term Care,国际上简称为 LTC),按照世界卫生组织(WHO)的定义,是指由非正规护理者(家庭、朋友或邻居)和专业人员(卫生和社会服务)进行的护理照料活动体系,以保证那些不具备完全自我照料能力的人能继续得到其个人喜欢的以及较高的生活质量,获得最大可能的独立程度、自主、参与、个人满足及人格尊严。[①] 再结合欧美国家和亚洲的日本、韩国,以及我国香港、台湾等地区老年长期护理制度,可以发现,长期护理服务不仅包括日常生活照料(life help),而且包括医疗保健(health care),在护理服务过程中还要注重对老年人的心理慰藉(psychological comfort)。一般地,非正规护理者主要提供日常生活照料,而专业人员则更倾向于提供老年人 ADL 和 IADL 功能丧失的恢复、基础医疗护理(如术后换药、慢性病康复等),以及心理疏导等方面的服务。从目前我国养老服务体系来看,提供的养老服务偏重于生活照料,至于医疗保健和心理慰藉方面的服务还处于缺失状态。浙江省也不例外。

其二,为什么要推行长期护理社会保险?观察国外长期护理制度模式,主要筹资方式有财政支付、社会保险支付以及商业保险支付等。显然,浙江省 70 多万失能、半失能老年人口的长期护理服务费用完全依靠财政支出不可能也不现实。商业保险的高成本特征以及目前健康保险大多是投资分红险种、不提供服务的状况,表明长期护理商业保险的普适性价值不大。而且,针对现实中民营养老机构渴望政府投入,公办养老机构希望吸引民营资本的"缺钱"现象,长期护理社会保险应该成为浙江省养老服务制度创新的可行选择。国外,荷兰于 1968 年颁布了长期护理社会保险法,随后,以色列于 1986 年、德国于 1995 年、卢森堡于 1998 年、日本于 2000 年、韩国于 2008 年都实施了长期护理社会保险制度。我国山东省青岛市,从 2012 年 7 月 1 日起,在全国率先建立并实施了"医养康护"相结合的长期医疗护理保险制度。主要通过调整基本医疗保险的统筹基金(面向城镇居民)和个人账户基金(面向城镇职工)结构的方式筹集资金,用人单位和个人不再另行缴费。这个政策设计也证实了笔者此前的研究观点的可行性。[②]

其三,为什么要在杭州市率先试点?浙江省人口老龄化快速发展的趋势表明了建立、健全和创新养老服务制度体系的紧迫性。试点先行是为了减少全面实施某一制度后再进行改革的制度转归的成本。前文已经分析:

①　WHO. Home-based and Long-term Care, Report of a WHO Study Group. WHO Technical Report Series 898. Geneva:World Health Organization,2000.

②　戴卫东:《中国长期护理保险制度构建研究》,人民出版社 2012 年版。

（1）综合老龄化系数及其增幅、纯老家庭人口与失能半失能老年人口状况，浙江省当期养老服务需求最迫切的是舟山、杭州与宁波。（2）社会养老服务体系基础较好的前3位依次是：杭州、温州、宁波。（3）按现行养老服务中档价格，参照浙江省城乡居民可支配收入水平，11个市城乡居民家庭勉强能维持。显然可支配收入全部用于养老服务是不可能的。可见，家庭购买力是重大问题。（4）各市财政收入总量排名前3位的是杭州、宁波、温州。（5）杭州是浙江省省会城市，其人文关怀、养老服务应该与经济发展相匹配，试点具有辐射和示范效应。

（二）杭州市长期护理保险政策设计

1.领导机构

杭州市政府、发改委、民政局、人社局、卫计委、财政局、物价局、土管局、税务局、老龄办等相关职能部门共同参与，联合发文《杭州市长期护理保险试点方案（试行）》。

2.参保对象

借鉴国际经验"护理保险跟随医疗保险"，即参加杭州市医疗保险的被保险人都要参加长期护理保险。对城乡"三无"人员、低保户等符合条件的交不起保险费的特困者和特定人群，实行减免政策，该项政策学习美国、德国、日本、韩国和荷兰。

3.保费缴纳

试点期间，杭州市城镇职工从其医疗保险的个人账户、城乡居民从其医疗保险的统筹账户中按一定比例划出，纳入长期护理保险账户。划出比例的多少需要依据上一年度杭州市失能半失能老年人口、需求服务老年人口、养老服务价格、家庭可支配收入、医疗保险账户余额等测算。市、区政府各提供一定比例的财政配套支持。

4.基金管理

学习德国、卢森堡，将护理保险基金放在医疗保险基金里，但要设立专户管理，以免医疗保险基金透支护理保险基金的问题产生，管理经费由护理保险支付。

5.服务网络

把居家为基础、社区为依托、机构为支撑的社会养老服务体系，与一、

二、三级护理级别结合起来。机构护理为一级护理,社区养老机构为二级护理,居家护理为三级护理。由市物价局制定统一的指导价,各区制定执行价。

6.保险待遇

长期护理保险基金实行现收现付,基金保持年度平衡。为鼓励、引导参保人使用基层医疗护理资源,参照日本的经验,初步设想二级和三级长期护理费,由护理保险基金报销90%,个人负担10%;一级长期护理费报销80%,个人负担20%。对参保城镇职工和城镇居民一视同仁,统一制度和待遇标准。但因年老、疾病、伤残等导致身体某些功能全部或部分丧失,生活无法自理,需要入住养老护理机构或居家接受长期照料,相关医疗护理费用按规定由护理保险基金支付,体现社会公平。

7.结算办法

借鉴美国PACE(Program of All-inclusive Care for the Elderly)方案,实行政府购买服务的方式,按床/日费用"定额包干结算、结余留用、超支不补"的结算办法委托给有经营资质的定点养老护理服务机构。具体结算标准由发改委、物价局、民政局、卫计委等部门测算后发布。

8.服务机构

根据民政部《老年人社会福利机构基本规范》(2001年),由民政局、卫计委联合牵头制定《杭州市养老服务机构标准》,市、区民政局负责遴选养老服务机构作为长期护理保险的定点单位。鼓励民办养老机构参与,提升民办营利机构和非营利机构的生存空间。

9.资源整合

针对养老服务机构数量不足、服务质量不高的情况,对那些有意愿的二级医院转行为养老护理院,给予三级医院政策支持开办附属养老护理院,促进卫生资源和福利资源的整合。

10.配套建设

长期护理保险的配套体系主要有:(1)人员编制。市编制办对进入养老护理机构的有资质的人员给予编制。这是留住员工的重要手段。(2)提高待遇。目前一些养老服务机构员工流动频繁,在面临入住机构老人安全、自残他残的高风险压力下,普遍不高的工资收入是护理员转行的根本原因。加大财政投入是关键。(3)护理员培训。目前生活照料式的养老服务逐渐不能满足老年人的需求,有必要对无资质的护理员进行岗位培训,可以邀请社会福利专业、老年护理专业的高校教师或者专业培训机构来院交流讲学。培训费用在税前列支,计入机构成本。(4)质量监管。主要有两种途径来加强服务质量:第一种,民政局和卫计委的行政监督。定期或不定期地对入住老人及其家属进行满意度调查。第二种,依赖信誉度高、独立性强的第三方评估机构,以政府购买服务的方式委托实施。

浙江省在杭州市率先试点长期护理保险,探索性地解决杭州市养老服务不足的难题,缓解"社会性住院"带来的医疗保险金透支问题,减轻老年人及其家庭的沉重经济负担,提高失能半失能老人的生命质量,增加养护就业岗位,促进养老服务产业的发展,更为浙江省其他地区养老服务体系改革提供有价值的经验。

【参考文献】

[1]费孝通.家庭结构变化中的老年赡养问题.北京大学学报,1983(3).

[2]民政部政策研究中心.我国养老服务准入研究.北京:中国社会出版社,2013.

[3]曾毅等.老年人口家庭、健康与照料需求成本研究.北京:科学出版社,2010.

[4][德]蓝淑慧,[德]鲁道夫·特劳普-梅茨、丁纯主编.老年人护理与护理保险——中国、德国和日本的模式及案例.上海:上海社会科学院出版社,2010.

[5]张晖.居家养老服务输送机制研究——基于杭州的经验.杭州:浙江大学出版社,2014.

[6]戴卫东.家庭养老的可持续性分析.人大复印资料·社会保障制度,2010(6).

[7]戴卫东.长期护理保险势在必行.中国社会保障,2014(4).

政府在养老服务中的责任分析

□ 张　晖*

摘　要：本文运用案例访谈资料分析了政府在养老服务中的责任问题。政府和家庭在养老服务中的责任界限不明确，政府各部门之间以及各级政府之间的责任模糊，导致了政府在养老服务中越位和缺位同时并存，家庭在照顾老人方面的责任依然很大。文章还对政府在养老服务中的定位进行了分析。

关键词：政府；家庭养老；服务责任

一、研究意义

杭州在 1987 年就已经进入了老龄化社会，比全国平均水平提早了 11 年。2005 年，杭州的老年人口数是 95.99 万人，占全市总人口的 14.53%。到 2007 年，杭州的老年人口数突破 100 万，达到 103.95 万人，占全市总人口的 15.46%。2005 至 2011 年这 7 年间，杭州全市 60 岁以上老年人口的数量一直以超过年均 3% 的速度增长。

截至 2011 年底，杭州市 80 岁以上的高龄老人有 19.07 万人，占老年人口总数的 5.61%。2005 年以来，杭州市的高龄老人净增了 6.15 万人。2009 年，杭州市居民的平均期望寿命首次超过 80 岁，达到 80.26 岁，达到了发达国家居民的健康水平。截至 2011 年底，杭州市纯老年人家庭的老年人口数达 20.18 万人，失能老人 2.69 万人，半失能老人 5.56 万人，他们迫切需要各种养老服务。[①]

---

*　张晖：浙江工业大学。

①　刘焜、张骥鸿、梁津铭：《每100个杭州人中就有17位老人　老龄化困局日趋严重》，浙江在线——钱江晚报，2012-07-14。

随着老龄化进程的加快,中国人口老龄化超前于现代化,"未富先老"的特征逐步凸显,一方面是老年人的数量增加,比例提高,与此相伴随的是各种老年退行性疾病增加,需要长期照料的老年人不断增多。另一方面是家庭的规模缩小,家庭结构核心化、小型化趋势不断显现,空巢家庭、独居老人家庭逐渐增多。不仅空巢独居老人急需社会的照顾援助,即使和子女生活在一起的老年人,也因为子女也面临着工作和生活的压力,照护老人力不从心,需要通过社会养老服务来分担照顾老人的负担。老年人的照顾资源严重不足,老年人面临着贫困、疾病、失能、服务、照料、精神慰藉等诸多问题,加强发展养老服务业,满足老年人日益增长的多方面需求,既是政府义不容辞的责任,也是全社会需要共同面临的问题。

二、政府养老责任的沿革

新中国成立后,经济发展水平很低,政府无法在短期内为全部社会成员提供保障,所以,计划经济时代的社会保障只能是少数人的权利。人口平均预期寿命低,老年人口数量少,所以,政府依然通过法律强化子女(家庭)对老人的赡养和照顾。

2012年12月28日新修订的《老年人权益保障法》,将老年人养老主要依靠家庭修改为"老年人养老以居家为基础,家庭成员应当关心和照料老年人"。这一修订虽然不再强调老年人养老主要依靠家庭,模糊了家庭的责任,依然没有明确国家(政府)以及社会在老年人养老中应当担负的责任。"赡养人是指老年人的子女以及其他依法负有赡养义务的人"后面的医疗条款(第14条)中再次明确了"赡养人应当使患病的老年人及时得到治疗和护理;对经济困难的老年人,应当提供医疗费用。对生活不能自理的老年人,赡养人应当承担照料责任;不能亲自照料的,可以按照老年人的意愿,委托他人或者养老机构照料"。沿用了要求配偶之间互相扶养的义务,"赡养人应当履行对老年人经济上供养、生活上照料和精神上慰藉的义务,照顾老年人的特殊需要"。

修订后的《老年人权益保障法》中养老主体没有明确是家庭,但是,也没有具体指明社会和政府的责任。照顾赡养的具体事项:经济供养、生活照料、精神上慰藉、住房、医疗、耕种土地、照管牲畜等依然明确指明是赡养人的责任,增加了"国家建立健全家庭养老支持政策,鼓励家庭成员与老年人共同生活或者就近居住,为老年人随配偶或者赡养人迁徙提供条件,为家庭成员照料老年人提供帮助"(第 25 条),表明政府开始为家庭照顾老人提供帮助,但是它既没有说明这种帮助是出于政府的责任,更没有明确具体的帮助是什么。

计划经济时代,如果家庭或者家庭成员没有能力照顾老人及失去劳动能力的人,国家才担负相应的责任,这就是农村的"五保户"和城镇的"三无"人员,即传统意义上民政系统的工作对象。在中国,可以说绝大多数的老人都是生活在家中,这不仅是法律及传统习俗规范的,也是事实上普通人的正常生活。因而政府缺乏主动承担责任的积极性。

从中国的传统来看,照顾供养老人一直是家庭的责任。在人口老龄化程度不断加深,人口迁移流动频率加快的背景下,家庭已无力全部承担起对所有老人的供养照顾,需要政府和社会提供支持。但是,对政府而言,这部分支出是新增加的,需要政府调整开支,减少其他方面的支出来应对。在法律没有明确规定政府有照顾有家庭老人责任的前提下,政府显然缺少动力来背负照顾所有老人的责任。

三、政府和家庭的责任不明晰

按照目前的相关法律,照顾赡养老人首先是子女亲属等家庭成员的责任,政府缺乏对在这个一直由家庭承担责任的领域进行干预的动力。可以说是在人口老龄化及工业化带来的人口迁移流动频率加快的背景下,家庭无力独自承担这一责任,政府不得已才承担责任。但是,政府、社会及家庭应该怎样来分担责任?各级政府都没有明确本级政府在老人照顾方面应当承担怎样的责任,财政支出上含糊不清,已有的法律及政策文件中没有相应的说明承诺。

理论上的含糊困扰着实际部门的操作,各地在推行居家养老服务过程中,首先考虑的对象是孤寡独居及空巢老人。这一方面是有限的资源只能首先确保最需要的群体,一方面是民政传统社会福利提供方法的延续。但是这可能导致更多的服务对象出现,如果没有政府提供的居家养老服务,子女等家庭成员只能与老人生活在一起并提供照料,独居空巢老人有政府提供的居家养老服务后,是否会有更多的人选择不与父母居住在一起,政府可能变成老人的"孝顺子女",从而为更多的老人提供居家养老服务?对地方政府而言,这是不得不背负上的,而且有可能越来越大的负担。

从服务使用对象来说,法律及传统习俗规定的赡养照料人是子女等家庭成员,在责任人没有履行照料义务或者责任人缺失时,接受政府提供的居家养老服务可能是无奈的选择,尤其是实践中的公示环节,还有被贴上"另类"标签的担忧,只能抱着"聊胜于无,做多少是多少"的心态来接受服务,更不可能理直气壮地要求按照需求提供多样化及高品质的服务,这更加助长了地方政府高高在上的"父权主义"倾向。

四、政府养老服务责任承担存在的问题

(一)政府介入居家养老服务的原因

传统中国社会以尊老敬老为核心价值理念,进而达到教化百姓,维护封建统治秩序的目的。家庭养老制度的维系包含了国家的支持,同时,也有政府以制度形式给予保障的减免租税、劳役的形式。

分析其他国家老年人照料的实践也可以发现相似之处,政府对老年人的照料有明确的原因,比如英国的战后共识"战时同患难,战后共甘苦";德国基于对老龄化风险的社会分担,期望以"大数法则来分担风险"。这样,无论是财政分担还是服务输送都"师出有名",这也是社会发展的普遍规律,"从前工业到工业,在家庭的社会保障和福利方面,应该是一个政府、国家越来越多地代替家庭、慈善组织的过程,而不是相反"①。英国等国家的实践表明,政府曾经试图直接为个人提供支持和保障,但是在经济滞胀的影响下,受到政府赤字和财政紧缩的影响,政府转而又朝向依靠家庭等非正式组织来为个体提供保护;德国也是发现在很多家庭被人口老龄化带来的照顾负担压垮后再由政府出面救助是行不通的,才主动采取措施抵御风险。

新中国成立之初,政府财力有限,只能为少数群体提供保障。随着政府能(财)力增长,已经得到保障的群体对保障水平的需求越来越高,没有保障的群体希望得到保障的呼声也越来越多,福利需求的增长更快。政府只能明确自己的"兜底,保最基本的需求"的底线。政府兜底的结果可能是:越来越多的家庭在工业化、老龄化的冲击下无法支撑而倒下,政府兜的底可能会越来越大。

按照福利提供多元化的理论,福利的来源包括国家、市场和家庭等非正

① 唐灿、张建:《家庭问题与政府责任:促进家庭发展的国内外比较研究》,社会科学文献出版社2013年版。

式组织，"福利三角理论告诉我们，人民的福利可以通过就业从劳动力市场上获得，也可以来自于他们生活的家庭中的非正规福利。因此，在市场失效和家庭出现问题的时候，国家也可以承担解决危机的作用，三者互为补充"[①]。新修订的《老年人权益保障法》已经开始由国家为家庭提供帮助照顾老人，"国家建立健全家庭养老支持政策，鼓励家庭成员与老年人共同生活或者就近居住，为老年人随配偶或者赡养人迁徙提供条件，为家庭成员照料老年人提供帮助"（第 25 条）。

这表明政府在发挥兜底作用的同时，开始以积极主动的参与代替过去的被动应对，在家庭还没有被压垮的时候给予帮助，通过帮助家庭来支持老人。但是，这一理念还没有在实践中得到贯彻执行。

(二)各级政府责任不明确

各级政府的事权和财力不匹配，"在支出方面，目前的事权安排中，中央政府主要负责经济发展（包括投资支出）、国防和外交；地方政府则主要负责日常管理和提供社会服务"，"中国的体制要依靠地方政府来执行社会政策，却没有相应的机制来确保地方政府拥有足够的财力，以完成指定的任务"[②]。

这样的分权模式也体现在居家养老服务的输送机制上，中央和省级政府文件没有说明财政支持状况，杭州市和各区县的文件都突出了用"以奖代拨"的形式给予资助。通过这种形式，一方面可以控制基层的行动，将上级政府的意愿贯彻下去，另一方面也说明了下拨的资金是基于下级政府完成任务而得到的奖励而不单是养老服务供给的资金分担。

笔者于 2013 年 9 月至 2014 年 6 月对杭州市所属的区县及下属街道、社区负责养老工作的民政干部及社工进行调研访谈，所有录音经过逐字文字整理，调查县级民政部门主管干部 2 任，区级 1 位；其余街道及乡镇主管干部 13 位，另有 11 位社区主管老年服务的社工。

市级财政对养老服务券的补助没有明确规定，所以，不同的镇街补助不相同。在访谈中，有回答没有补助，有回答有补助，还有回答不清楚，区县的相关人员对此也不清楚。这至少意味着市级财政投入比较随意，"有钱多花一些，没钱少花点儿"，"下级政府压力大，多拨一些，压力小，少拨一些"，从财政投入来看，上级政府有推卸责任的空间和可能性，服务输送和资金的压

---

① 彭华民：《福利三角：一个社会政策分析的范式》，《社会学研究》2006 年第 4 期。
② 黄佩华：《中国能用渐进方式改革公共部门吗？》，《社会学研究》2009 年第 2 期。

力都汇聚在镇街级基层政府。

（三）政府各部门责任模糊

居家养老服务的输送不是民政部门或者其他单一部门可以完成的，没有医疗护理资源，失能半失能老人所需的服务就无法提供；缺少提供服务的商业服务企业的供给，政府和家庭购买不到服务。所以，各部门分工、合作成了影响服务输送的关键问题。

目前以民政部门为主导的居家养老服务遇到了无法突破的瓶颈，养老服务输送的多个环节都需要医疗部门的参与，评估、服务、评价等每一个环节都离不开医疗卫生资源的支持。基层民政部门无法动员医疗资源，居家养老服务是民政部门的业务职责，与医疗部门没有关系，甚至同为福利服务的残联在基层建立的工料站也没有与居家养老服务的输送资源共享，部门分隔带来了资源浪费，利用率低，急需的服务缺乏供给。例如服务输送前对老人的身体评估，民政部门完全可以从医疗部门购买服务，民政部门的设想还是组建自己可以支配的评估队伍。医疗卫生部门掌握卫生人力资源的资质审核、职称评定等权限，所以，社会组织以及从事服务的企业难以招聘到合适的医护人才。

各个部门都有自己的领地和服务对象，计生部门有针对失独老人的服务补贴，公安部门的人口数据系统不对民政部门开放，消防部门对养老服务设施的监管问题……这些都加大了基层工作的难度。居家养老服务照料中心以及老年食堂的开办都需要其他部门的配合，如食品监管，环境卫生，公安、消防等部门。虽然，政府文件明确"建设、规划、国土资源、房管、消防等部门要按照各自职责积极予以配合"，但是，由哪个部门牵头，如何协调、督办、检查，却没有明确。

（四）政府越位缺位并存

政府缺位表现在对居家养老服务的指导和监管不到位。杭州市实施居家养老服务并不是未雨绸缪从容设计好再进行的，更多的是在上级政府以及严峻的人口老龄化形势逼迫下仓促应对，基层部门及相关工作人员对养老服务输送的程序、过程等诸多环节都不是很清楚，上级政府没有发挥指导规划作用。民政部门将本部门的工作定位为"花钱的，可是怎样花钱也是需要学习的，按照上级部门的部署和要求，你给我多少资源，我就给你分到多少人手里"（G05Y01）。然而，服务的输送毕竟不是补贴的发放，能提供老人需要服务的企业和社会组织很少,政府在城市购买的服务都是简单的家政服务,农村地区根本就没有相应的服务供给者,家政服务都买不到。

农村老人的服务保障及资金严重不足,城市的某些群体又存在服务过度,比如说离休干部按照要求要每周上门服务,实际上老干部局是专门为他们服务的政府机关,家里一般都请保姆、钟点工,上门服务还可能影响他们的生活,比如 H 社区的案例。"对于老干部他们本身就不需要服务,而且已经有相应的服务资源,可还是把这些问题压到社区层面。本身我们现在资源就有限,重心适当倾斜是可以的,但是不能过了。很多地方都是这样的,要求助老员每周上门,但其实他们并不是很需要这些。"(G03Y01)

对这些服务提供者的监管同样是问题,因为居家养老服务提供服务的地点是老人家中,服务对象是老人,服务对象的特殊性以及服务地点的私域性特点给服务的监管带来了困难。杭州市的政府购买居家养老服务中已经出现了一些问题。"××公司派的员工去老人家里服务,但是,后来家属反映不要服务了,主要是这个员工给老人推销保健品,家属说被骗去了好几千块钱。又没有监控,没有证人,他说老人自愿购买的,我们也没有证据,怎么办呢? 我们也有责任的呀。"(G10Y01)

(五)基层政府责任重大

各级政府的责任不明确,上级政府可以动用考核、奖励等手段,将责任转移到下级政府,这样基层政府的压力很大,包括财政、人力以及各种资源都很紧缺。提供的服务越适合老人的需求,供需的缺口就越大。所以,基层政府没有提供服务的积极性,在上级的大框架要求下完成任务就好。2010年至2012年,杭州市级财政投入政府购买居家养老服务资金达3295.79万元;2012年,主城区共有2.32万名老人享受到了政府购买居家养老服务,占老人总数的5.34%。[①]

2011年度,西湖区政府把居家养老作为为民办实事项目,项目资金就达4000万元;2012年,区政府再次把养老服务体系建设列入实事项目,并计划投入3700万元,要在农村地区新建、改扩建15个养老服务综合体。每年还安排不少于1000万元的专项补助资金,为全区6000余名失能老人提供专业的照护服务。[②]

---

① 《我市社会养老服务水平进一步提升》,"中国杭州"政府门户网站,2013—12—19。
② 《直面老龄化杭州出手应对老龄化须举全社会之力》,浙江在线新闻网站,2012—07—14。

即便市、区两级财政投入的力度已经很大,但是,各个镇街依然感到压力大,主要担心在福利刚性的推动下,政府对老年人的责任缺少边界,负担可能会越来越重。

"我们的包袱会越弄越大,现在我们失能老人有 200 人,每个月失能老人照料服务就要花费 7 万多。我们现在每个月要达到 3000 多个小时,20 元钱一个小时的话就是 6 万多了,而且马上又要涨价,可能要涨到 25 元,街道就还要再负担 2.5 元。结算都是在街道结算。"(G05Y02)

"所以我们现在沉默,能不做就不做。等任务压下来再弄。一定要我们弄我们会弄的。"(G05Y01)

"现在有了这个(居家养老服务照料中心),如果遇到不负责任的家属,将家庭养老的责任全部推给社区,社区是无法负担的。"(G02Y01)

"所有这些政策都叫居家养老,但做来做去都做到政府头上了,政府出钱,给他们提供这个服务,提供那个服务。高温要慰问,下雪要慰问,慢慢政府管得就越来越多,又要要求我们工作上要有创新,工作要突出,就要在这些方面下功夫。"(G05Y01)

"他把一个家庭的责任推向了政府。拆迁,爸爸户口在这里,儿子户口不在这里的,赔了 90 多万,把爸爸推给了社区,要求补贴,给了 2000 元还是 3000 元。其实他不符合条件的,他说房子没了,钱是我的呀,我爸你们要管的呀,给你们。"(G05Y01)

"这个我一再说政府手不要伸得太长。经济发展、社会发展,包括保障发展,你不能把他们都全管了,这些都管掉了,最后政府的责任是无限大的。你不要觉得自己权力很大,最后责任也变大了。"(G13Y01)

"就是省里压到市里,市里压给我们。然后我们怎么办呢?我们只有压给乡镇。压给乡镇再没地方压了吧,哈哈。乡镇最后一级政府嘛。"(G13Y01)

"现在省里市里都是一比一,(省级)5 万,(市级)5 万。都是 5 万 5 万,就算中央项目全包装好也就是一个 3 万,(中央、省、市三级合计)13 万。13 万你地方(县级)配套,一比一配套的话也要 26 万才能动。但是你造一个照料中心按照 200 平方米,再加里面设施配套,20 多万真是造不起来。那么势必就是说村里要贴,镇里要贴,但是现在的话你贴是根本贴不起的。我们现在 16 个乡镇全是政府在贴,财政也是很紧的,保基本都很难保。"(G14Y01)

五、政府在养老服务中的定位分析

(一)政府是养老服务输送体系的主导者

政府承担着服务内容规划、体系构建和资金资助等职责,这是由现代国家在提供公共社会方面的基本职责所决定的。政府虽然承担着主导责任,但政府并不应该成为服务主要的直接提供者。这就需要有独立部门,特别是非政府部门作为社区养老照料服务的主要提供者,与政府之间形成购买者和提供者的契约性关系。

在目前的背景下,社会组织的数量较少,规模不大,多数还在成长状态。所以,政府的主导作用还体现在扶植供给者发展,降低注册登记门槛,促进更多的社会组织投入养老服务业,让已经注册的老年服务社会组织发展起来,这样才能形成良性竞争。政府主导作用的另一个方面体现在需求者(老年群体)购买能力不足时给予支持。老年人已经退出劳动岗位,普遍收入不高,支付能力有限,所需持续性专业化的服务,要从政府、社会以及家庭等多方面获得支持。

(二)政府是养老服务输送的监管者

加强对社会组织的准入和监管以及对服务的评价和跟踪管理,确保老年人的合法权益不受侵害。养老服务照料中心的服务对象是半失能的老年群体,他们由于身体机能衰退,已经不能像其他成年人一样到市场上去比较选择,这样服务的供给者就可能做出一些不利于服务对象的行为。政府必须加强监管,规范供给者的服务,替老年人去比较竞价,维护他们的权益。避免出现损害老年人权益的事件,如果把养老服务当作一个消费市场的话,由于服务对象(失能)老人的特殊性,他们缺乏自我保护能力,服务具有即时性消费的特点,留取证据比较困难,如果等到问题出来后再想弥补是不可能的。因此服务发生前的监管尤为重要。从服务供给者的资质、人员到服务合同的拟订,以及风险的防范等各个环节都要审核监管,以免发生意外。

(三)合理界定政府责任的边界

明确政府的责任之后,在主导和监管上,政府不缺位;在服务的供给和资金提供上,政府不越位。政府培育发展社会组织来提供服务,除对少数特殊群体提供所需的资金补贴外,其他人群承担所需的服务费用。如果把服务和所需资金混在一起,政府的无限责任就无法避免,在养老服务上政府唱独角戏的状况也将无法改变。

【参考文献】

[2]郁建兴,瞿志远.公私合作伙伴中的主体间关系——基于两个居家养老服务案例的研究.经济社会体制比较,2011(4).

[3]董春晓.福利多元视角下的中国居家养老服务.中共中央党校学报,2011(8).

[4]祁峰.非营利组织参与居家养老的角色、优势及对策.中国行政管理,2011(10).

[5]庄秀美.日本社会福利服务的民营化——"公共介护保险制度"现况之探讨.台大社工学刊,2005(11).

[6]李卫华."官办民助"抑或"官助民办"——政府在老年人社区照顾中的责任定位.浙江学刊,2012(5).

[7]杨菊华,李路路.代际互动与家庭凝聚力——东亚国家和地区比较研究.社会学研究,2009(3).

[8]唐灿,张建.家庭问题与政府责任:促进家庭发展的国内外比较研究.北京:社会科学文献出版社,2013.

[9]彭华民,福利三角:一个社会政策分析的范式.社会学研究,2006(4).

[10]黄佩华.中国能用渐进方式改革公共部门吗? 社会学研究,2009(2).

[11]马春华,等.中国城市家庭变迁的趋势和最新发现.社会学研究,2011(2).

[12]唐灿,等.女儿赡养的伦理与公平——浙东农村家庭代际关系的性别考察.社会学研究,2009(6).

[13]邓燕华,阮横俯.农村银色力量何以可能——以浙江老年协会为例.社会学研究,2008(6).

[14]陈振明,等.政府社会管理职能的概念辨析——"政府社会管理"课题的研究报告之一.东南学术,2005(4).

[15]吕津.中国城市老年人口居家养老服务管理体系研究.吉林大学学位论文,2010.

[16]Challis,D. Case Management in Social and Health Care:Lessons from a United Kingdom Program. Journal of Case Management, 1993,2(3):79-90.

[17]Mandelstam, M. Community Care Practice and the Law. UK:Jessica Kingsley Publishers,2005.

[18]Bode,I. Aging and the Welfare State in Germany. In A. Walker & C. Aspalter(Eds.), Securing the Future for Old Age in Europe. Manchester, England:Casa Verde, 2008.

[19]Morel,N. From Subsidiarity to "Free Choice":Child-and elder-care Policyreforms in France, Belgium, Germany and the Netherlands. Social Policy & Administration, 2007,41(6).

[20]Rothgang, H. Social Insurance for Long-term Care:An Evaluation of Germanmodel. Social Policy & Administration, 2010,44(4).

"老年宜居社区"建设过程中社区管理对老年人幸福感的影响
——以杭州市的调查为例

□ 何　铨　张　实*

摘　要：随着我国人口老龄化的日渐加剧,养老问题成为全社会共同关注的问题。目前,在老龄化的背景下,社区应当承担为老年人服务的责任,社区养老可以很大程度地补充国家与家庭养老的不足。为了积极应对人口老龄化问题和挑战,杭州市老龄委在全市开展了"老年宜居社区"创建活动。本文在杭州市开展创建"老年宜居社区"活动的背景下,对社区管理与老年人幸福感之间的关系进行了调查分析,结果表明社区基础设施、社区生活照料服务、社区民主自治管理对老年人幸福感均有显著性影响,社区管理与老年人幸福感呈显著正相关。

关键词：社区管理;老年人幸福感

一、研究背景

60 岁以上人口占 10％或 65 岁以上人口占 7％以上,便称为"老龄型社会"或"老年龄化社会"。[①]我国在 1999 年就已经进入老龄化社会,到了 21 世纪,我国老龄化水平位于世界前列。[②]随着人口老龄化的日益加剧,养老问题成为全社会关注的焦点问题之一。目前,我国的养老方式主要有三种模式,即家庭养老、社会养老和自我养老。面对规模庞大的老年群体,仅靠政府和家庭的力量已不能解决老年人的养老问题,因此社区也应当承担起为老年

---

* 何铨,张实:浙江工业大学。

① 评论:《构建中国特色的"不分年龄、人人共享"的社会》,《人口杂志》1999 年第 1 期。

② 于天琪:《社会经济地位与幸福感的相关研究》,吉林大学学位论文,2011 年。

人服务的重要责任。在照料老年人方面,社区养老服务可以很大程度地补充和支持国家与家庭养老的不足。[①] 此外,我国的老龄化是在未富先老的情况下到来的,实行社会养老的财政压力也将会越来越大,日渐弱化的家庭养老功能、机构养老的资源约束和固有缺陷,使"老年宜居社区"建设成为各方共同关注和探讨的焦点。

"老年宜居社区"是指人居环境良好,能够满足老年人物质和精神生活需求,适宜老年人生活和居住的小区。2007 年 10 月,世界卫生组织(WHO)发布了《全球领先友好城市》(Global Age-friendly Cities:A Guide),指出长者友善的社区居住环境对老年人继续独立居住和生活在社区中、减少机构化的重要性,并指出应该采取自上而下的路径,通过让老年人分析和表达其境况来给政府决策提供信息。[②] 2009 年 3 月,全国老龄办将推进老年人宜居社区建设确定为工作的重中之重,初步确定了宜居社区的评定标准:居住舒适、活动便捷、设施齐全、服务完善、和谐安康、队伍建设。[③] 老年宜居社区建设是一项全方位的社会系统工程,涉及社区的政治、经济、文化等方方面面。老年宜居社区建设应从老年人实际需求出发,重点加强宜居环境建设、老年服务建设、老年文化建设和老年服务组织建设。

随着老年人口数的不断增长,如何提高老年人幸福感也逐渐引起人们的重视。世界卫生组织(WHO)在对健康的描述性定义中使用了"psychological well-being"一词,有时译为"心理良好状态"。在目前心理卫生研究中,"well-being"、"psychological well-being"与"happiness"基本上通用,通常译为"幸福"或"(主观)幸福感"。[④] 幸福是指个人对自己生活状况的总体评价,对自己生活的满意程度,包括感觉到积极情绪的出现和消极情绪的消失。[⑤] 幸福感是人们客观现实的主观反映,它不仅与人们日常生活所需的客观条件密切相关,还是人们生活需求和价值取向的标准。国内学者主要对幸福感的影响因素进行研究,得出的相关结论也较为一致,即经济状况、健康状况、受教育程度等因素均能显著地影响人们的幸福感。但纵观相关研究,发现国内学者对老年人幸福感的相关研究较少,而将社区管理作为

① 曾昱:《社区养老服务——中国城市养老服务保障的新选择》,《天府新论》2006 年第 4 期。
② WHO. Global Age-friendly Cities:A Guide. http://www. who. int/ageing/.../Global-age-friendly-cities-Guide-English.
③ 全国老龄工作委员会:《全国老龄办六个部门负责人谈 2009 年工作思路》,http://www. cnca. org. cn/default/iroot1000210000/4028e47d1ff3055501201214e8ad0125. html.
④ 刘仁刚、龚耀先:《老年人主观幸福感概述》,《中国临床心理学杂志》1998 年第 3 期。
⑤ 唐丹、邹君、申继亮、张凌:《老年人主观幸福感的影响因素》,《中国心理卫生杂志》2006 年第 3 期。

影响因素进行分析的文献更是屈指可数。本文研究的幸福感是由主观和客观组成的有机体,包括对社区的满意度、自我的心理健康。

本文在杭州市开展创建"老年宜居社区"活动的背景下,对社区管理与老年人幸福感之间的关系进行了调查分析,主要研究方式有实地考察、问卷调查、人物访谈等。我们将社区管理细化为社区基础设施、社区生活照料服务、社区民主自治管理三个维度。社区基础设施主要包括社区交通便利、车辆管理有序、生活服务网点齐全、治安防控建设健全、文体活动场所齐全等方面;社区生活照料服务主要包括对老年人的生活照料、志愿者上门服务、社区组织文体活动等;社区民主自治管理主要包括组织老年人参与群防群治等社区建设,社区定期召开听证会、集体会议等。我们结合相关领域的理论,以社区管理的三个维度为基础设计了有效指标并制成问卷,在杭州市 97 个社区进行问卷调查和实地访谈,验证各要素之间相互作用,分析了社区基础设施、社区生活照料服务和社区民主自治管理对老年人幸福感的影响途径及影响程度。

二、研究假设

社区基础设施通常包括社区道路灯光设施、社区绿化设施、社区文体活动设施、社区生活服务网点设施以及无障碍通道的建设等,这些设施的完善可以让老年人的生活更加便利,从而提升老年人的幸福感。老年人相对于年轻人来说,其身体健康状况已经大不如从前,视力的衰退、手脚灵活性的降低、思维敏捷性的下降等都会降低老年人的生活质量。社区应该充分考虑到老年人的特点,更有针对性的完善社区设施。例如,老年人行走比较迟缓,社区要管理好进出社区的车辆,以免使老年人受伤;老年人出行不太方便,社区应完善周围生活服务网点,包括修理铺、饮食店、理发店、药房、银行、邮局、小超市等,使老年人在社区周边就能满足基本生活需要;一般来说,老年人对下棋、书法、跳舞等活动比较感兴趣,社区应完善文体活动设施,为老年人提供舒适的活动场所。社区的基础设施越齐全,老年人生活越舒适,其幸福感肯定会越高。基于以上讨论,本文提出以下假设:

假设 1:社区基础设施的完善有利于提高老年人的幸福感。

社区的生活照料服务主要包括为老年人提供生活上的服务,例如每日三餐、卫生清洁、提供医疗卫生服务活动、定期为老年人提供身体健康检查等。如果社区能够为老年人创造干净整洁的生活环境,并定期为老年人安排身体检查,这不仅有利于老年人的身心健康,也有利于提高其幸福感。此外,社区除了关心老年人生活起居之外,也应该对老年人的心理健康给予关怀。社区应经常组织一些老年人力所能及的文娱活动,例如歌唱比赛、象棋比赛等等,这可以丰富老年人的退休生活,老年人幸福感也会随之提高。因此,本文提出以下假设:

假设2:社区生活照料服务的改善有利于提高老年人幸福感。

社区的自治管理服务主要指社区内的老人可以参与社区事务的管理,以及社区的建设活动。社区应该组织老年人参与群防群治等社区建设,让老年人发挥余热,这样不仅可以减轻社区工作人员的压力,也可以使社区工作更加民主、透明。此外,在化解邻里纠纷、改善邻里关系等方面,也可以让老年人参与,老年人在待人处事方面比年轻人经验丰富,更有利于纠纷的调节,促进社区和谐。目前,很多社区的管理依然比较落后,主要由政府或机关单位来决定社区的重大事务,社区内的居民尤其是老年人很少有机会参与,导致社区很多事务的决策忽视老年人的利益,大大降低了老年人的幸福感。如果能够实施自治管理的模式,有利于发挥老年人的优势和特长,实现社区"为人民服务"的功能本质。此外,引导老年人参与社区自治,能够让老年人意识到自己仍然可以为社会作出贡献,提高其成就感,有利于幸福感的提高。因此,本文提出以下假设:

假设3:社区自治管理服务的提高有利于提高老年人幸福感。

三、问卷设计与数据来源

(一)调查对象和样本选取

本研究收集的数据主要来源于杭州市"老年宜居社区"考核验收过程中的问卷调查和实地访谈,以生活在杭州市社区的年龄满50周岁以上的老年人为调查对象。研究核心是从社区组织层面考虑社区管理对老年人幸福感的影响。本次调查工作经过前期准备和启动、问卷测试、调查人员培训、实地入户、数据录入、数据初步分析等6个阶段。结合基层实际情况和随机抽样的原则,我们最终在杭州市八区五县(市)中选择了97个社区为抽样地点,通过发放问卷与实地访谈相结合的方法收集实验数据。在实际调查过程中,本研究采用随机抽样方法进行调查,并且在调查过程中没有社工陪护从而使数据真实性得到保证。

(二)问卷设计

问卷从整体上可以分为三部分:第一部分为背景资料;第二部分为社区管理;第三部分为老年人幸福感。其中,社区管理主要参考杭州市老龄委下发的老年宜居社区考评体系,将社区管理分为三个维度:社区基础设施、社区生活照料服务、社区民主自治管理。老年人幸福感主要由主观和客观两部分组成,包括社区满意度、自我的心理健康等。本研究的问卷总计33道题目(第一部分"基本信息"共9题;第二部分"社区管理"共15题;第三部分"幸福感"共9题)。第二、三部分题目,均采用李克特五点量表计分法予以计分,1=非常不同意或完全不符合;2=基本不同意或基本不符合;3=中立或难以说清;4=基本同意或基本符合;5=非常同意或完全符合。

信度是指测验结果的一致性、稳定性及可靠性的标准。测量信度的方法有许多,其中α信度是社会科学研究中最常用的信度测量方法。一般来说,α值小于0.35为低信度,应该拒绝;介于0.7到0.98之间则为高信度,因而本研究采用0.7作为信度分析的接受点。利用SPSS 22.0软件对调查问卷量表进行信度测试,量表总体的Cronbach-α系数为0.956,社区基础设施、社区生活照料服务、社区民主自治管理和幸福感Cronbach-α系数分别为0.80、0.91、0.91和0.91,均大于0.7,说明总量表和各分量表信度良好。

(三)数据收集情况

本研究共发放问卷500份,回收454份,剔除无效问卷6份后,得到有效问卷448份。在性别方面,女性较男性略多,占总人数的59.4%。年龄方面,60~69岁最多,占总人数的44.6%;其次是70~79岁,占23.4%。婚姻方面,大多数人已婚且配偶健在,占86.2%。学历方面,初中学历占35%,小学及以下占29%,可以看出普遍学历较低。收入方面,退休金在2000~3000元的最多,占44.4%;其次是1000~2000元的,占20.5%。子女方面,只有一个子女的,占45.1%;其次是两个子女,占33.7%。职业方面,退休前大部分人在国企工作,占41.5%;其次是民企,占16.7%。由描述性统计的结果可以看出,样本能真实地反映老年人的情况。

四、社区管理对老年人幸福感的影响分析

(一)社区管理与老年人幸福感关系的描述性分析

此次问卷调查采用李克特五点量表衡量,分数越高表示满意度越高,社区管理整体得分的均值和标准差为4.07±0.81,社区管理三个维度的得分情况为:社区基础设施4.08±0.82,社区生活照料服务4.00±0.99,社区民主自治管理4.13±0.89。三个维度中得分最低的是社区生活照料服务,得分最高的是社区民主自治管理。幸福感得分均值和标准差为4.49±0.54(见表1)。

表1 社区管理整体及各维度、幸福感的描述性分析

	N	最小值	最大值	平均数	标准偏差
社区管理整体	448	1.60	5.00	4.07	0.81
基础设施	448	1.20	5.00	4.08	0.82
生活照料服务	448	1.00	5.00	4.00	0.99
民主自治管理	448	1.00	5.00	4.13	0.89
幸福感	448	2.56	5.00	4.49	0.54

由表1可以看出,在社区管理中,民主自治管理方面,老年人的满意度最高;生活照料服务方面,老年人满意度最低。在实地调研的同时,我们随机选取了一部分老年人进行简单的访谈,访谈的结果与数据整体分析结果基本一致。在基础设施方面,90%的老年人认为生活在社区是幸福的,大多数社区都为老年人提供了一些活动场所和基本生活设施,比如老年活动室、医疗站、理发店等。在生活照料服务方面,总体来看,老年人对社工的工作态度及办事能力是认可的,但是也存在个别社工素质偏低,服务态度较差的情况。值得注意的是,在调查访问时我们发现,为老服务主体多元化有所欠缺,很少有志愿者上门为老年人服务。另一方面,受访者中80岁以上的老年人数量有限,受访者中很少有人真正需要一些特殊的照顾服务。在民主自治管理方面,不少老年人表示,与过去相比,社区无论是在重大事项决策还是在文化活动建设,都更加民主。不过对于那些学历相对低的老年人,他们更关心的是自己的事务,对社区工作并不十分关心,对他们而言,家人健

康幸福,幸福感就高,社区的发展与建设与其自身幸福感之间的联系并不明显。

(二)社区管理与老年人幸福感的相关性分析

相关性分析是指研究变量之间的相互关系的密切程度和变化趋势,并用适当的统计指标描述。在实际分析过程中,本文采用了皮尔森相关分析(Pearson)来计算各变量的相关系数。表 2 的相关性分析结果表明,社区管理与幸福感的相关系数为 0.822,对应的 p 值小于 0.01,具有显著的统计学意义。说明社区管理与幸福感具有显著的正相关性,即社区管理整体越好,老年人幸福感越高。进一步分析幸福感与社区管理各个维度发现,幸福感与社区基础设施、社区生活照料服务、社区民主自治管理维度的相关系数分别为 0.685、0.750、0.777,p 值均小于 0.01,具有显著的统计学意义。说明满意度与社区管理各维度具有显著的正相关性,即社区基础设施、生活照料服务、自治管理水平越高,老年人幸福感随之越高。

表 2 幸福感和社区管理整体及各维度相关性分析表

		社区管理整体	基础设施	生活照料服务	自治管理
幸福感	皮尔森(Pearson)相关	0.822**	0.685**	0.750**	0.777**
	显著性(双尾)	0.000	0.000	0.000	0.000

注: ** $p < 0.01$。

(三)回归分析

根据以上的相关分析,我们已经发现社区管理与幸福感有显著的相关性,但是相关分析未考虑因素之间的混杂作用,并且相关性的因果关系未知。因此,为了进一步解释社区管理各个维度对幸福感的影响,本文以人口统计学变量性别、学历、子女数量、年龄和社区管理各维度为自变量,其中性别设置为哑变量:0 为男性,1 为女性;学历设置小学、高中、专科、本科、硕士及以上 5 个哑变量,当样本属于相关的学历组时,则值为 1,在其他的学历变量下值为 0。以老人幸福感为因变量采用多元回归分析,并根据回归结果建立回归方程。

结果显示,模型的相关系数为 0.695,调整后的决定系数为 0.687,说明解释变异度达到 68.7%。Durbin-Watson 值为 1.687,接近 2,表明建立的模型不存在异方差问题。模型拟合优度检验结果表明,当回归方程包含不同的自变量时,F 值为 81.000,其显著性概率值为 0.000,小于 0.01,拒绝总体回归系数均为 0 的原假设。因此,最终回归方程的拟合效果很好。表 3 中幸福感为因变量,人口统计学变量以及社区管理各维度为自变量的回归分析结果显示,人口统计学变量及社区管理各个维度的容忍度均大于 0.1 且方差膨胀因子(VIF)均小于 10,说明各自变量不存在严重共线性问题,自变量之间的混杂作用不明显。基础设施、自治管理、生活照料服务 T 值分别为 6.749、6.832 和 6.924,所对应的 p 值均小于 0.05,均具有显著的统计学意义。

表 3　社区管理与老年人幸福感的回归分析结果表

模型		非标准化系数		标准系数	T	显著性	共线性统计	
		B	标准错误	β			容许	VIF
1	(常量)	2.156**	0.099		21.855	0.000		
	性别	−0.057	0.031	−0.051	−1.834	0.067	0.903	1.108
	年龄	0.021	0.021	0.034	0.962	0.336	0.558	1.791
	居住时间	0.000	0.001	0.001	0.019	0.985	0.867	1.154
	子女	−0.025	0.020	−0.042	−1.236	0.217	0.613	1.631
	小学	0.118**	0.038	0.098	3.122	0.002	0.712	1.404
	高中	0.095*	0.042	0.068	2.263	0.024	0.792	1.263
	专科	0.029	0.051	0.017	0.575	0.566	0.787	1.270
	本科	0.152*	0.070	0.062	2.171	0.030	0.865	1.156
	硕士及以上	0.697**	0.311	0.061	2.243	0.025	0.960	1.042
	基础设施	0.168**	0.025	0.253	6.749	0.000	0.505	1.981
	自治管理	0.215**	0.032	0.353	6.832	0.000	0.265	3.772
	生活照料服务	0.184**	0.027	0.332	6.924	0.000	0.308	3.250

注:$a.$ 因变量:幸福感;显著性水平,$** \ p<0.01$,$* \ p<0.05$。

数据分析结果表明,社会管理的特征与老年人的幸福感有密切的关系:社区基础设施、社区自治管理以及社区服务方面都与老年人幸福感呈显著的正相关。从被访者的性别角度来看,男女之间没有显著差别;从被访者的年龄来看,年龄没有直接的影响;从被访者的居住时间来看,在社区的居住时间没有显著影响。而被访者的受教育程度则对幸福感有较大的影响。

五、研究结论与建议

(一)研究结论

本文通过描述性分析、相关分析、回归分析等一系列研究方法对第一部分提出的研究假设和研究模型进行了验证。结果显示,本文研究假设的验证情况令人满意,我们得出假设1、假设2、假设3均成立,具体的验证情况见表4。实际上,根据相关分析和回归分析结果可知,社区管理中三个维度即社区基础设施、社区生活照料服务、社区民主自治管理与老年人幸福感显著相关,两者呈显著正相关。

表4 研究假设验证情况

	假设内容	研究假设是否成立
假设1	社区管理下的基本服务设施与老年人幸福感显著正相关	是
假设2	社区管理下的生活照料服务与老年人幸福感显著正相关	是
假设3	社区管理下的自治管理与老年人幸福感显著正相关	是

(二)提高老年人幸福感的建议

随着杭州市"老年宜居社区"创建活动的开展,杭州市的众多社区在最近两年不断强化自身的管理力度,在很大程度上提高了生活在社区的老年人的幸福感指数。但是,我们也要意识到社区管理建设是一项长期、艰巨的任务,针对此次调研的具体情况,本文提出以下几点建议。

第一,在考评过程中我们发现,有些社区的老年宜居工作做得不完善,社区管理在各项指标上的发展情况也参差不齐,有的方面需要进一步完善。例如,下城区的老年人认为该社区的生活照料服务得到了改善,但基础设施依然不够完善;大学路社区内有许多小商贩在社区的道路两边摆摊,严重影响了社区的行人和车辆通行,对于社区的卫生环境也有很大的影响,同时社区的治安非常不好;岳王路社区社区工作人员对老年人的态度非常冷漠,老年活动相关设施也没有到位。也就是说,各个社区的老年宜居社区建设还存在或多或少的不足之处,不能满足老年人幸福感的各项要求。

第二,老年人幸福感较高的社区往往能够注重整合辖区内的各类资源,通过共建单位的形式开展形式多样的特色为老服务。如社区与医疗卫生系统、窗口服务机构、学校志愿团队相结合，居家养老券与商业服务街相结合。老年宜居社区的创建单靠社区的力量是很难完成的，如小区设施、公共交通、便民服务点、医疗卫生等方面涉及公安、司法、卫生、城建、城管等部门，需要各相关部门形成合力、相互协作。正是由于社区整合多方资源，提高了对老年人生活照料服务水平，老年人幸福感才会相对较高。

第三，在考评过程中我们发现，新建社区往往硬件设施较好，但老社区工作场地比较紧张，社区办公环境相对艰苦，老年活动场所也不宽裕。很多老社区的老年活动场所设在比较阴暗潮湿的一楼，阳光不充足，房间内的取暖设施也不好，这样的活动场所对于老年人来说并不理想。此外，有的社区将老年活动室安排于三楼，楼道狭窄且没有电梯，建筑构造不符合老年宜居社区的标准。社区应当充分考虑老年人的实际需求，完善社区设施，为老年人提供更好的服务。

【参考文献】

[1]桂世勋.长者友善社区建设：一项来自上海的经验研究.人口学刊,2010(4).

[2]王凤鸣.我国人口老龄化与老年宜居社区开发策略研究.天津大学学位论文,2011.

[3]周长城.主观生活质量：指标构建及其评价.社会科学文献出版社,2008.

[4]邢占军.中国城市居民主观幸福感量表的编制研究.华东师范大学学位论文,2003.

[5]刘仁刚,等.老年人主观幸福感及其影响因素的研究.中国临床心理杂志,2000(2).

[6]池莉萍,等.幸福感：认知与情感成分的不同影响因素.心理发展与教育,2002(2).

[7]蒋云根.以宏观调控为契机,公共服务型政府的制度建构.人民日报,2007-09-07(16).

[8]王世朝.幸福论.合肥：安徽人民出版社,1998.

[9]邢占军.测量幸福——主观幸福感测量研究.北京：人民出版社,2005.

[10]周长城,等.社会发展与生活质量.北京：社会科学文献出版社,2001.

[11]孙鹃娟.中国老年人生活质量研究.北京：知识产权出版社,2007.

[12]刘仁刚,龚耀先.老年人主观幸福感概述.中国临床心理学杂志,1998(3).

[13]段建华.主观幸福感概述.心理学动态,1996(1).

[14]唐丹,邹君,申继亮,张凌.老年人主观幸福感的影响因素.中国心理卫生杂志,2006(3).

[15]梁宏.深圳建设和谐社区的探索与实践.南方论坛,2007(2).

我国医疗保险费用总额预付制
实施现状及发展前瞻

□ 黄佳莺　孙胜梅[*]

摘　要： 医保支付方式改革是医改的一个重要组成部分，在支付方式改革过程中，总额预付制因其操作、管理相对简便，费用控制效果明显而成为我国各地区改革的普遍选择。本文对目前我国总额预付制的发展现状作一概括，分析各地在实践中普遍存在的问题和困扰，提出总额预付制及医保支付方式改革未来发展思路。

关键词： 医疗保险；总额预付制；发展前瞻

在我国医疗保险覆盖范围日益扩大，管理、使用资金量日益上升的现状下，医保费用支付方式作为控制基金支出的"总闸门"，在合理控制医疗费用、有效利用卫生资源、规范和引导供方医疗行为等方面发挥着重要的作用。

以往，我国各地普遍实行单一的按项目付费方式，这种医保基金对医疗费用"照单全收"的支付方式对医院缺乏成本约束机制和激励机制，使医疗费用持续上涨的趋势难以得到有效遏制。随着医保基金支出压力不断增加，有不少地区开始积极开展支付方式改革的探索。其中，总额预付制因其操作、管理相对简便，费用控制效果明显而成为各地改革的普遍选择。2011年5月，人力资源和社会保障部发文《关于进一步推进医疗保险付费方式改革的意见》（人社部发〔2011〕63号），要求各地结合基金收支预算管理加强总额控制，探索总额预付；2012年1月，卫生部、国家发展改革委、财政部印发《关于推进新型农村合作医疗支付方式改革工作的指导意见》（卫农卫发

---

　* 黄佳莺，孙胜梅：浙江省劳动和社会保障科学研究院。

〔2012〕28 号),要求各地进行新农合支付方式改革,乡(镇)、村两级医疗机构积极推行以门诊费用总额预付为主的支付方式。

一、各地医保费用总额预付制发展现状

医保费用总额预付制是指医保机构与医疗机构在相互协商的前提下,对医疗机构一定时期内(通常为一年)提供的医疗服务确定一个总的医疗费用预算额度,医保机构根据预算总额支付医疗费用,实行费用封顶。自 1997年起,总额预付制即在江苏省镇江市试点推行,此后,逐步扩大到上海市、杭州市、北京市等新医改试点城市。2011 年和 2012 年,人社部与卫生部相继发文要求各地积极结合基金收支预算管理加强总额控制以来,实行医保费用总额预付制的地区不断增多,浙江省、河南省等多个省份出台文件在全省范围内推行总额预付制。

(一)总额预付的适用范围

目前我国医疗保险制度仍以地区(市、县)统筹为主,由于医疗保险政策以及医保基金的收支管理是以统筹地区为单位的,总额预付制的适用范围也按统筹地区进行了划分。又由于我国大部分地区职工医疗保险、新型农村合作医疗和城镇居民医疗保险仍未完成制度整合,有的地区管理机构尚未统一,有的地区统一了管理机构但制度设计未统一、基金分开运行,总额预付范围也进行了相应的划分。同时,为了达到促进医疗机构加强成本控制的改革目的,各地区的预付总额额度都会具体落实到每一个医保定点机构和每一个结算周期(一般为一年)。

实践中,大部分地区仅对医保基金支付的医疗费用进行总额预算管理,如上海市医保总额预付的适用范围是本市医保定点医院中发生的由职工医保基金支付的医疗费用。但也有个别地区为了防止医疗机构选择不同保障待遇水平的患者,将总医疗费作为管理对象,如杭州市的预算总额包括医保基金支付额度和参保人员个人负担的医疗费,参保人员按实际发生的医疗费和杭州市规定的报销比例结算费用,但参保人员个人负担的医疗费也纳入管理范围。

(二)预付总额的确定

预付总额的确定是总额预付制实施的关键环节,也是难点。预付总额过高,将导致医疗服务供给的不合理增长,造成医疗资源的浪费;预付总额偏低,则会影响参保者的利益和医疗技术的更新发展。如前所述,各地的预付总额额度都要具体落实到每一个医保定点机构,这样合理设定总额额度的难度就非常大。

为了使基金运行能够顺利进行,各统筹地区按照"以收定支"原则确定总的预付额度。每年年初,以上一年度医保基金实际收入为基数,考虑参保人数、缴费基数、缴费比例、定期存款利息收入等因素,拟定本年度医保基金收入预算,预留个人账户沉淀、风险基金等支出后确定本年度医保基金预付总额。在对每个医保定点机构进行预付总额分配方面,从目前实践来看,分配方式主要有两种:

一种是以医院上一年的实际发生费用为基础,适当考虑增长因素,确定医院下年度医保预付总额。在对增长因素的设定方面,各地区略有不同。如杭州市医保预付总额的调节系数主要考虑人次人头比和次均费用两个指标的增长率。东莞市的增长因素分为两部分:一是普遍增长部分,根据当年医保基金收入预算,结合各定点医疗机构的合理设置、级别规模和医疗技术发展,给予适当的增长率;二是专项增长部分,用于支持基层医疗机构和三级医疗机构重点、特色专科的发展。镇江市则采用"同比增长"原则,即统筹地区人均医疗费用、人均基金支出增长与地方经济、人均工资性收入、人均基金收入增长保持在同一水平。

另一种是通过医院自主协商来确定预付总额分配额度。如上海市在总额预算管理过程中推行"四项公开"和"三轮协商"办法,对年度基金收支预算和医院预算总额控制指标、指标分配全过程、医院实际执行情况和年终清算全过程进行"四项公开",由全体医院代表,三级医院和一、二级医院,区县内一、二级医院进行"三轮协商"。这样由于自由就诊带来的医保预付总额测算难题,通过将权力下放巧妙地化解了,也使推行总额预付制的阻力大大减轻。

(三)年终结算与清算

由于预付总额准确测算的难度较大,为了避免出现严重推诿病人现象,各地的总额预付制都采取"软约束",即医疗费用超支的责任和风险由医疗机构和医保基金共同承担。实践中,各地一般在年初设定预付总额,年末结算时,如医疗机构的总支出超出年初预付额,超支部分由医疗机构和医保基金共同分担。同样,总支出有结余的,结余部分由医疗机构和医保基金共享。

例如,杭州市在每年 3 月对上一年度医疗费用进行结算,实行"结余共享,超支共担"的分担机制。实际发生费用未超过决算指标的,差额部分采用分段累计方法按一定比例增加决算额;实际发生费用超过决算指标的,超过部分也采用分段累计方法按一定比例增加决算额。无锡市则采用"按月结付、超支分担、节余留成"的办法。年初下达医保费用预算总额,对于按月平均计算的累计总额控制在指标以内的费用,按实际结算;超支在一定比例以内的,由医保基金按一定比例支付;节余的则按一定比例留给医院。

二、普遍存在的问题和困扰

总额预付制操作相对简单,管理成本低,能够激励医疗机构进行自我约束和自我控制以降低医疗成本,而且便于医保机构对基金的总体支出情况作出估计。但在实际实施过程中,也会出现一些问题和困扰。

(一)预付总额测算难度大

医疗保险的技术基础同其他保险一样,通过集合大量性质相同或相近的风险单位,利用大数定律对损失总额进行预测。按照大数定律,对损失总额要作出相对准确的预测必须要求风险单位的数量足够大,这将有利于"疾病风险"的合理分布;且覆盖人群对象相对固定,这能够确保风险单位性质相同或相近。因此,对医疗保险预付总额的合理设定要满足前提条件:预付单位的服务对象数量达到一定规模,同时服务对象与预付单位之间存在稳定的联系。然而从我国实施总额预付的实际来看,这两个条件均难以得到满足。首先,由于公共财政对医疗机构投入不足,各类医院包括公立医院在内都以追求盈利作为其主要经营目标,加之多年来"以药养医"积弊的存在,我国实施总额预付的主要目的在于控制治疗过程中医院和医生的过度医疗行为,这就使得各地区的总额预付都会落实到每一个具体医疗机构。一个医疗机构的服务对象有限,很难达到大数定律要求的风险单位足够多的条件。其次,由于我国目前医疗保险的制度和管理体制尚未理顺,多数地区职工医保、城镇居民医保和新农合的基金分开运行,总额预付范围也作了相应的划分,使得每个预付单位的服务对象更加有限。再次,由于医保放开了定点医疗,实行自由就诊制度,且随着城镇化进程,人口流动加速,一个地区的医保参保对象变动频繁,难以实现医疗机构与服务对象的稳定联系。

如果缺乏计算预付总额的合理基础,简单根据历史情况来测算总额,往往会出现很大的偏差,使总额预付制度难以发挥实效。例如,银川市在 2012 年起在全市开展总额预算工作,由于没有形成比较成熟的总额测算方案,出现了基金提前预支、透支,拒收病人现象。医保费用主要发生的 10 所医院的基金支出皆有透支,10 所医院总透支率达到 54.72%,有 2 所医院透支超过 1 倍,导致 2012 年超预算补偿 7000 万元,总额预算费用控制效果未能达到。

(二)医院落实总额控制的内部管理尚存不足

医保部门将总额预算落实到每个医疗机构后,医疗机构面临着如何开展合理有效的内部管理问题。在支付制度改革之初,医院的内部管理往往没跟上。由于医疗行业高度的专业性和技术性,医生对疾病过程、治疗方法比患者了解得更多,在医疗服务和药品的消费上拥有主导权,因此对医院的预算总额控制指标最终会落实到每个医生。据了解,为化解风险,全国不少医院仿照医保部门的做法,采取层层分解指标的方式,将总额预算指标进一步落实到科室,有些科室则进而落实到医生,甚至对处方单价实行限制,制定强制执行标准,并将指标完成情况与科室和医生的绩效考核挂钩。这样,原本应用大数定律对具体每个医疗机构进行预付总额测算已稍欠合理的情况下,再具体分配到每一个科室或医生,尤其是当简单地采用平均分配的方式时,合理性就会更加低。简单地层层分解指标最终会使参保人员的合法权益受到侵害,进而对整个医保总额预付制度产生怀疑。

(三)出现推诿重病人及歧视医保病人现象

推诿病人可以说是总额预付制的通病。由于确定了医疗费用总的预算额度,如果收治病人过多或收治疑难重症病人导致实际产生的医疗费用超过预算额度,超出部分就要由医院自行承担,这样医院就会产生推诿重病人的动机。同时,多数地区仅将医保基金支付的医疗费用纳入总额预算管理,个别地区虽然将管理范围扩大到了总医疗费,但也仅限于参保人员的医疗费用支出,因此会出现医院优先收治自费病人或要求病人支付现金的现象。从全国推行情况看,保定市、昆明市、上海市、无锡市、呼和浩特市等落实了这一制度的地区,都曾不同程度地出现这个问题。而对于上海市、北京市等优质医疗资源集中的地区,其三级医院原先收治外地自费患者的收入占比就较高,在医保额度增长速度受限的情况下,凭借其较强的学科实力和影响力,可以通过吸引外地自费患者就医以减少对本地区医保的依赖。这样,通过总额预付制来控制医院不合理诊疗的效果也将大打折扣。

医院推诿重病人、拒收医保病人或要求病人现金支付等现象的出现,使实施总额预付制以控制医院不合理支出的目的无法达成,而将改革的负面效应都转嫁到了参保者身上,这与医保支付制度改革的初衷是完全违背的。从理论上讲,医院收治患者越少,医保基金结余会越多,但是一来当年的服务量会成为下年测定总额的一个依据,各大医院的竞争发展也需要争取一定规模的病员来支撑;二来推诿病人现象极易受到社会各方面的广泛监督,医保部门在制定具体政策时也会配套有大额病例专项评审机制或大额医疗费用专项结算机制,因此推诿病人现象尽管存在,从目前来看并未造成过于恶劣的影响。

(四)不利于医院及医疗服务技术的发展

在总额预付制下,医保支付方将基金风险全部转嫁给了医疗机构,医疗机构不但要承担疾病治疗过程中医生的绩效风险,还要承担与患者本身客观状况相关的医疗风险。总额预算额度一旦确定,医疗机构的收入就不会随着服务数量和服务质量的增加而增长。这将可能导致医疗机构不合理减少医疗服务供给,抑制参保者的合理医疗需求,还可能影响医疗服务者的积极性,阻碍医疗服务技术的更新与发展。另外,对医疗机构来说,因为支出超过总额部分需要自行负担,低于总额也不会获得额外的奖励,医疗机构为了最大限度利用拨付金额,会在平衡预付总额与实际发生费用之间花工夫,导致医疗费用使用效率无法得到明显提高,不利于激励医疗机构在确定的预付总额内最大化产出,也不利于医疗资源的充分利用。在总额预付制实施一段时间后,这些问题就会有所显现。有学者对四川省若干家具有代表性的实施总额预算与未实施总额预算的医疗机构对比发现,实施总额预算的医疗机构总收入增长率、业务收入增长率、总资产增长率及固定资产增长率均低于未实施总额预算的医疗机构,说明总额预算制对医疗机构的经济运行和发展产生了一定的不利影响。

三、未来发展前瞻

(一)加强预付总额测算的科学性

预算额度的确定要根据基金收入、历史费用支出情况及当地经济社会发展水平,统筹考虑定点医疗机构的级别、承担的服务量、门诊就诊率、住院率等因素。一般预算额度的确定是在定点医疗机构以往医疗费用统计的基础上,根据药品价格调整、参保人员增加、医疗技术发展等因素确定增长系数,经医保机构与医院协商后制定。这样,定点医疗机构历年费用发生情况和增长系数的确定都将直接影响到拨付给医疗机构的基金总量。对于医疗机构历年费用发生情况一般会采用承认历史的方式,但也应作分类考虑。如对于成立时间较短且处于快速发展期的医院,在确定支付总额时其历年费用发生基数应给予合理增长空间;对以往超额较多,基数较大的医疗机构则应考虑重新核定总额。

对于增长系数的确定则更为复杂,以下几个问题应予以考虑:

一是参保人员数量与年龄结构。参保人员数量的增长和人口老龄化都会带来就诊人数的增加。此外,一般老年人口发病概率高,患慢性病概率大,就诊人头人次比也会增加。

二是医保药品和诊疗项目目录和价格的调整。不同类型医疗机构因医保药品和诊疗项目目录和价格的调整带来的医疗费用支出变化会有所不同,应分别考虑。例如,由于县级公立医院改革调整了药品和诊疗项目的收入结构,浙江省遂昌县两家公立医院中,县中医院因药品占比较高,改革后次均费用比上年下降了 11.6%;而县人民医院因诊疗项目较多,次均费用反而有所升高。

三是医疗服务项目开展情况。不同级别、类型的医院由于开展的医疗服务项目不同,医疗费用支出情况也会不同。例如中医的特殊性决定其复诊次数较西医更多,在设定人头人次比时应合理考虑。

四是医疗技术的发展进步。医疗技术的发展进步主要体现在次均费用的提高上,可结合卫生部门对次均费用增长的要求设定相应的增长率。

(二)确保医疗质量得到保证

实施总额预付制后,医疗机构承担了一定的医疗费用风险,但医疗机构可能通过降低服务质量来控制成本,因此实施总额预付制的同时要采取相应措施来监控医疗服务质量的变化,促使医疗机构通过改进绩效而非降低服务质量来降低费用支出。人力资源和社会保障部 2011 年出台的《关于进一步推进医疗保险付费方式改革的意见》中也提及,"要针对不同付费方式明确监管重点环节。采取总额预付的,重点防范服务提供不足、推诿重症患者等行为"。

总额预付制下的绩效管理可以考虑的思路有：一是将支付水平与服务质量和绩效挂钩。在确定支付总额后，保留一部分预付资金，视医疗机构在预算期内完成绩效考核指标的程度来进行支付。一般绩效考核指标是服务数量、质量、健康产出等指标的联合。通过制定权威的临床诊疗指南，落实完善各病种临床治疗的技术路径，根据病种诊断、病情、个体特征、医疗技术、医疗资源、消耗等因素综合确定考核指标。二是强化细化管理，通过微机联网、日常巡查、医疗信息公开监督等方式，将监管细化到诊疗、用药、手术、康复等每一个医疗环节。并且建立违规惩罚机制，将违规相应费用在年终结算时予以剔除。如杭州市规定在抽样审核时剔除的费用，会在总额拨付时同比例放大扣除，而这笔费用直接从违规医生奖金中扣除，这样对医院和医务人员会产生较大的约束力。

（三）总额预付制应与相关医改政策衔接配套

医保支付方式作为规范医疗行为、配置卫生资源的一种有力政策工具，与整个医疗卫生体制环境，包括医疗保障制度、药品及医疗服务价格形成机制、公立医院改革等密切相关，因而支付方式的改革应放在医改的大背景下统筹考虑，注重相关政策、措施的衔接。

一是要完善药品及医疗服务价格形成机制。合理制定药品及医疗服务的价格水平对有效控制医疗费用过快增长具有重要作用。由于医疗市场往往难以满足完全竞争的条件，医疗机构处于相对强势的地位，容易形成对药品市场的垄断，会导致医疗价格的扭曲。因此建立医保机构与医疗机构、药品供应商的价格协商谈判机制尤为重要。长春市医保中心委托政府采购中心进行人体置放材料和血液透析链路等高值耗材的医保遴选工作，通过政府统一谈判议价，全市 68 家医疗机构全面执行遴选后的"单一"品种和价格，以"批量规模"降低医药费。据统计，仅尿毒症血液透析一项，截至 2011 年 10 月末已为参保患者节省 778 万元。可见，通过搭建医保与医疗机构、药品供应商的协商谈判平台，以共赢为基础，以惠于百姓为目标，不但能够有效推动支付方式改革，而且对控制医疗费用、提高服务质量成效明显。

二是要与医疗机构的发展形成良性互动。支付制度改革与医疗机构的发展是相互影响、相互促进的关系，要充分发挥支付方式改革具有的引导和促进基层医疗机构发展的作用。基层医疗机构服务能力不足是造成异地就医量上升、大医院过于拥挤、过度医疗难以监控的主要原因之一。病人过于集中于大医院使其处于相对强势的地位，对监管、协商、谈判等机制的建立运行也带来较大阻力。因此，扶持基层医疗机构发展、平衡医疗卫生资源是当务之急。基层医疗机构的发展不仅需要硬件上的投入，更重要的是基层医务人员的培养，现实中目前县级公立医院人才流失严重，社区、乡镇等基层医疗机构人才不足的矛盾则更为突出。因此，亟须建立一套面向基层医疗机构的定向培养、引才和留才的政策体系。

三是要与其他改革政策相配套。例如，目前开展的公立医院改革将对药品价格和手术、诊查、治疗等诊疗价格作结构调整，价格结构调整对不同性质的医院会带来不同的影响。这样实行总额预付制时在测算医疗费用总额时如果单纯参照历史发生额，就会增加测算时的难度。又如，支付方式的改革可能带来住院天数缩短，住院费用减少，但门诊和康复护理的服务量却会上升。这就需要合理的转诊体系以及康复护理服务的健全和完善，需要有社区医院、康复护理机构来承接急症期过后需要康复护理的病人。

（四）以疾病诊断分类定额支付为主的复合式支付方式是发展趋势

医疗服务项目、服务机构及服务人群的多样性决定了单一的支付方式难以起到全面控制医疗费用风险的作用。各种医疗服务的特性不同，医疗机构提供服务的主动性也不同，部分医疗服务存在供给不足，部分存在供给过量的情况，而且每种支付方式都有其优缺点，不同的支付方式对医疗机构会产生不同的激励和约束作用。因此，很多国家采用复合式支付方式组合，可以有效利用不同支付方式的优势，规避其劣势。

在各种支付方式组合中，以疾病诊断分类定额支付为主的复合式支付方式是国际上的发展趋势（见图1）。以疾病诊断分类定额支付是指将所有病例分成若干种疾病诊断分类，根据患者住院时间、并发症、诊断内容等情况制定费用标准，同一诊断组中的每个病人均按标准支付定额费用。这种支付方式不仅能客观上控制医疗费用的支出，而且有利于保证医疗质量的统一性和规范化，规范医务人员的医疗行为，相比于总额预付制管理更为细致科学。从20世纪90年代起，由于总额预付制、按床日付费制等支付方式的固有缺陷难以克服，各国纷纷开始应用以疾病诊断相关分组的支付方式。如1997年奥地利引入疾病诊断分类定额支付制度，2004年法国和德国正式开始疾病诊断分类定额支付改革，2008年韩国已在2000多家医院试点疾病诊断分类定额支付。我国在短期内应启动实施较为简易的单病种支付制度，并注重利用信息系统探索合理定价及积累基础数据，随着我国医院和医保经办部门信息系统的逐步完善以及循证医学等学科的发展,在长期可逐步开展以疾病诊断分类定额支付试点。

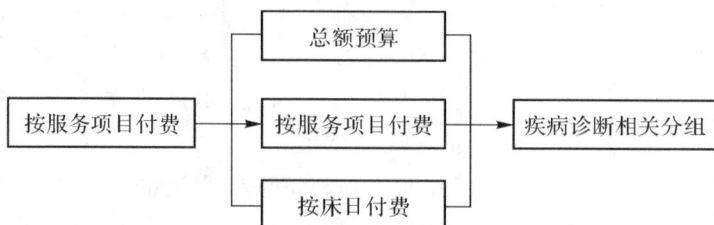

图 1　社会医疗保险制度付费方式的演进规律

资料来源:赵斌、孙斐《社会医疗保障制度对医疗机构付费方式的设置规律——基于 31 国经验的总结》,《社会保障研究》2014 年第 1 期。

【参考文献】

[1]人力资源和社会保障部社会保险事业管理中心.医疗保险付费方式改革经办管理城市实例.北京:中国劳动社会保障出版社,2012.

[2]蔡江南.论医疗支付方式的改革.中国社会保障,2011(12).

[3]赵斌,孙斐.社会医疗保障制度对医疗机构付费方式的设置规律——基于 31 国经验的总结.社会保障研究,2014(1).

[4]王东进.完整系统地推进医疗保险支付制度改革.中国医疗保险,2011(8).

[5]张亚林.总额预付的实践回答——东莞市医疗保险付费制度分析报告.中国医疗保险,2011(10).

[6]钱小山,郑伟一,李一平,林枫.镇江市医疗保险费用支付方式的实践和探索.中国卫生经济,2004(9).

[7]张贵民.上海预付制:渐进式改革.中国医院院长,2011(12).

[8]李林贵,朱莉莉,等.对银川市职工基本医疗保险总额预付的测算研究.中国卫生经济,2013(12).

[9]郭文博,张岚,等.医保费用总额控制支付方式的实施效果分析.中国卫生经济,2012(3).

[10]龚忆莼.总额预付:困局与前景.中国社会保障,2011(9).

[11]韩俊江,胡丹.创新医保支付方式化解"看病贵"探析——以长春市医疗保险支付方式改革为例.东北师大学报,2012(2).

我国医疗保健产品创新设计发展战略研究

□ 王 健[*]

摘 要: 医疗保健产品是当代临床医学、预防医学、康复医学和健康保障系统中最为重要的基础装备,同时也是全球经济中发展速度最快、国际贸易活动最为活跃和世界各国竞争最为激烈的市场之一。中国的医疗保健产品制造业基础薄弱。但由于需求和消费市场巨大以及老龄化、新医改、城镇化、消费升级等多重因素的影响,我国医疗保健产品市场将具有较大的上涨空间和发展潜力。本文从医疗保健产品创新设计发展战略、产业布局和产业政策等方面提出政策建议。

关键词: 医疗保健产品;创新设计;发展战略;产业布局;产业政策

一、市场发展概况

医疗保健产品是当代临床医学、预防医学、康复医学和健康保障系统中最为重要的基础装备,同时也是全球经济中发展速度最快、国际贸易活动最为活跃和世界各国竞争最为激烈的市场之一。据国内外权威机构统计,受全球人口老化、医疗支出增加和病患信息数字化进程加快等因素的影响,2011年全球医疗器械市场总体规模已突破3120亿美元,近5年复合增长率超过8%。其中,美国、欧盟和日本分别占据51%、30%和10%的全球市场份额。保健产品的全球市场价值约为1400亿美元。全球医疗器械和保健产品的市场需求增长率远远高于同期整体GDP增长速度。我国医疗器械市场销售规模由2001年的179亿元增长到2012年的1700亿元,12年间增长了近9.5倍,复合增长率维持在20%以上。2013年全年销售规模已突破2000亿元大关,销售规模约占全球市场的5%。预计到2050年,我国在世界医疗器械市场上所占份额将达25%,成为继美国之后的第二大市场。

---

* 王健:浙江大学教育学院。

医疗保健产品的全球市场集中度不断增高,主要跨国公司在全球市场占比呈增加态势。全球排名前 10 位的医疗器械企业强生、西门子、GE 医疗、美敦力、百特医疗、飞利浦医疗、波士顿科学、碧迪、史赛克和贝朗医疗,2004 年销售额占全球市场份额的 34.5%,2010 年增长到 44.8%。在地域分布方面,美国已成为全球医疗器械产业最发达的国家,世界不少顶级医疗器械企业都是以美国为总部。2009 年,全球 20 大医疗器械企业中 16 家总部在美国,根据 2012 年数据,全球十大医疗设备商中 7 家是美国公司。相反,我国医疗保健产品行业集中度总体偏低,呈现小而散的状态。据中国医药物资协会发布的《2013 年中国医药行业年度发展状况蓝皮书》,截至 2012 年底,我国医疗器械生产企业规模已经达到了 177788 家,90% 左右的医疗器械生产企业是年收入在一两千万以内的生产技术含量较低的中小企业。2013 年上半年,22 家医疗器械上市企业的收入仅为 100 亿元,仅占到行业总规模的 5% 左右。在地域分布方面,我国医疗器械行业主要集中在东、南部沿海地区。市场占有率居前六位的省份占全国市场 80% 的份额,显示了医疗器械行业较高的地域集中度。

全球医药和医疗器械的消费比例约为 1∶0.7,欧美日等发达国家已达到 1∶1.02,全球医疗器械市场规模已占据国际医药市场总规模的 42%,并有扩大之势。我国医疗器械市场总规模 2013 年达到 2120 亿元,医药市场总规模为 10372 亿元,医药和医疗消费比为 1∶0.2。跨国企业在我国医疗器械高端市场中占据着绝对优势,尤其是医学影像设备和体外诊断等技术壁垒较高的领域,市场占有率超过 75%。中国医疗机构每年都要花费巨额外汇进口大量医疗装备,根据中国海关数据,2009 年我国医疗器械进口额为 61.05 美元,占我国医药产品进口总额的 30.17%。具体而言,在我国医用器械领域,约 80% 的 CT 市场、90% 的超声波仪器市场、85% 的检验仪器市场、90% 的磁共振设备市场、90% 的心电图机市场、80% 的中高档监视仪市场、90% 的高档生理记录仪市场被跨国公司垄断。目前国内医用设备材料企业无法在高端产品方面与外资企业抗衡,但在中低端产品领域,国内医用设备材料企业还是拥有一定的优势。

二、机遇与挑战

中国的医疗保健产品制造业基础薄弱,大多数企业为一些面向国内市场的中小型企业。数万家国内的医疗保健产品生产企业中,年销售额过亿元的仅几十家,几乎没有一家可与国际知名医疗保健产品公司相匹敌。

目前。我国整体医药行业研发投入占销售收入的比重为 1%～2%(医疗器械为 3%),而国外的平均水平为 15%～18%(医疗器械为 15%以上)。经费投入的严重不足使得我国在创新性医疗器械和保健产品的研究与开发上远远落后于国外,表现出以仿制和改进设计为主的业态特征。国内市场上,高端医疗器械 70%以上被外方企业所垄断。国内的中小型医疗保健产品企业以加工贸易为主,未能形成自身优势品牌。此外,由于传统文化的原因,国内的企业家们总是喜欢"大而全",不喜欢利用定向外包或是行内的协作配合,造成资源的极大浪费。且不论中国的医疗机构已有太多价格昂贵的高级设备,如核磁共振、螺旋 CT 等,国内的医疗保健器械行业也经常见到同一领域的重复投资和建设。在全球经济趋向一体化的今天,国外有不少企业充分利用各种外部资源,以最少的代价创造并收获了最大的商业价值。

虽然我国目前医疗保健产品的总体规模和发展水平与西方发达国家还有不小的差距,但受需求和消费市场巨大以及老龄化、新医改、城镇化、消费升级等多重因素的影响,我国医疗保健产品市场将具有较大的上涨空间和发展潜力,成为未来全球经济发展倍受关注的市场领域。此外,伴随传统医学模式逐渐从以"疾病为中心"向以"病人为中心"和"健康为中心"的转变,国民经济快速发展、新医改投入增加、数字医疗发展以及居民对健康的日益重视,医疗保健产品市场未来的发展给行业带来巨大的发展机遇和广阔的发展空间。主要表现在:(1)发展空间大。就医疗器械市场规模与药品市场规模的比例来看,全球医疗器械市场规模大致为全球药品市场规模的 40%,而我国这一比例近年来虽然有所提高,但是仍然不到 15%;从人均医疗器械费用来看,我国目前医疗器械人均费用仅为 6 美元,而主要发达国家人均医疗器械费用大都在 100 美元以上,瑞士更是达到了惊人的人均 513 美元;从具体配备看,基层医疗机构医疗器械配备水平较低,我国 2000 余所县医院装备配置平均缺口 30%,其中包括全国 2000 多所县医院、5000 多所中心乡镇卫生院和 2400 所社区卫生服务中心,以及 3 万～5 万所村卫生室的医疗设备建设,市场空间巨大。从现有设备水平来说,有 15%左右是 20 世纪 70年代前后的产品,60%左右是 20 世纪 80 年代中期以前的产品,亟须更新。(2)发展速度快。近 5 年我国医疗保健产品市场复合增长率高于 20%,远远超过发达国家 8%的增长水平,也明显高于同期我国国民经济和医疗行业平均发展水平。全国已形成了几个医疗器械产业聚集区和制造业发展带,珠江三角洲、长江三角洲及环渤海湾三大区域成为本土三大医疗器械产业聚

集区,三大区域医疗器械总产值之和以及销售额之和均占全国总量的 80％
以上,成为未来我国经济发展的新的增长点。(3)产业构成日趋合理。我国
医疗器械产业可以生产 47 个大门类、3500 多个品种、12000 余种规格的产
品,能够满足我国疾病诊治基本需求。近 10 年来,我国医疗保健产品的技
术结构和产品质量都发生了明显变化,病患监护产品、医学影像仪器设备、
临床实验室仪器设备、微创介入治疗产品和穿戴式移动医疗产品领域进展
尤其明显。并且,我国出现了立体定位超声聚焦治疗系统、准分子激光人眼
像差矫正系统、体部旋转伽玛刀、睡眠监护系统等一批具有完全自主知识产
权的创新产品。(4)产业集群优势明显。珠江三角洲、长江三角洲及环渤海
湾三大区域依靠本地区工业技术、科技人才、临床医学基础及政策优势,逐
渐发展成为我国医疗保健产业三大聚集区。(5)资本投入不断加强。2010
年以来,我国医疗产品行业并购重组明显加速。与 2011 年相比,2012 年医
疗器械的融资总交易金额同比增长了 2 倍。2013 年第二届医疗器械产业发
展与投资 CEO 峰会上业内专家预计,2015 年医疗器械的市场规模将超过
3000 亿元,保健器械也可望突破 1000 亿元大关,成为资本市场关注的焦点。
(6)市场与产业政策"双驱动"。随着我国深化医疗体制改革和加快健康服务
业发展步伐的加快,老龄化发展趋势的加剧,城镇医疗卫生机构持续扩容,以
及民众医疗养生意识的不断提高,未来本土医疗保健产品市场容量将在市场
和政策的双轮驱动之下呈现前所未有的井喷式发展态势,行业发展潜力巨大。

三、我国医疗保健产品创新设计的动力机制

(一)需求拉动机制

1993—2010 年中国居民医疗保健支出数据显示,全国范围内,居民医疗
保健产品消费与其收入呈正相关,居民的医疗保健消费认知已经由奢侈品
转变为必需品。目前,中国健康服务业仅占 GDP 的 5％左右,美国 2009 年
已达到 17.6％。而根据国务院出台的规划意见,到 2020 年中国健康服务业
总规模将达 8 万亿元以上,有望成新一波财富的制高点,成推动经济社会持
续发展的重要力量。同时,我国社会人口老龄化趋势日益加快,2013 年 60
岁老年人达 2 亿以上,还将以每年 800 多万人的速度递增。而我国现有的
产品设计与生产能力却不能满足这一需求,这可以从国外老龄化产品在中
国市场上比重较大的现状中推导出。此外,随着全社会公共健康意识的不

断提高,医疗保健产品不再以批量为特征,个性化需求将成为主要需求构成因素。因此,在现有的国情下,满足用户需求成为该类产品创新设计的主要驱动力。这不仅要求设计者在技术条件基础上,将当前需求与未来发展紧密结合,主动地从需求主体的差异性出发,不断挖掘、追踪和验证用户真实需求,甚至还必须面向未来,"创造"需求,创造"消费群体"。

(二)科技推动机制

在提供经济、高效和高品质的医疗保健产品方面,材料、信息、通信、制造等技术正在发挥巨大的潜力。而这些技术成本的下降,也使得全球医疗保健产品提供者对通过高新技术提供产品与服务的兴趣日益浓厚。2013年,美国学者埃里克·托普在《颠覆医疗:大数据时代的个人健康革命》中指出,"医疗保健的数字化已经势不可挡"。目前的技术热点,包括智能移动端、云计算、3D打印、基因预测、无线传感器和超级计算机等,已经成为现代医疗保健产品设计的重要关键词。与此同时,受到技术壁垒的限制,国际先进生产企业在我国医疗器械高端市场中占据着绝对优势,尤其是医学影像设备和体外诊断等技术壁垒较高的领域,市场占有率超过75%。国内的三级医院一般都采用进口医疗器械,即使是二级医院,也有2/3的医疗器械是进口产品。因此,我国医疗保健产品创新设计必须以技术驱动为主要推动力,不仅要迅速吸收和消化国际先进技术,更要主动寻求技术突破点,集中产学研协同力量,解决医疗保健产品设计领域的关键共性技术。但是传统的技术推动往往会由于过度关注技术和方法而忽略用户的需求,因此如何在挖掘需求下组织技术实现创新成果是我国医疗保健产品创新设计中,保证技术创新驱动战略的前提。尤其是在知识时代背景下,建立以"数据—信息—知识—服务"为主导网络的、以协同创新为特征的、与需求驱动相结合的技术驱动型创新设计将是我国未来创新设计的主要战略选择。

(三)创新驱动机制

发达国家和地区,依靠科技创新、服务创新和市场创新等一系列的创新驱动手段,医疗健康服务产业已经成为现代服务业中的重要组成部分,产生了巨大的社会效益和经济效益。2013年10月,国务院公布《关于促进健康服务业发展的若干意见》,明确提出到2020年,要基本建立覆盖全生命周期的健康服务业体系。但是,我国医疗保健产品和服务都还处于起步阶段,存在产业规模小、服务体系不够完善、开放程度偏低等一系列问题。同时,国产产品多为初级产品,产品研发以仿制为主,缺少真正的自主创新产品。显然,作为战略新兴产业,我国的医疗保健产业需要吸收先进国家的发展经验,坚持以创新驱动为主要手段,促进医疗保健产品和服务加速发展。

创新驱动既是经济和社会发展到高级阶段的必然产物,也是其发展的原动力。创新驱动的概念源于经济发展研究,即在创新驱动发展阶段,经济和社会的发展主要依靠知识创造和应用来驱动经济长期、持续增长。创新驱动的设计不同于传统的需求、技术和资源驱动的设计,也不同于非创新性的模仿设计,而是一个面向用户需求的新产品原创设计和再设计的创造性活动,是由新理念、新技术、新方法、新材料、新工艺、新模式等创新设计要素所共同构成的专业化的设计、工程与商业实现过程。实施创新驱动战略的主体是企业,因此在具体的应用中,必须围绕产业发展需求,定位企业发展方向,通过有效整合优势创新资源,依靠产学研协同创新机制,大力解决企业实际医疗保健产品设计中具有前瞻性、基础性和方向性的共性技术瓶颈。同时,在政府主导下,多方合作,出台有效措施,促进创新结果的快速转化。

(四)资本助推机制

资本助推包括传统意义上的产业资本推动和非传统意义上的智力资本推动。就产业资本而言,在物质资本的驱动下,很多行业得以在极短时间内迅速崛起。国民经济的持续发展,提升了我国医疗保健产品的消费水平,而国家医疗改革的深入,更为医疗保健产品市场的发展奠定了基础。医疗保健产品同时具备高公益性和高利润性的特点,必将出现资本密集型发展的态势。而就智力资本而言,为了实现医疗保健产品的跨越式发展,必须通过人才培养与人才引进相结合的方式,凝聚一批国际一流的高层次人才,创立一支创新型团队。

在新的时代背景下,还存在一种重要的资本推动模式,即创意资本。所谓创意资本是创意设计实现的一种高级模式,创意设计本身不仅仅是一种简单的设计形式或服务形式,而是被视为重要的"资本"形式,是一种既保证创意设计本身得以实现,也成为推动制造业、设计业以及全行业链企业发展的资本形式。为确保创意资本推动得以有效实施,需要建立创意产品研究、创意产品开发、创意产品市场化三个层次上的投资体系;提供创意资源交易平台,鼓励创意作品投资交易,加快优秀创意产品的成果转化。

四、医疗保健产品创新设计发展
战略、产业布局与产业政策

（一）国家发展战略

1.“整体布局，协调发展”战略

制定国家医疗保健产品创新设计的科技与产业发展规划，全面统筹布局，将创新发展战略、整合发展战略及标准战略落实到发展规划中，紧紧围绕未来我国医疗健康产业发展的技术目标、产品目标、产业目标和能力目标，统筹国内国际两种资源、两个市场，重点做好"创新链、产品链、价值链、产业链和人才链"的战略规划和布局。在组织上着力推动"产学研医"与资本市场、消费市场和媒体产业的深度融合，充分调动多元创新主体的积极性，建立有效的发展驱动机制，优化项目布局和资源配置方式，稳步提升我国医疗保健产品创新设计的核心竞争力和国际影响力。

2.“协同创新、全面发展”战略

在国家层面加大对医疗保健产品创新设计的基础研究、技术创新和产品研发的项目支持和政策扶持，特别要重视知识网络经济时代电子信息和智能化技术在当代医疗保健领域的应用与发展，统筹多渠道资源，多种资助模式相结合，通过设立国家重大专项或重点专项引导企业和社会资金积极参与医疗保健产品创新设计，面向我国发展的实际需要和未来医疗保健产业的全球化发展趋势，建立以企业为主体，市场为导向，"产学研医"为依托的协同创新和全面创新体系，合力推进医疗保健创新设计的全面发展。

3.“优化管理，科学发展”战略

建立高效的国家医疗保健产品创新设计质量监管体系，致力于建立和完善医疗保健产品创新设计与制造的安全监管制度，打造一流的医疗保健产品的质量追溯体系，全面提高我国医疗保健产品的安全性、有效性和规范性。推进"产学研医疗保健战略联盟"建设，促进学科交叉、技术融合和资源整合，加大创新人才培养、创新团队培育和创新人才引进力度。建立国家级医疗保健产品创新设计奖励机制，制定、完善和落实各项奖励制度，实施分层次多元化的人才激励机制，鼓励各级各类科技人才在各个环节开展科技创新，奖励科技成果，有效推进医疗保健产品创新设计的科技进步。

(二)产业布局

1.产品布局

立足我国医疗保健需求的实际,面向全球医疗保健发展的未来,加强新理论、新方法、新材料、新技术应用于医疗保健产品创新设计的转化研究,紧紧围绕医疗保健产品"数字化、智能化、自动化、精准化、无/微创、低负荷、个性化、网络化、协同化"等发展趋势,充分利用临床医学、健康科学、信息科学、电子科学、材料科学、网络通信、物联网、云计算等领域的最新进展,着力突破计算机断层扫描仪、磁共振成像仪、正电子发射断层扫描仪、数字化医疗、移动医疗、基因检测、健康物联网和全民电子医疗系统等医疗健康重大装备、产品和服务系统的创新设计,积极推进人体传感器网络、云计算、物联网相结合的健康感知、健康管理和健康促进等新型健康服务技术的发展和应用,为我国医疗健康产业的永续发展和健康发展奠定坚实基础。

2.行业发展布局

面向我国和全球医疗保健产业现状和未来发展需求,按照《国家中长期科学和技术发展规划纲要(2006—2020年)》确定的发展重点和国务院《关于促进健康服务业发展的若干意见》,紧密围绕全民健康保障需求和医疗卫生体制改革需要,以需求为导向,以企业为主体,以创新为动力,以整合为手段,统筹项目、人才、基地、联盟、平台和示范的布局,加强多学科交叉,大力推进"产学研医"与市场的结合,积极探索市场机制下的优化组织模式,高效推进医疗保健产品创新设计的科学研究和实践应用,稳步提高医疗保健创新设计的核心竞争力,有效支撑医疗卫生服务体系建设。

行业布局应当从有利于大企业通过规模效益来实施技术创新和有利于小企业通过产业集群保持创新活力的角度着手。根据发达国家的发展经验,医疗器械企业是靠创新产品占据市场先机,依赖持续研发来助推行业领先。对我国现有的医疗健康产业的已有大型企业,进一步提高行业集中度和进行行业整合。实施强强联合,扩大规模效益,以保证提供巨资进行创新研发和持续研发,维持企业的竞争优势。对于中小企业,应该促进地区集群发展态势,共享产业资源、渠道和公共技术平台,充分发挥出中小企业的创新活力,以这种活力源泉来不断搅动行业创新发展。对国内已经初具产业集群形态的区域,如广东深圳、江苏苏州和浙江宁波等区域,应切实做好加强产业集群的工作。

3.关注老龄化发展

老龄化社会将对我国医疗保健产品产生深远影响,老龄化将成为 21 世纪人类社会的主要特征。这一特征将不断改变人们的生活方式和思想观念,引发医疗保健产品产业的不断发展。因此我国未来医疗保健产品设计产业必须关注老龄化社会条件下,老年人群的医疗健康需求,针对我国居家养老的主流模式,面向居家老人开发医用和家用医疗保健产品。

健康是老年人养老过程中的核心问题。在老年人口中,约 80% 的人患有一种慢性疾病,约 50% 的人至少患有两种慢性疾病。日常健康监护和慢性病管理的软硬件产品将在养老过程中发挥重要作用,要重点发展新型的穿戴式心血管疾病监护设备及软件系统、退变性神经疾病随身监测和治疗产品。为了对抗老年人器官功能的自然衰退,提高老年人生活质量,用于身体功能增强和提供生活便利的健康康复用品将会有极大的发展空间,要重点发展针对老年人生理和病理情况的特殊医疗器械、特殊卫浴产品、特殊助行设备和康复护理用品。

4.关注家用医疗保健产品发展

家庭是医疗保健产品最重要的使用场所。目前,我国家用医疗保健产品市场还处在发展初期,具有进入壁垒低、发展速度快、投资回报率较高、风险相对较小的特点,正吸引着越来越多的资本进入。家用医疗保健产品的货源地集中在珠三角和长三角地区,特别是珠三角的深圳和长三角的浙江已发展成为我国各种医疗保健产品的重要制造基地。

医院专用医疗仪器是对疾病进行严格诊断和治疗,而家庭医疗保健产品主要是在生活中对使用者的饮食、运动、起居、心理进行调整以实现健康目标,或是给出较为宽松的疾病初筛,以促进使用者进行积极的医疗干预。首先发展传统的家用医疗器械升级产品,实现更加智能化、集成化、便携化、无创化以及安全可靠、经济适宜的产品。发展针对家用的预防和个性化治疗的医疗保健器械,利用中国人口优势,开展大规模人群的生理和病理研究,开发满足个体差异的个性化诊疗辅助产品。

5.关注重点领域医疗保健产品创新设计

在应急救援领域,重点围绕自然灾害、公共卫生应急、战创伤救治和基层急救等不同需求,开发全天候、全地形、移动式医疗产品,保障应急体系建设需求;创新设计更加适用的伤员搜寻、现场急救、转运救治、院内急救等应急医学救援链装备及系统。保障城乡急救体系、公共卫生应急体系建设需求,创新发展适合中国国情的移动式重症监护救治系统和生命支持设备等产品。

在移动健康领域,以消费者为导向的健康保健产品是一个重要的需求导向,通过与电子、信息、材料等领域密切结合,积极发展新式移动医疗与移动健康用品的创新设计,开发出一批便携式、低功耗、智能化的移动健康监护和治疗终端;通过运用社会化分享、大数据挖掘、云端处理、个性化服务等手段,结合互联网发展的特点,对传统的医疗健康产品和医疗服务进行再创新设计,发展新型的预防和健康/医疗管理服务系统和信息管理系统。

在传统的医疗器械领域,随着现代医疗技术的快速发展,针对我国乡镇和社区医疗机构的特点,通过集成创新设计构建用于诊断和治疗不同病况的综合性创新型医疗器械产品将是较为理想的选择。重点鼓励利用集成理念来创新设计低成本、多功能的诊疗一体化设备,做到一机多能、诊疗合一。

在分子生物学领域,利用基因组学、蛋白组学和代谢组学技术,寻找可用于早期诊断的生物标记物,通过生物芯片、核酸扩增、测序/质谱与疾病诊断关联技术构建出新型的分子诊断和生物芯片产品。分子生物学技术能够根据基因组、蛋白组和代谢组的综合异常情况来早期诊疗癌症、重大慢性疾病、传染病以及遗传性疾病,并能够对异常情况进行全程监测。新型分子诊断产品与个性化的诊断紧密结合,是对医疗保健产品革命性设计的关键。

在公共健康领域,利用网络和数据库技术,建立全民健康状况的网络数据库,并利用网络数据库进行个人健康信息管理。创新设计一些系统和模式来对国民健康进行宏观管理,统计并研究各种疾病发生的区域特征和人群结构,控制各种传染性疾病的蔓延,加强对高发疾病的预防等。

在传统医学领域,深入挖掘我国传统医疗保健的经验知识,关注功能医学、补充医学,以及自然医学养生保健与治疗方法的研究与发展,发挥传统医学和自然医学的特色,结合现代信息技术等先进科学技术,创新传统医学、功能医学等医疗保健技术和保健装备的设计与制造。

6.关注"健康物联网"的创新服务设计

"健康物联网"是在现代互联网及通信技术与医学信息技术结合基础上构建的一种全新的医疗服务和健康管理模式,它具有物联网渗透性强、带动作用大、综合效益好等特点,能够实现远程医疗和自助医疗,进而降低公众的医疗成本。"健康物联网"还能够帮助实现数字化的健康管理。这种新的健康管理模式可提供实时服务,为用户提供在线服务平台,为卫生管理者提供健康档案实时的动态数据。

在健康物联网领域通过创新设计来发展适用于医疗健康的网络化操作系统、海量健康数据处理软件等为代表的基础软件、云计算软件、智能终端软件、信息安全软件等。通过创新设计来推动大型生理健康信息资源库的协同构建,通过多种模式,按照需求驱动的设计原则来培育云计算服务、远程医疗服务和主动健康服务等新兴服务业态。鼓励通过众创设计手段,围绕健康监护的各种传感器及传感器处理获取和处理技术,构建新型的健康数据采集终端产品。通过创新设计来整合集成远程医疗、移动医疗和医疗服务机构现存各种物联资源,构建适合国情的医疗健康物联服务平台。

(三)产业发展政策

1.强化医疗保健创新设计基础研究

科技发展的驱动力对医疗保健产业发展的推动力是巨大的,而在不同的时期,由于具体学科领域技术发展有所差异,医疗保健产业的发展也在相应的不同方向有所突破和创新。当今世界科技发展日新月异,预示着医疗保健产业技术在许多不同的方向存在着较大的发展空间和潜力。因此应当注重疾病和养生保健的基础研究,发展新型技术与医疗保健需求的融合将是第一要素。围绕这一目的,设置一些专项项目和持续研发机制。

2.发展具有我国特色的新型医疗保健产品

我国政府大力推行医疗体制的改革,明确将医疗的重点由疾病的诊断和治疗,转移到疾病的防治上来;同时加大对各级乡镇和社区医疗网点的建设力度。医疗体制的改革,使得医疗器械市场需求随之发生变化,不可避免地引发医疗器械产业重心的转移,一些新型结构与功能组合的医疗器械将出现,具有较大的创新设计发展空间。

3.加强医疗保健产品创新设计的过程管理

医疗保健产业关系到人民生命安全和身体健康,因此,世界各个国家和地区都将其列为重点监管的行业。为了确保医疗保健产品的安全性和有效性,我们要加快制定医疗保健产品的市场准入制度和相关的法规体系,加强医疗保健产品创新设计的过程管理。

4.打造医疗保健产品创新设计企业联盟

建立医疗保健产品公共技术平台和医疗保健产品创新设计联盟,打造产业支撑环境,吸引国际知名企业的跨国合作,吸引和培育拥有核心技术的团队创业,鼓励创新、鼓励创业。

5.加快医疗保健新产品的商业化进程

我国目前的新型医疗保健产品开发缺乏国家级研发机构的参与,国内高等院校的研究项目又往往与实际使用严重脱节,因此医疗保健产品制造企业成为行业内新产品开发的主体。遗憾的是大多数企业由于生存的压力,往往将有限的资金投入到企业生产能力的提升、销售市场的拓展等实用领域,忽略了自身新技术和新产品的开发,即使有"新产品"也限于对国外产品的跟踪模仿,这使国内的医疗产品企业在国际市场上未能有较大作为。

【参考文献】

[1]中共中央国务院关于深化医药卫生体制改革的意见(中发〔2009〕6号).

[2]国务院.关于促进健康服务业发展的若干意见(国发〔2013〕40号).

[3]中华人民共和国科技部.医疗器械科技产业"十二五"专项规划(国科发计〔2011〕705号).

[4]中国医药物资协会.2013年中国医疗器械蓝皮书.2013.

[5]中国保健协会,国务院国有资产监督管理委员会研究中心.保健蓝皮书.中国保健用品产业发展报告,2012.

[6]田小俊,徐红蕾,彭晓龙.我国医疗器械标准化现状及发展策略研究.中国医疗器械杂志,2013,37(4).

[7]储云高,朱颖峰,钱虹,等.对我国医疗器械标准体系建设的几点建议.上海食品药品监管情报研究,2012(8).

[8]秦永清,王晓庆,朱晓伟.我国医疗器械产业存在的突出问题.中国医疗器械信息,2006,13(2).

[9]刘晓明.科技创新是提高医疗器械产业在市场经济条件下竞争力的关键.经济研究导刊,2010(13).

[10]乔丽华.科技创新是提高我国医疗器械产业在全球经济一体化条件下竞争力的关键.中国医学装备,2008,5(12).

社会医疗保险对老年人健康水平的影响

——基于浙江省的实证研究*

□ 刘晓婷**

摘　要：根据 2010 年浙江省城乡老年人口生活状况调查的数据,对于老年人的社会医疗保险问题,不仅要关注覆盖面的扩大,更应关注不同保险项目参保老人之间的健康平等。在揭示医疗服务使用与健康水平负向关系这一主效应基础上,研究发现,职工医保作为中间变量可以改善使用较多医疗服务老人的健康水平,新农合的作用则相反。研究希望对医疗保险的改革思路进行反思,全民医保的改革思路不仅是医疗服务可及性的提高,更应该是不同社群享有平等的医疗福利,并最终促进健康结果的平等。

关键词：医疗保险；健康水平；医疗服务使用；社会支持；健康平等

一、一个未完的争论：医疗保险与医疗服务使用及健康水平的关系

2012 年的最新数据显示,中国城镇职工基本医疗保险、城镇居民基本医疗保险和新型农村合作医疗三项社会医疗保险参保人数已达 13 亿,覆盖了 95％以上的城乡居民。① 由此可见,社会医疗保险在参保率方面已经接近于全民覆盖。很多研究已证明,医疗保险覆盖率的扩大有利于降低病人的疾病负担和增加医疗服务的使用(Davis,1991；Hanh,1994；Kwack et al.,2004；Meer & Rosen,2004)。但是,医疗保险覆盖面的扩大和健康水平的关系却存在较大争议。一些研究表明,拥有医疗保险有助于提高健康水平

＊　本文发表于《社会》2014 年第 2 期。

＊＊　刘晓婷：浙江大学公共管理学院。

①　参见：2012 年 2 月中国医改办公室公布的数据。

（Card，Dobkin & Maestas，2008；Decker & Remler，2005；Lichtenberg，2002），但也有一些研究认为医疗保险的扩展并非一定提高健康水平（Brown，Bindman & Lurie，1998；Levy & Meltzer，2004）。

在实证研究中，无论是医疗服务的可及性还是实际的使用量，医疗保险对医疗服务使用的正向效应都比较明确。在医疗服务的可及性方面，是否拥有医疗保险是最显著的影响因素之一（Freeman et. al.，2008；Institute of Medicine，2001）。在医疗服务的实际使用量方面，有保险的人比没有保险的人的医疗服务资源使用频率更高（Hoffman & Paradise，2008；Weissman & Epstein，1993；饶克勤，2000）。例如高军等（Gao，Raven & Tang，2007)使用1993—2003年的数据测量了中国老人群体住院服务的使用，有医疗保险的老人是无保险老人的两倍左右。拥有医疗保险对医疗服务使用的影响在弱势社群中更为显著（Chen et al.，2007；Ungaro & Federman，2009），例如老人群体和因病致贫者（Decker & Remler，2005）。

既然医疗保险可以提高医疗服务的使用，但为什么以往研究却在医疗保险在对健康水平的直接影响上存在争议？笔者认为，原因主要有以下三点。

第一，医疗保险本身的复杂性，而且有多个维度。不同的保障水平对健康的影响不同，因此，即使是通过实验或者类实验方法测出的保险对健康的影响，也只是被限定在某个特定的范围内（Keeler et al.，1985；Card et al.，2008）。在有医疗保险的社会群体中，由于保险机制规定了不同的共付比例（copayments）、免赔额（deductibles）等，不同的保障水平和保险项目对参保者的医疗行为也有不同的影响（Cheng & Chiang，1998；王延中、龙玉其，2010；高建民等，2011）。

第二，健康水平本身也是极其复杂和多元构造的，采用不同的健康变量就会得到不同的研究结果。卡德等（Card et al.，2008)通过自然实验设计测量了保险覆盖面扩大对老人健康水平的影响，结果显示，保险覆盖面扩大有助于提高自我报告的健康水平（self-reported health），而对死亡率没有统计上的显著影响。如果缺乏对健康水平强有力的测量方法，那么在解释结果的时候就要格外当心，特别是得到医疗保险对健康没有统计显著性的结果时，很可能是因为用死亡率来代表健康过于粗糙了（不够敏感），没有反映出真实的健康变化程度（Levy & Meltzer，2004）。

第三，医疗保险可能作为一个中间变量（moderator），对医疗服务使用和健康水平之间的关系起到调节作用，而这个作用恰恰被以往的实证研究所忽视。

鉴于此,本研究认为,是否有资格享有医疗保险只是问题的一个方面,不同保险项目的差别会影响具体的医疗服务使用和健康结果。在中国,社会医疗保险也是依据人群划分并建立在身份差别基础之上的。比如,城镇职工、城镇居民、农村居民、农民工等,不同人群享有不同的保障水平和补贴标准。一些研究表明,城镇职工基本医疗保险的筹资水平和费用补偿水平都远高于城镇居民基本医疗保险和新农合;城镇职工基本医疗保险参保者的医疗服务使用(患病率、就诊率、次均费用等)均高于其他两个社会医疗保险项目参保者(吕文洁,2009;张研等,2013)。

老年人作为具有较高医疗需求的弱势社群,其人口比重通常可以解释医疗卫生费用和公共年金支出变化的 92%(乌日图,2004)。根据 2010 年中国第六次人口普查数据显示,在 60 岁以上的老年人口中"不健康"的老人占全部老年人口的 16.85%,[①]但医疗保障制度却缺乏足够的准备与回应。而且老人的医疗保险待遇并不是统一的资格享有,而是体现了身份的差别:参加城镇职工基本医疗保险和公费医疗的离退休老人享有最高的医疗保障待遇,而农村老人和城镇非退休老人则依据缴费贡献的差别仅被待遇较低的医疗保险项目覆盖。老年人较高的医疗保障覆盖率建立在不公平的待遇基础上,医疗服务使用方面的公平又因较高的自付比率而降低(Wang et al.,2005)。因此,不同项目参保老人之间保障权益的不平等和需要的不被满足是深层次的不公平。这就需要我们识别各保险项目参保老人的特征,分析这种差别化的医疗保险政策分别对老人医疗服务使用和健康水平产生了哪些影响。

要想终结以上争论,我们必须清醒地意识到,医疗保险只是影响老人健康水平众多社会决定因素之一,他们之间的关系还会受到其他因素的制约。如社会经济地位影响老年人的医疗服务使用与健康水平(Marmot,2004;Rudkin & Markides,2002;Smith,1999);中国的城乡户籍差别也是重要的影响因素(王俊等,2008;阎萍,2008);社会支持是老年人疾病发生率与死亡率等健康指标的重要预测变量(Kasl,1977;Stroebe et al.,1982)。总之,现有研究对老年人健康水平的社会影响因素已有许多探讨,但是对于医疗保险在其中所起到的作用则缺乏足够的检视,特别是不同保障项目参保者之间医疗福利权利与健康结果的不公平未得到足够的重视。这也是中国医

---

① 数据根据国家统计局公布的 2010 年第六次人口普查数据计算得出。

疗保障制度改革从关注覆盖面的扩大向提高制度公平性转型的重要议题。

鉴于此,本研究提出如下两个问题:首先,不同医疗保障项目参保老人之间在医疗服务使用与健康水平维度是否以及存在怎样的差异?其次,这种差异是如何形成的,即有哪些决定因素影响老年人健康水平和医疗服务使用,医疗保险在其中起怎样的作用?为了回答以上问题,本研究对2010年中国城乡老年人口生活状况调查①中浙江省调查数据进行分析。首先考察不同医疗保险类型参保老人的基本特征,然后通过方差分析探讨不同医疗保险项目参保老人的医疗服务使用差别和健康水平差别,再通过多元线性回归的统计方法识别老人健康水平的影响因素,最后通过交互作用分析识别医疗保险对老人医疗服务使用和健康水平关系的调节作用。

二、各医疗保险项目参保老人的健康不平等

在过去的10多年中,中国城乡医疗保障制度覆盖面不断扩大,农村老人的参保率从2000年的8.9%上升到2006年的44.7%,到2010年已经达到了98.3%。新型农村合作医疗基本实现全覆盖;城镇老年人享受基本医疗保障的比率达到95.3%,比2000年提高了40%。② 作为沿海经济发达地区,浙江省医疗保障的发展不仅体现在覆盖面的扩大上,还在提高保障待遇和促进城乡统筹方面进行了有益的探索,真正触及了医疗保险改革的核心。截至2011年4月,浙江省各项医疗保险参保率为92%,所有县、市、区最高支付限额均达到全国农民人均纯收入的6倍以上,所有统筹地区均实施了门诊统筹制度,基层医疗卫生机构门诊费用报销比例接近30%,而且所有县、市、区均实现了统筹区域内医疗费用实时结报。③

以上这些宏观数字反映的是社会医疗保险改革对整体老人医疗保障的改进程度。具体而言,各医疗保险项目参保老人在基本特征、医疗服务使用和健康水平方面所存在的差距,则体现了不同社会保险参保老人社群之间的健康不平等。

---

① 该调查采用按总体比例的等概率抽样(Probability Proportional to Size Sampling,PPS)框架进行抽样,浙江省总样本为2950份(其中农村样本1500份,城镇样本1450份)。

② 数据来源:2010年我国城乡老年人口追踪调查报告,全国老龄工作委员会办公室发布,2012年7月10日,http://www.cncaprc.gov.cn/。

③ 数据来源:浙江省医疗改革办公室,2011年4月12日。

（一）老人的基本特征

在总样本中，49.5%的老人参加新型农村合作医疗，36.1%的老人参加城镇职工基本医疗保险和公费医疗，8.8%的老人参加城镇居民基本医疗保险，0.4%的老人参加商业医疗保险[①]，还有5.2%的老人没有任何医疗保障。由表1我们可以识别出"无保障"老人的特征：高龄、女性、无配偶、农村户籍、收入和受教育程度均较低。此外，在拥有医疗保险的老人当中，我们也可以看到不同保险项目参保老人的特征：与职工医保参保老人相比较，新农合参保老人的受教育程度较低，城镇居民医保保护的女性老人和低收入老人较多。

表 1　各保险项目参保老人的基本特征

	城镇职工基本医疗保险（含公费医疗）	新型农村合作医疗	城镇居民基本医疗保险	商业医疗保险	无保障
年龄（岁）	71.66	71.71	72.34	68.38	73.36
性别（%）					
女性	43.4	49.3	65.4	61.5	57.2
男性	56.6	50.7	34.6	38.5	42.8
婚姻状况（%）					
有配偶	78.6	64.3	61.5	76.9	53.9
无配偶	21.4	35.7	38.5	23.1	46.1
户口（%）					
农村户口	2.7	90.8	10.5	7.7	55.3
非农户口	97.3	9.2	89.5	92.3	44.7
收入（元）					
家庭收入	33753.15	26068.15	20583.22	27880.00	15480.72
个人收入	6097.48	5019.71	4344.69	4041.25	4171.64

---

　① 由于中国的医疗保障体系依然以"社会医疗保险"为主，所以对于既拥有"社会医疗保险"又有"商业医疗保险"的老人，本研究将其划入"社会医疗保险"的各项目组别。这里"商业医疗保险"参保者是指只拥有商业医疗保险而无社会医疗保险的老人。

续　表

	城镇职工基本医疗保险（含公费医疗）	新型农村合作医疗	城镇居民基本医疗保险	商业医疗保险	无保障
受教育程度（%）					
不识字	10.2	52.2	32.7	23.1	53.3
私塾或小学	30.8	37.7	47.1	46.2	32.9
中专或高中	19.0	0.8	5.1	7.7	3.3
大专、大学及以上	13.4	0	0.4	0	0

注：家庭收入包括出租房屋收入和征地补贴；个人收入由劳动与社会保障收入、金融与租金收入、救助补贴、转移性收入以及其他收入组成。

比较收入水平，无保障老人的平均收入（无论是家庭收入还是个人收入）最低，职工医保参保者的平均收入最高。有意思的是，仅从收入均值看，新农合参保老人的平均收入高于城镇居民医保的参保老人。也就是说，在社会经济地位上，城镇没有正规工作的老人比农村老人还要弱势。这一数据进一步打破了城镇老人的医疗保险购买能力一定比农村老人强的论断，从一个侧面支持了不分城乡，将新农合与城镇居民医保统一的政策变革。当然，这可能与浙江省的区域独特性有关，作为东部沿海经济发达地区，随着城镇化进程的加快与农村第三产业的扩展，城乡居民的收入差距进一步缩小。

（二）医疗保险类型与老人医疗服务使用的不平等

本研究用医疗开支操作化医疗服务使用。在调查中，涉及被访老人医疗开支的变量主要有三个：当年看病和住院的总花费，保险支付的费用，个人负担的费用。总样本看病平均花费为 2938.04 元，医疗保险平均支付 1932.54 元，个人平均负担 1833.69 元。而使用过医疗服务（看过病或住过院）的老人看病平均支出为 5050.82 元，其中医疗保险平均支出 2336.98 元，个人平均支付 2181.86 元。图 1 反映了各医疗保险项目参保者的平均医疗费用支出情况。

由此可见，城镇职工基本医疗保险参保老人的住院和看病总花费均值（5435.93 元）和保险平均支出（3766.55 元）均远高出其他保险项目。而没有保障老人的平均个人负担（2387.98 元）最高，其次为新农合参保老人（1868.48 元）。为了更准确地考察以上各种保险类型参保老人医疗开支的差别，本文引入一元方差分析的方法，分别比较三个变量（总开支、保险支付、个人负担）的均值在各保险类型间的差别（见表 2）。

■ 个人支出　■ 保险支出　■ 看病和住院总花费

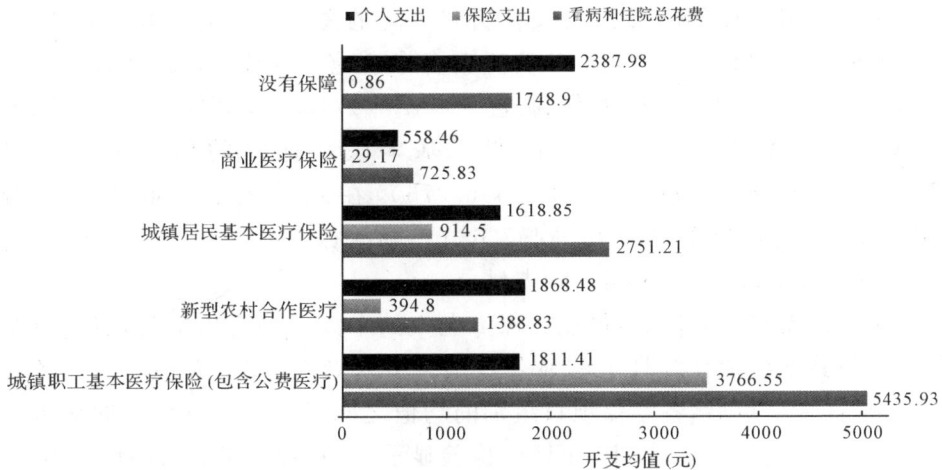

图 1　不同保险类型的参保者医疗开支均值比较

表 2　方差分析结果

	医疗保险类型					$F\,(df)$	p 值
	城镇职工基本医疗保险	新型农村合作医疗	城镇居民基本医疗保险	商业医疗保险	无保障		
看病和住院总花费	5435.93	1388.83	2751.21	725.83	1748.90	11.198 (4，2735)	0.000
保险支出	3766.55	394.80	914.50	29.17	0.86	9.121 (4，2014)	0.000
个人支出	1811.41	1868.48	1618.85	558.46	2387.98	0.310 (4，2052)	0.871
个人疾病的经济负担	0.065	0.640	0.347	0.061	0.345	6.037 (4，1853)	0.000

注：个人疾病的经济负担采用"老人个人医疗支出占家庭收入的比率"来测量。

由表 2 可见，各组看病和住院总花费均值中，至少有一组均值与其他组之间存在统计上的显著差异（$F=11.198$，$p<0.05$）；各组保险支出均值中也至少有一组均值与其他组之间存在统计上的显著差异（$F=9.121$，$p<0.05$）。但是，各保险项目参保者个人平均支出之间并无统计上的显著差异（$F=0.310$，$p=0.871$）。通过 Post Hoc 检验分别对每两组进行比较，

城镇职工基本医疗保险参保老人看病和住院的总花费（M＝5435.93,95％
CI(3948.54～6923.32)）显著高于新农合参保老人（M＝1388.83,95％CI
(1145.01～1632.64)）与无保障老人（M＝1748.90,95％CI(920.97～
2576.84)）的总医疗开支。城镇职工基本医疗保险的保险平均支付
（M＝3766.55,95％CI(2567.34～4965.76)）在统计上显著高于新农合
（M＝394.80,95％CI(293.92～495.68)）、城居医保（M＝914.50,95％CI
(439.06～1389.94)）的平均保险支付。

从个人支出绝对值看，虽然无保障老人的个人平均支出最高，但并没有
显示出与其他组别在统计上的显著差别。引入老人的"个人疾病的经济负
担负担"这一变量后，各参保项目组别的均值之间显示出了统计上的显著差
异（F＝6.037,p<0.05)。Post Hoc 检验显示，新农合参保老人（M＝0.640,
95％CI(0.370～0.910)）与无保障老人（M＝0.345,95％CI(0.144～0.546)）
的个人疾病负担均值都显著高于职工医保（M＝0.065,95％CI(0.049～
0.081)）与商业医保（M＝0.061,95％CI(－0.005～0.128)）参加者的个人疾
病负担均值。这一结果进一步说明了城镇职工基本医疗保险的待遇水平最
高，且与其他项目相比，该保障项目切实降低了老年人及其家庭的疾病负
担。与之相反，参加新型农村合作医疗的农村居民及无保障老人依然承担
着相对较高的疾病经济负担，现行的医疗保险资源分配格局并未降低这些
弱势社群的医疗开支压力，医疗保险制度的公平性亟须得到重视。

（三）医疗保险类型与健康水平的不平等

社会科学对健康水平的研究主要集中于身体和心理的健康状况，并在
人们所生活的不同社会文化、社会阶层、社会族群、社会性别与社会网络下
进行解释（Davies，1996)。具体而言，老年人的健康水平测量主要有自我评
价的健康水平（Angel & Frisco，2002)、日常活动功能能力量表（Johnson
& Wolinsky，1993)、健康相关的生活质素量表（Ware & Gandek，1998)，
以及心理健康测量量表等。在以往的实证研究中，自评健康状况和日常生
活能力得到了较多运用，但对老年人心理健康的社会解释较少。为了弥补
以往实证研究中对"健康水平"测量的不足，本研究采取了多元化的概念，把
健康水平操作化为 3 个变量[1]——自评身体状况、日常生活能力（身体健

---

[1] 本应采用"健康相关的生活质素"（Health-related Quality of Life）这一变量来检验老人健康福
利（health well-being)的变化，但是受到二手数据的限制，无法采用该研究设计。

康)、社会心理风险因素(心理健康)①。这里的健康水平既包括身体健康也包括精神健康,将健康水平的不同维度分开测量,使我们可以清晰地看到不同保险项目分别对老年人身体健康和心理健康的具体影响。

首先,由图 2 各保险项目参保老年人的自感健康状况可见,没有保障老人的自感健康状况较差,认为“很差和较差”所占比率最高(25.7%),其次是新农合与城居医保的参保者(分别为 19.9%和 18.4%),而商业医疗保险参保老人的自评身体状况较好。尽管职工医保参加者具有较好的社会经济地位,认为自己身体“较好和很好”的老人在新农合与城居医保中的比率(分别为 41.9%和 40.6%)仍略高于其在职工医保中的比率(39.8%)。其次,日常生活能力量表是用来测量维持日常生活和处理日常事务的基本功能,共 16项,分值越高表示日常生活能力越强 (Cronbach's Alpha:0.932)。通过比较各组的均值发现,城镇职工基本医疗保险参保者身体健康水平最高(46.06),其次为商业保险(45.38),再次为城镇居民医保(44.81)和新农合(44.15),无保障老人的日常生活能力均值最低(43.32)。单因素方差分析结果显示,以上各组之间至少有一组样本均值与其他组均值间存在显著差异 ($F=20.388, p<0.05$)。Post Hoc 检验显示城镇职工基本医疗保险参保老人平均身体健康程度在统计上显著高于新型农村合作医疗、城镇居民医疗保险和没有保障的老人。

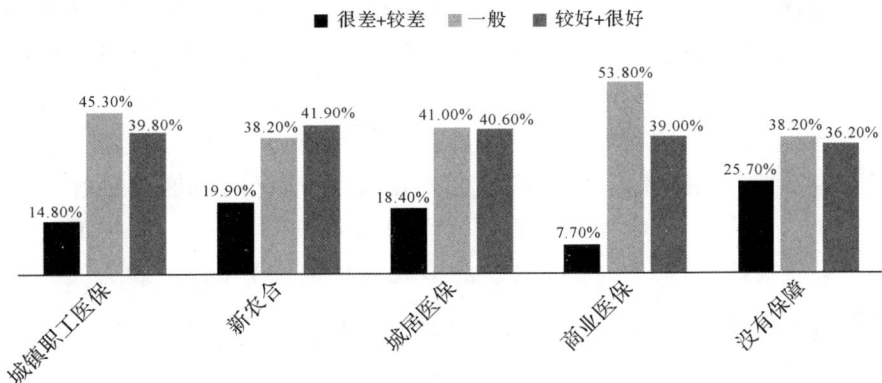

图 2　各保险项目参保老人的自感健康状况

① 其中,“自评身体状况”是五分量表。“身体功能能力”采用 IADLs 量表,老人自己报告处理以下16 项日常事务的能力——吃饭、穿衣、上厕所、上下床、扫地、日常购物、做饭、洗衣、提起 20 斤重物、管理个人财务、步行 3~4 里、洗澡、在室内走动、上下楼梯、使用电话、乘坐公交车。“社会心理风险因素”采取对以下 9 项风险的担忧程度来测量——没有生活费用来源、生病时没有钱治病、需要时没有人照料、社会不安定、子女不孝、养老金不够养老、子女失业、交通不安全、生病时治愈不了。

在心理健康方面，社会心理风险因素量表通过了可靠性检验（Cronbach's Alpha：0.857），均值是 32.49，中值是 33（分值范围是 9～45，分值越高，社会风险因素越小，心理健康水平越高）。与日常生活能力相类似，职工医疗保险参保者显示出最高的心理健康水平（34.31），其次是商业医疗保险（33.50）。不同的是，无保障老人（32.61）的平均心理健康水平高于新农合（31.26）与城镇居民基本医疗保险（31.60）的参保者。单因素方差分析结果显示，以上各组之间至少有一组样本均值与其他组均值间存在显著差异（$F = 26.075, p < 0.05$）。Post Hoc 检验显示，城镇职工基本医疗保险参保老人平均心理健康水平在统计上显著高于新型农村合作医疗和城镇居民医疗保险的参保老人。这说明，较高的保障水平有助于降低老人心理担心程度和心理疾病的风险。与身体健康结果不同，无医疗保障老人的心理健康均值并未呈现与其他保障项目的显著差异。

三、老人健康水平的多元线性回归模型

由上文可知，健康水平的不同维度在各保险项目参保老人之间呈现出不同特点，因此，有必要针对健康水平的不同维度建立分层多元线性回归模型，探索老人健康水平的影响因素（见表3）。其中模型1的因变量是自评健康水平，模型2解释身体健康水平，模型3预测心理健康水平，模型4因变量"整体健康水平"是由前三个维度组合而创建的变量[1]。本研究所选取的自变量在微观层面主要有年龄、社会经济地位[2]（包括受教育程度、家庭收入）、慢性病种数；在中观层面是社会支持、本社区是否拥有社区医疗机构；在宏观层面主要选取的因素是本研究最为关心的"医疗保险"（变量描述性结果参见表4）。回归分析对缺失值的处理采用 Listwise 剔除方法，模型经检验不存在多重共线性问题。通过初步的多元线性回归分析，在微观部分剔除了统计上不显著的人口学变量，包括性别、婚姻状况。

---

[1] "整体健康"的构建：首先将"身体功能能力量表"与"心理风险因素量表"重新编码为 5 分的定序变量（ordinal variable），再将其与"自评健康水平"（5 分量表）合并为一个反映综合健康水平的变量。

[2] 在以往的文献中，社会经济地位是影响老人健康水平的重要个人因素，受教育水平和收入水平被认为是社会经济地位的重要测量指标（Blau & Duncan, 1967）。

表 3　老年人健康水平的多元线性回归结果

变量	模型1 自评健康水平	模型2 身体功能能力	模型3 心理风险因素	模型4 整体健康水平
	β(SE)	β(SE)	β(SE)	β(SE)
年龄	−0.054(0.003)**	−0.311(0.017)***	0.190(0.028)***	−0.078(0.003)***
受教育程度	0.032(0.020)	0.082(0.109)***	0.045(0.174)	0.094(0.019)***
家庭收入	0.062(0.000)**	−0.005(0.000)	0.074(0.000)***	0.067(0.000)**
慢性病种数	−0.382(0.010)***	−0.235(0.057)	−0.198(0.090)***	−0.374(0.010)***
户口类型	0.031(0.120)	−0.062(0.647)**	0.009(1.041)	−0.015(0.112)
社会支持	−0.063(0.001)**	0.075(0.006)**	0.113(0.010)**	0.129(0.001)**
社区医疗机构	0.015(0.066)	0.064(0.355)**	0.055(0.594)**	0.070(0.064)**
城镇职工医保	0.426(0.402)**	0.283(2.279)	0.555(3.565)**	0.588(0.403)**
城镇居民医保	0.335(0.404)*	0.162(2.290)	0.301(3.585)*	0.363(0.405)**
新农合	0.234(0.406)*	0.103(2.305)	0.237(3.598)*	0.263(0.407)**
商业医疗保险	0.071(0.313)*	0.012(1.829)	0.094(2.703)**	0.083(0.317)**
无保障	0.162(0.413)	0.070(2.342)	0.231(3.667)**	0.197(0.414)*
常数	2.991***	57.916***	10.170**	3.056***
N	1253	1211	1202	1165
R^2	0.174	0.229	0.120	0.241

注:显著性水平,*** $p<0.01$, ** $p<0.05$, * $p<0.10$。

除去保险因素,模型 1 表明 4 个自变量(年龄、家庭收入、慢性病种数、社会支持)统计上显著地预测因变量"自评健康水平"($R^2=0.174$, $F(12,1240)=21.793$, $p<0.001$)。这个模型总共可以解释 17.4% 因变量的变异程度。比较各自变量的标准化回归系数可以发现,"慢性病种数"对预测"自评健康水平"的贡献最大($\beta=-0.382$, $t=-14.441$, $p<0.01$);其次为"社会支持"($\beta=-0.063$, $t=2.380$, $p=0.017$)。

不考虑医疗保险变量,模型 2 显示 6 个自变量(年龄、受教育程度、慢性病种数、户口类型、社会支持、拥有社区卫生机构)统计上显著地预测因变量"身体功能能力"($R^2=0.229$, $F(12,1198)=29.719$, $p<0.001$)。模型可以解释 22.9% 因变量的变异程度。比较标准化回归系数,我们可以看到年龄与身体健康的负向关系对"身体功能能力"的解释力最强($\beta=-0.311$, $t=-11.754$, $p<0.01$);其次为"慢性病种数":控制其他变量,老人所患慢性病每增加一种,意味着身体功能能力下降 0.235 个标准差。此外,一个有

趣的发现是,在控制其他自变量的前提下,城镇户籍的老人比农村户籍老人的身体功能差。而户籍因素在其他三个回归模型中并未显示统计上对健康水平的成功预测。同样是先不考虑保险因素,模型 3 说明有 5 个自变量(年龄、家庭收入、慢性病种数、社会支持与社区医疗机构)对"心理健康水平"的解释具有统计的显著性($R^2 = 0.120$,$F(12, 1189) = 13.471$,$p < 0.01$)。模型可以解释 12.0% 因变量的变异程度。这里与模型 1 和模型 2 不同的结论是老年人随着年龄的提高而担心的生活问题减少,心理健康水平提高,而身体功能能力与自评健康水平却呈现逐步下降的趋势。模型 4 表明除户籍外的所有自变量对"整体健康水平"的解释都具有统计上的显著性($R^2 = 0.241$,$F(12, 1152) = 30.548$,$p < 0.01$))。从以上 4 个模型中,我们发现"社会支持"因素对老年人健康水平的每一个维度都呈现了一致性的正向作用,以及"慢性病种数"与健康水平的负向效应。这是保险因素之外对老人身心健康影响的重要的社会决定因素。

表 4　回归模型中所用变量的描述性统计结果

变量	样本	均值 (标准差)	最小值	最大值	解释
因变量					
自评健康水平	2937	3.27 (0.877)	1	5	1—5 分定序变量
身体功能能力	2857	44.85 (5.663)	16	48	量表 Cronbach's Alpha＝0.932
心理风险因素	2752	32.41 (7.563)	9	45	量表 Cronbach's Alpha＝0.857
整体健康水平	2676	3.36 (0.898)	1	5	1—5 定序变量
自变量					
年龄	2940	72 (7.647)	60	98	连续变量
受教育程度	2934	2.11 (1.121)	1	5	1—5 分定序变量
户口类型	2937	0.50 (0.500)	0	1	虚拟变量,1＝城镇户口
家庭收入	2476	13496.70 (43932.72)	0	1851851.85	连续变量
慢性病种数	2940	2.11 (1.915)	0	16	连续变量

续　表

变量	样本	均值 （标准差）	最小值	最大值	解释
社会支持	1421	23.25 (18.694)	0	210	量表 Cronbach's Alpha＝.795
是否拥有社区医疗机构	2940	0.74 (0.437)	0	1	虚拟变量,1＝本社区有医疗机构
是否有医疗保险	2934	0.95 (0.221)	0	1	虚拟变量,1＝拥有医疗保险
城镇职工基本医疗保险（含公费医疗）	2934	0.36 (0.481)	0	1	虚拟变量,1＝参加职工医保
新农合	2934	0.50 (0.500)	0	1	虚拟变量,1＝参加新农合
城镇居民基本医疗保险	2934	0.09 (0.283)	0	1	虚拟变量,1＝参加新农合
商业医疗保险	2934	0.00 (0.041)	0	1	虚拟变量,1＝有商业医保
无保障	2934	0.05 (0.221)	0	1	虚拟变量,1＝无任何医疗保障
看病和住院的总花费	2747	2938.04 (14717.135)	0	500000	连续变量
医疗保险支出	2024	1932.54 (12409.627)	0	400000	连续变量

注：本研究计算家庭收入时考虑到家庭规模，参考了 OECD 的"等值家庭收入"（Equivalence Scale）（Hagenaars et al.，1994）。计算公式为"等值家庭收入＝家庭收入/[1＋0.5（同吃同住的配偶＋同住的父母数＋同吃同住的儿子数＋同吃同住的儿媳数＋同吃同住的女儿数＋同吃同住的女婿数）＋0.3（同吃同住的孙子女数、外孙子女数）]"。

有关医疗保险对老人健康水平的影响，相较于其他保险项目，城镇职工基本医疗保险在模型1、模型3、模型4中最为显著，且标准化回归系数高于其他保险项目。本研究也把"是否拥有医疗保险"纳入模型，结果该变量无论在哪个模型中均未呈现出统计上的显著影响，也就是说，有医疗保险的老人并不一定比没有医疗保险的老人健康水平更高。但是否拥有城镇职工基本医疗保险则可以显著地预测老人的健康水平。商业医疗保险的系数虽然在模型1、模型3、模型4中通过了统计性检验，但是其标准化回归系数较低,制约了其预测作用。需要强调的是,在模型2对身体功能能力的预测中,任何保险项目的回归系数都未呈现出统计上的显著效应。也就是说,由慢性病而引发的身体功能能力障碍并未受到现有医疗保障制度的影响。医疗保障制度所处理的疾病风险与身体功能能力下降而引起的失能风险要加以区分,长期护理保障制度才是解决失能老人照料需求的对症之策。

综上所述,这些自变量在对健康水平的不同维度的预测方面呈现出一些异同。相同点包括:社会支持在每一个模型中都呈现较强的正向作用,得到越多社会支持的老人就显示出越高的健康水平;拥有慢性病种数越多的老人,其身体健康和心理健康状况越差;本社区有医疗机构的老人其健康结果比其他老人好。不同点有:家庭收入对身体功能能力没有显现统计上的显著影响;但是家庭收入越高的老人对生活担心的程度就越低,心理健康水平越高。户口类型在除模型2之外的所有模型中均未呈现统计上的显著性,城乡户籍不再是直接影响老年人身心健康的重要变量。

四、医疗保险作为中间变量:交互作用分析

以上统计分析揭示了"是否拥有医疗保险"对健康水平的预测并没有显示出统计上的显著效应,而具体的医疗保险项目对身体健康和心理健康水平才显示出了统计上的显著影响。为了检验医疗保险、医疗服务使用与健康水平三者之间的关系,除了考察医疗保险与老年人健康水平的直接效应,我们还需要加进医疗服务使用,继续考察医疗保险的作用。这里我们继续假设:医疗保险作为一个中间变量,对"医疗服务使用"与"健康水平"的关系起到调节作用。于是我们通过交互作用分析来探讨"医疗保险"的交互效应(interaction effect)。

(一)"职工医保"作为中间变量

首先,从表5的主效应分析可见,过去一年的医疗服务使用越多,意味着当下的健康水平越差,即医疗服务的使用并未提高自评健康水平。这一结论当然不排除"健康水平"测量的有限性,我们缺乏一个综合反映老年人健康的指标(如"健康相关的生活质素量表")。另一个重要的原因可能是由于较差的"医疗服务"效果和质素。既然医疗服务的使用与健康水平呈现负的效应,那么"职工医保"作为一个中间变量是否可以调节二者的关系?(研究假设见图3)表5显示加入交互作用导致模型的解释力增加了1.5%。

表5　交互效应分析结果（职工医保作为中间变量）

	自评健康水平	身体功能能力
	β(SE)	β(SE)
看病和住院的总花费	−0.533 (0.000)***	−0.436 (0.000)***
职工医保	0.022 (0.035)	0.169 (0.228)***
职工医保 * 看病住院的总花费	0.390 (0.000)***	0.286 (0.000)***
常数	3.315***	44.462***
R^2	0.043	0.066
R^2 Change	0.015	0.009

注：显著性水平，*** $p<0.01$，** $p<0.05$，* $p<0.10$。

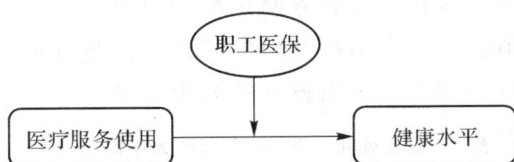

图3　研究假设："职工医保"作为中间变量

　　从表5和图4可见，交互效应表明医疗支出对健康水平的影响在有职工医保和没有职工医保的两组老人中呈现出不同的特点：如果拥有职工基本医疗保险，则可以缓解医疗开支对健康水平的影响。也就是说在医疗支出较高的老人中，拥有职工基本医疗保险的老人比没有职工医疗保险的老人，显示出更高的自评健康水平。

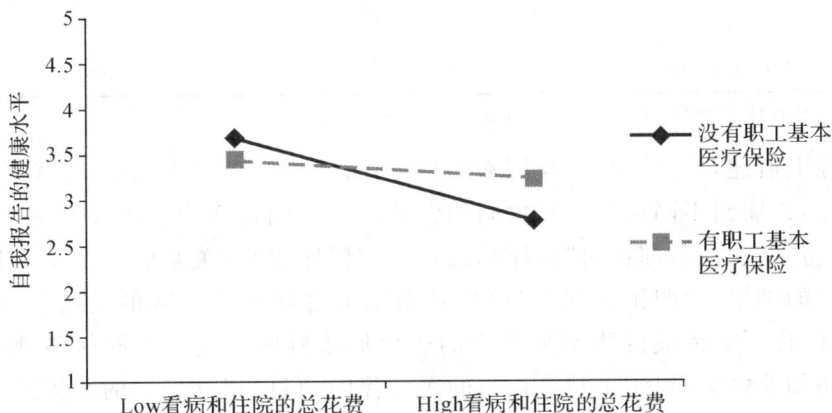

图4　"职工医保"与"医疗服务使用"对"自评健康水平"的影响①

　　① X轴看病和住院的总花费是连续变量，所谓的高和低只是针对中值而言，方便观察有职工医保与无职工医保两组的交互作用，并非意味着自变量为二分变量，下同。

(二)"新农合"作为中间变量

有趣的是,如果把"新农合"作为中间变量,则会呈现出与"职工医保"相反的作用(见表6、图5)。在高医疗使用支出的老年人社群中,新农合参保者比其他保险项目参保者显示出了更低的"自评健康水平"。这进一步说明,新农合这一保险计划并未有效地改善参保老年人的身体健康水平。这可能是由于新农合因筹资水平较低必然导致保障水平较低,其作为一种大病保障项目,只补偿住院和大病的医疗费用(对门诊费用的补贴微乎其微),新农合报销越多,则表示身体健康程度越差,往往都是重症才会住院治疗。相反,"职工医保"可以缓和医疗服务使用增加对健康水平下降的直接作用。这意味着,拥有城镇职工基本医疗保险的老人与其他保险参保老人相比,即使医疗开支同样较高,却会显示出较好的健康结果。

表 6　交互作用分析(新农合作为中间变量)

	自评健康水平	身体功能能力
	β(SE)	β(SE)
看病和住院总花费	−0.131 (0.000)***	−0.142 (0.000)***
新农合	0.008 (0.034)	−0.123 (0.220)***
新农合 * 看病和住院总花费	−0.143 (0.000)***	−0.085 (0.000)***
常数	3.325***	45.844***
R^2	0.045	0.048
R^2 Change	0.019	0.007

注:显著性水平,*** $p<0.01$,** $p<0.05$,* $p<0.10$。

综上所述,社会医疗保险因素的检视,将讨论从以往文献中对"覆盖面"的关注,扩展到不同保险项目之间的保障差别。同样作为中间变量的"职工医保"与"新农合",却在对"医疗总花费"与"健康水平"关系的调节中呈现完全相反的结果。"职工医保"对医疗花费造成健康水平下降的缓解与"新农合"对医疗开支造成健康水平下降的恶化形成鲜明对比。不同保障项目之间反差如此之大,揭示了整合现有的医疗保险项目、建立公平的全民医保的迫切性与必要性。

在中国,社会医疗保险这一因素不再仅仅代表"有没有保障"这一社会福利因素,因为是否有医疗保障在量化分析中已经显示不出统计上的显著差别。我们看到,同为被保险者,却因为所参加保障项目的不同而显示出健

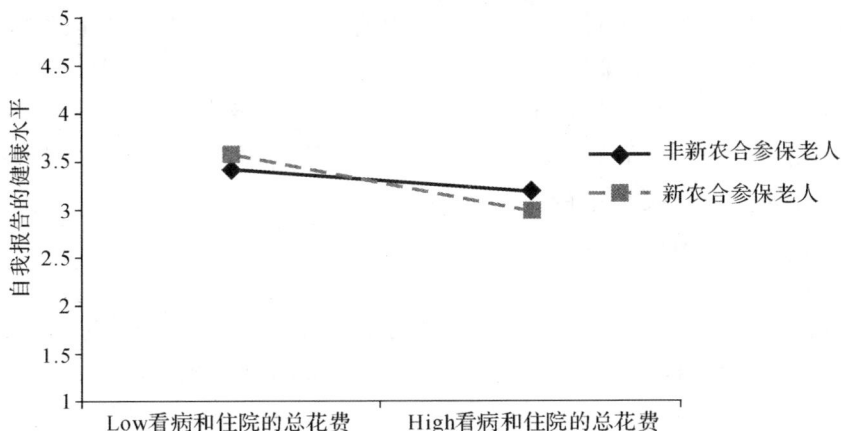

图 5 "新农合"与"医疗服务使用"对"自评健康水平"的影响

康水平的不平等性。而参加何种保障层次的保险项目要依据职业身份地位、户籍与缴费能力而定,并不是机会公平的自由选择。这意味着,并不是有钱就可以享受较高的医疗保障服务,并拥有较好的健康水平。与世界上大多数实行社会医疗保险的国家类似,我们也正在从选择性的、分割的医疗保险项目逐渐朝着全民医保的目标改革。但是,新农合与职工医保的差距说明,全民医保绝不仅是保险项目的全民覆盖,而是通过公平的医疗保障权益,促进老人更加公平地享有医疗服务使用,最终实现更加公平的健康结果。

五、结　语

在以往的研究中,保险的覆盖面作为影响老人医疗服务使用需求和健康水平的重要预测变量而被运用。但是,拥有医疗保险只是健康公平的一个方面,不同项目参保老人之间保障权益的不平等和需要的不被满足才是更深层次的不公平。本研究的"是否拥有城镇职工基本医疗保险"取代"是否拥有医疗保险"对老人健康水平的成功预测,其实质很可能是医疗保险保障水平在起作用,因为城镇职工基本医疗保险的保障范围最广、补偿比例最高。因此,城镇职工基本医疗保险对医疗服务需求所发挥的作用也明显高于其他保险形式(刘国恩等,2011)。这个研究发现之所以重要,是因为以往的研究均以是否拥有医疗保险作为预测健康水平的重要变量,但是当绝大部分人都拥有了医疗保险资格之后,更为重要的是医疗保险的保障水平。

在中国医疗保险改革的过程中,因为还没有拉平各保险项目之间的报销水平,城镇职工基本医疗保险的保障范围最宽、保障水平最高,因此,该项目的参保老人在回归分析中显示出了比其他社群更高的健康结果。

交互作用分析也显示,城镇职工基本医疗保险作为一个中间变量,可以调节医疗开支对健康水平的影响:拥有城镇职工基本医疗保险的老人与其他保险参保老人相比,即使同样医疗总费用很高,却显现更好的健康结果,从而缓解老人因看病而带来的后顾之忧;可是"新农合"作为中间变量,却呈现相反的作用,这进一步揭示了建立实质公平的全民医保的必要性。另一方面,我们也发现医疗保险改革并未降低个人的经济负担,各保险项目参保老人个人自付的比率依然很高。医疗保险较高的自付比率、医疗费用控制的低效率,甚至其在降低医疗贫穷方面所发挥的作用,依然令人担忧(Yip & Hsiao,2009)。

2009 年新的医改方案启动,强化了"补需方"的改革思路,基本医疗保障作为增加政府卫生支出的重点方向之一,8500 亿元的新增预算中有三分之二用于补需方,解决弱势社群的医疗保障问题:包括解决城镇职工基本医疗保险中的历史遗留问题、提高城乡居民医疗补贴和巩固医疗救助制度,帮助低收入者参保、援助无力承担的自负部分。WHO 也评价中国的医改从"国家的退出"转变为"国家的再介入"(顾昕,2010)。但正如以往研究所示,改革把增加财政投入作为解决中国医疗问题的做法,并不意味着更好的健康结果(Ramesh & Wu,2009)。因此,对医疗保险的角色反思在于,不同保险项目的待遇差别造成的新农合、城居医保参保老人及无保障老人在医疗福利待遇中的弱势进一步导致了较差的健康水平,造成了基于健康结果公平而言的弱势地位。

本研究另一个重要发现是,在社会医疗保险对老人健康水平影响的回归模型中,我们通过比较标准化回归系数发现,保险因素对老人健康水平的解释作用低于其他一些社会决定因素和社会支持因素。首先,疾病特征的变化与慢性病、失能对弱势老年人地位的恶化,呼吁健康公平不再是基于"看病、住院"的医疗资源使用公平,而是基于需要的整体健康结果公平。其次,社会支持因素显著地提高老年人的身体健康、心理健康和自我报告的健康水平。社会支持因素之所以重要,是因为老人不仅面临着较高的疾病风险,也面临着与过去社会支持资源的分裂。一些产生压力的生命事件或过程(如丧偶、退休)有可能改变老人的社会支持网络,使他们失去重要的社会支持。而中国现行的社会医疗保险以个人为参保单位,于是政策干预更多地关注个人因素,而忽略了个人在家庭、社区、单位等社会关系中扮演的角色,这种忽略进一步影响了社会医疗保险的实施效果。这需要我们在医疗保险改革的过程中,不仅关心个人福利待遇的变化,还要关照社会支持网络的建构和维护,通过社会保险政策来动员家人、朋友等社会网络对老人提供经济、实物和精神支持。

最后,户籍不再是一个影响老人健康水平的重要预测变量,进一步说明了在浙江省因城乡分割的户籍制度造成的老人健康不公平正在缩小。绝大多数城镇职工基本医疗保险参保老人都是城镇户口,而且拥有职工医保代表退休前有一份正规的工作,处于较高的社会经济地位。因此,我们要清醒地意识到城镇职工基本医疗保险对健康水平的预测作用背后真正起作用的因素,很可能是深层次的社会不公平。在方法上,本研究并没有消除"城镇职工基本医疗保险"的内生性问题(Wagstaff & Lindelow,2008),按保险项目划分的老年人群体的健康不平等很可能是由于社会经济地位的不平等、卫生资源配置的不公平和社会支持网络的不健全造成的。也就是说,本研究依然坚信健康不平等的社会因果论立场(Goldman,2001;王甫勤,2011),但在这一医疗社会学的讨论语境下增加了社会保险政策对老人健康公平作用的探讨,对增加弱势老人以结果为导向的实质健康公平提出了具有现实意义的启示。这样的研究思路也为从根本上扭转"中国的医疗改革不成功"的局面提供了出路和突破口。

当然,本研究还存在一定的局限,例如,横截面数据不足以测量医疗保险、医疗服务使用与健康水平之间的因果关系;健康水平的测量也需要进一步发展可以反映老年人综合身体状况的指标;浙江样本分析结果可否推论到全国的代表性问题也有待探讨。这些不足将在未来基于全国追踪数据的研究中加以完善。

【参考文献】

[1] Angel, R. J., and Frisco, M. L. Self-assessments of health and functional capacity among older adults. In J. H. Skinner (Ed.), Multicultural measurement in older populations. New York: Springer, 2002.

[2] Blau, Peter M., and Duncan, Otis Dudley. The American Occupational Structure. New York: The Free Press, 1967.

[3] Brown, M. Bindman, E. Andrew, B., and Lurie, N. Monitoring the consequences of un-insurance: A review of methodologies. Medical Care Research Review, 1998, 55(2).

[4] Card, D., Dobkin, C., and Maestas, N. The impact of nearly universal insurance

coverage on health care utilization: Evidence from Medicare. The American Economic Review, 2008, 98 (5).

[5] Chen, Likwang, Yip Winnie, Chang Ming-Cheng, Lin Hui-Sheng, Lee Shyh-Dye, Chiu, Ya-Ling, and Lin Yu-Hsuan. The effects of Taiwan's national health insurance on access and health status of elderly. Health Economics, 2007, 16(3).

[6] Cheng, Shou-Hsia and Chiang, Tung-Liang. Disparity of medical care utilization among different health insurance schemes in Taiwan. Social Science & Medicine, 1998, 47(5).

[7] Davies, P. Sociological approaches to health outcomes. In H. M. Macbeth (Ed.), Health outcomes: Biological, social, and economic perspectives. Oxford: Oxford University Press, 1996.

[8] Davis, Karen. Inequality and access to health care. The Milbank Quarterly, 1991, 69(2).

[9] Decker, S. L. and Remler, D. K. "How much might universal health insurance reduce socioeconomic disparities in health? A comparison of the US and Canada." Applied Health Economics and Health Policy, 2005, 3(4).

[10] Freeman, Joseph D. , Kadiyala, Srikanth, Bell, Janice F. and Martin, Diane P. The causal effect of health insurance on utilization and outcomes in adults: A systematic review of US studies. Medical Care, 2008, 46(10).

[11] Gao, Jun, Raven, Joanna H. and Tang, Shenglan. Hospitalization among the elderly in urban China. Health Policy, 2007, 84 (2-3).

[12] Goldman, Noreen. Social inequalities in health: Disentangling the underlying mechanisms. Annals of the New York Academy of Sciences, 2001.

[13] Hagenaars, A. K. , & Zaidi, M. A. Poverty statistics in the late 1980s: Research based on micro-data. Luxembourg: Office for Official Publications of the European Communities, 1994.

[14] Hanh, Beth. Health care utilization: The effect of extending insurance to adults on Medicaid or uninsured. Medical Care, 1994, 32 (3).

[15] Hoffman, Catherine and Paradise, Julia. Health insurance and access to health care in the United States. Annals of the New York Academy of Science, 2008, 1136: 149-160.

[16] Institute of Medicine. Coverage matters: Insurance and health care. Washington, DC: National Academy Press, 2001.

[17] Johnson, R. J. , & Wolinsky, F. D. The structure of health status among older adults: Disease, disability, functional limitation, and perceived health. Journal of Health and Social Behavior, 1993, 34(2).

[18] Levy, Helen and Meltzer, David. What do we really know about whether health insurance affects health? In Health policy and the uninsured, edited by Catherine G. McLaughlin. Washington, DC: The urban institute press, 2004.

[19] Lichtenberg, Frank R. The effects of Medicare on health care utilization and outcomes.

Frontiers in Health Policy Research, 2002, 5.

[20] Kasl, S. V. Contributions of social epidemiology to study in psychosomatic medicine. In S. V. Kasl & F. Reichsman (Eds.), Advances in psychosomatic medicine: Epidemiologic studies in psychosomatic medicine Basel, Switzerland: Karger, 1977.

[21] Kwack, H., Sklar, D., Skipper, B., Kaufman, A., Fingado, E., and Hauswald, M. "Effect of managed care on emergency department use in an uninsured population." Annals of Emergency Medicine, 2004, 43(2).

[22] Marmot, M. Social causes of social inequalities in health. In S. Anand, F. Peter & A. Sen (Eds.), Public health, ethics, and equity. New York: Oxford University Press, 2004.

[23] Meer, Jonathan and Rosen, Harvey S. Insurance and the utilization of medical services. Social Science & Medicine, 2004, 58(9).

[24] Ramesh, M. and Wu Xun. Health policy reform in China: Lessons from Asia. Social Science & Medicine, 2009, 68(12).

[25] Rudkin, L., & Markides, K. S. Measuring the socioeconomic status of elderly people in health studies with special focus on minority elderly. In J. H. Skinner (Ed.), Multicultural measurement in older populations. New York: Springer, 2002.

[26] Smith, J. P. Healthy bodies and thick wallets: the dual relationship between health and socioeconomic status. Journal of Economic Perspectives, 1999, 13(2).

[27] Stroebe, W., Stroebe, M. S., Gergen, K. J., & Gergen, M. The effects of bereavement on mortality: A socio-psychological analysis. In J. R. Eiser(Ed.), Social Psychology and Behavioral Medicine. New York: Wiley, 1982.

[28] Ungaro, Ryan and Federman, Alex D. Restrictiveness of eligibility determination and Madicaid enrollment by low-income seniors. Journal of Aging & Social Policy, 2009, 21(4).

[29] Ware, J. E., & Gandek, B. Overview of the SF-36 Health Survey and the International Quality of Life Assessment (IQOLA) Project. Journal of Clinical Epidemiology, 1998, 51(11).

[30] Yip, Winnie and Hsiao, William. Non-evidence-based policy: How effective is China's new cooperative medical scheme in reducing medical impoverishment? Social Science & Medicine, 2009, 68 (2).

[31] Wagstaff, A. and Lindelow. M. Can insurance increase financial risk? The curious case of health insurance in China. Journal of Health Economics, 2008, 27 (4).

[32] Wang, H., Yip, W., Zhang, L., Wang, L., & Hsiao, W. Community-based health insurance in poor rural China: The distribution of net benefits. Health Policy and Planning, 2005, 20(6).

[33] Weissman, Joel S. and Epstein, Arnold M. The insurance gap: Does it make a difference? Annual Review of Public Health, 1993, 14 (1).

［34］高建民，稽丽红，闫菊娥，王明奇. 三种医疗保障制度下居民医疗服务可及性分析. 中国卫生经济，2011(2).

［35］顾昕. 公共财政转型与政府卫生筹资责任的回归. 中国社会科学，2010(2).

［36］刘国恩，蔡春光，李林. 中国老人医疗保障与医疗服务需求的实证分析. 经济研究，2011(3).

［37］吕文洁. 我国医疗保险分布的公平性研究：基于1989—2006年CHNS微观调查数据. 山西财经大学学报，2009(8).

［38］饶克勤. 中国城市居民医疗服务利用影响因素的研究——四部模型的基本理论及应用. 中国卫生统计，2000(2).

［39］王甫勤. 社会流动有助于降低健康不平等吗. 社会学研究，2011(2).

［40］王俊，昌忠泽，刘宏. 中国居民卫生医疗需求行为研究. 经济研究，2008(7).

［41］王延中，龙玉其. 中低收入群体医疗服务需求的特点、问题与对策——基于1642户中低收入家庭调查. 中国卫生政策研究，2010(3).

［42］乌日图. 医疗保障制度国际比较. 北京：化学工业出版社，2004.

［43］阎萍. 我国老年人的求医行为分析. 人口与发展，2008(6).

［44］张研，张耀光，张亮. 三大基本医疗保障制度保障能力差异分析. 中国卫生经济，2013(2).

中国生育保障制度改革研究*

□ 何文炯 杨一心 王璐莎 徐 琳**

摘 要：生育保障是提供生育期间医疗费用和劳动中断收入补偿的一个社会保障项目。我国现行生育保障制度"碎片化"、公平性不足、实际惠及人数不多且运行效率不高。根据"建立更加公平可持续的社会保障制度"的精神，应当确立全体国民的生育保障权益，建立覆盖全民的生育保障体系——生育津贴制度＋基本医疗保险中的生育医疗保障。建议将现行生育保险制度分拆，其中生育医疗费用纳入基本医疗保险，同时建立生育津贴制度，补偿其因生育而中断劳动的基本收入，并将覆盖范围由工薪劳动者扩展到全体国民。经测算，生育津贴制度资金需求量占财政收入的比重维持在较低水平，将生育医疗费用部分纳入职工基本医疗保险并没有明显加重用人单位缴费负担。因而此项改革必要且可行。

关键词：生育保障；生育津贴；生育医疗费用；精算分析

一、引 言

生育保障承担为生育者提供医疗服务、生育休假和劳动中断收入补偿的功能，关乎人类生息繁衍和国家劳动力存续，因而是社会保障的一个重要项目。我国以工薪劳动者为重点的生育保障制度始于 20 世纪 50 年代。《劳动保险条例》(1951 年政务院发布)对于企业职工生育保障作了专门的规定。同时，国家财政为国家机关和事业单位工作人员提供生育保障。进入 80 年代，随着经济体制改革深入，企业开始独立核算、自主经营、自负盈亏，各地探索逐步形成了社会统筹性质的生育保障机制。1995 年，开始试行《企

* 国家社会科学基金重大项目"收入分配制度改革的总体框架与具体路径研究"(批准号：11&ZD013)。本文发表在《浙江大学学报》(人文社会科学版)2014 年第 4 期。

** 何文炯，杨一心，王璐莎，徐琳：浙江大学公共管理学院。

业职工生育保险试行办法》。进入 21 世纪,随着新型农村合作医疗制度和城镇居民基本医疗保险制度的逐步实施,农村生育妇女和未参加生育保险的城镇户籍生育妇女可以通过这两项制度报销部分生育医疗费用。2010 年颁布的《社会保险法》第六章就生育保险制度作了全面规范。2012 年 11 月,国家人力资源和社会保障部就《生育保险办法(征求意见稿)》向全社会公开征求意见,对生育保险适用范围、生育保险基金筹集和适用、生育保险待遇、经办管理和监督等提出了具体意见。迄今为止,我国具有生育保障职能的社会保障制度可以归纳为两类:一是生育保险制度,面向工薪劳动者,包括国家机关、企事业单位及其他各类经济社会组织,[①]提供生育医疗费用和劳动中断收入补偿;二是新型农村合作医疗制度和城镇居民基本医疗保险制度,面向农民和城镇非工薪居民,提供生育医疗费用的部分报销,不提供劳动中断收入补偿。

从历史发展的过程看,中国生育保障制度的改革和建设是有成效的。企业职工生育保障制度实现了由单位生育保障向社会生育保险的转变;《社会保险法》颁布以来,正在进行机关事业单位与企业生育保障制度的并轨,同时将社会团体、民办非企业单位等其他各类社会组织纳入职工生育保险范围;农村居民和城镇非工薪居民也开始可以从基本医疗保险中获得低水平的生育保障。但是,应该看到,现行生育保障制度主要针对工薪劳动者,并没有充分考虑工薪劳动者以外社会成员的生育保障问题。也就是说,制度设计者还没有将生育保障权作为全体社会成员的一项基本权益。在这样的理念指导之下,生育保障制度虽经历经改革,但依然没有实质性突破,其推进速度缓慢,惠及面狭窄,运行效率不高,亟待改革。

其一,生育保障制度"碎片化"。生育保障需要有一套系统的制度安排,但目前的生育保障体系缺乏整体设计,"碎片化"现象严重。一方面,承担生育保障职能的社会保障项目有多个(生育保险、新型农村合作医疗、城镇居民基本医疗保险等),且制度之间难以衔接转换。另一方面,每一个制度都是地区统筹(一般是县级或市级统筹),各地政策差异较大。这既影响公平,又影响效率,还影响劳动力自由流动。当然,批评制度"碎片化",并不是无视地区差异,也不是强调待遇标准必须整齐划一,而是要用一个制度框架去统一规范生育保障行为,并逐步缩小地区间、城乡间的差异。

其二,职工生育保险参保率低。与基本养老保险、基本医疗保险、失业

---

① 由于《社会保险法》开始实施时间不长,部分地区的国家机关和事业单位尚未参加生育保险。

保险以及工伤保险其他四个社会保险险种相比,生育保险的参保人数最少。根据《社会保险法》的规定,生育保险和其他四个社会保险项目参保对象界定基本一致,这说明还有许多符合参保要求的职工没有被纳入生育保障的范围(见图1)。事实上,现行生育保险不要求个人缴费,只因许多用人单位选择性参保。同时,职能部门也把生育保险作为"小弟弟",与其他险种相比,生育保险没有引起充分的重视,这些都导致了生育保险参保率较低。

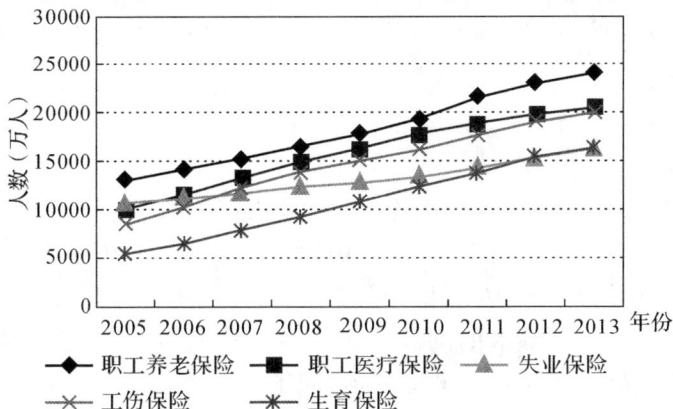

图1　五项社会保险在职职工参保人数(2005—2013年)

资料来源:2005—2007年《劳动和社会保障事业发展统计公报》和2008—2013年《人力资源和社会保障事业发展统计公报》,其中职工养老保险和职工医疗保险均为在职职工参保人数。

其三,生育保障制度公平性不足。根据现行制度安排,不同身份的社会成员,适用不同的生育保障制度,享受不同的保障待遇。较长一个时期以来,国家机关和事业单位职工享有良好的生育保障,企业职工次之,农民和城镇非工薪居民基本上没有生育保障。目前,机关事业单位生育保障制度虽已开始改革,但进展不快。农民和城镇非工薪居民的生育保障水平很低,尽管生育期间也中断劳动,但却无法得到补偿,因为没有生育津贴,而且其生育医疗费用的报销程度也很低。据初步估计,如果不考虑城乡物价水平差异,2011年职工实际报销数额约为农民的4倍(见表1)。这种人群分等、制度分设、待遇悬殊的生育保障制度安排,表明这一领域存在着明显的不公平。因此,在生育保障领域,不仅仅"结果公平"不足,"机会公平"也存在缺失。不能因为农民的生育机会成本低,而忽略了农民的生育津贴保障问题。在解决这一问题时,我们也要避免走向"绝对平均"这个极端。根据我国的国情,要考虑不同群体生育机会成本的差异,一刀切式的公平并不是我们追求的公平。

表1 2008—2011 年参保人员生育次均补偿费用　　　　（单位:元）

	2008 年	2009 年	2010 年	2011 年
职工生育保险	5071	5057	5213	5245
新型农村合作医疗	271	329	391	452

　　注:职工生育保险待遇含生育医疗费用补偿和生育津贴两部分。根据 2012 年统计,生育医疗费用基金支出占总支出的 35.59％,按照这个比率计算,2011 年职工次均生育医疗费用补偿约为 1867 元,约为新农合补偿的 4 倍多。
　　资料来源:职工生育保险数据根据历年《人力资源和社会保障事业发展统计公报》生育保险支出和待遇享受人数计算而得,新型农村合作医疗数据来源于卫生部新农合研究中心统计资料。

　　其四,生育保险制度运行效率不高。生育保险的一项重要待遇是生育医疗费用支付,而实践中有不少医疗费用既可以属于生育医疗费用,也可以属于一般疾病医疗费用,因而生育保险基金与职工基本医疗保险基金在支付范围方面存在界限不清的问题。再从筹资的角度看,生育保险制度明确规定生育保险费完全由用人单位承担,职工个人不必缴费,这就减少了生育保险基金的一个来源,同时使得职工节约资源意识淡薄。

　　生育保障制度在实践中没有受到应有的重视,在学界也没有得到足够的关注,因而关于生育保障研究的文献不多。但还是有一些学者作了深入的研究,并提出了一些改革的思路。他们的重点是论述生育保障权益(潘锦棠,2001)、生育保障与人口素质(康春华,2010)、国际经验借鉴(吕学静,2010)、生育保险扩大覆盖面(孙树菡、张恩圆,2002;朱国琳,2007;潘锦棠,2010;姜玉梅、张彦红,2011)等,也有学者提出统筹解决农村居民生育保障问题,建立城乡一体的生育保障制度(于景岱,2012)。这些提法都具有启发性,但是缺乏相关论证,以及缺少具体可操作的办法。还有部分学者就生育保障制度改革提出了具体方案,比如通过职工生育保险、新型农村合作医疗制度和城镇居民医疗保险覆盖全民,在原有制度基础上再为城镇灵活就业者、农民工、职工未就业配偶、在校大学生等分别设立生育保险(保障)制度(潘锦棠,2010);设计"非缴费型"的生育津贴制度(唐钧,2010);生育保险筹资实现政府、企业和个人共担(胡芳肖,2005),强化政府责任(覃成菊、张一名,2011)等。这些研究不乏新思路,但缺乏定量分析。

　　本文以增强制度公平性和提高制度运行效率为目标,提出我国生育保障制度改革的思路和方案,并进行精算分析,为政府决策提供参考,旨在为现行生育保障制度改革和政策调整提供技术支撑,探索更加公平、更为有效的生育保障机制,使人人享有公平的生育保障,更好地促进劳动力再生产和社会持续发展。

二、改革方案

根据上述分析,我们认为,应当把生育保障权作为每一个社会成员的基本权益,并按照"建立更加公平可持续的社会保障制度"的要求,改革生育保障制度,形成新的覆盖全民的生育保障体系——"生育津贴制度＋基本医疗保险中的生育医疗保障"。具体地说,分拆现行生育保险制度,将其中生育医疗费用纳入基本医疗保险制度,同时建立生育津贴制度,补偿其因生育而中断劳动的基本收入,并将其覆盖范围由工薪劳动者扩展到全体国民。这主要是基于以下原则:(1)体现公平性。改革后的制度要能够最大限度地实现群体间生育保障权益的公平性,无论是工薪劳动者还是非工薪劳动者,无论是城镇居民还是农村居民等,都能享有在生育期间的医疗费用补偿和劳动中断收入补偿这些基本权益。(2)提高制度运行效率。改革后的制度,要能够减少项目、简化设计,并解决生育保险和基本医疗保险界限不清的问题,能够实现城乡统筹协调发展,朝着城乡制度一体化方向发展,并能够实现持续健康运行。(3)保障基本需求。根据"保基本"原则设置生育保障待遇,以保障生育者基本医疗服务并补偿其因生育而中断劳动的基本收入为目标。

(一)制度框架

现行生育保险制度的待遇主要包括生育医疗费用和生育津贴。事实上,参保人员在怀孕、分娩期间引起的疾病费用等难以分清是生育医疗费还是疾病医疗费,许多情况下只能凭经验确定。而生育保险和医疗保险本身都是提供医疗费用保障,两项制度具有较多相似性。因此,制度改革的一个要点是,分拆现行生育保险制度,将其中生育医疗费用纳入基本医疗保险范畴。这样既可以解决现行生育保险和医疗保险的交叉问题,又有利于扩大生育保障的覆盖面,充分调动医疗资源,提高制度运行效率。这样,职工(包括国家机关、企事业单位、有雇工的个体经济组织以及其他社会组织等各类用人单位职工)、农村居民、城镇非工薪居民生育发生的医疗费用可以分别通过职工基本医疗保险制度、新型农村合作医疗制度和城镇居民基本医疗保险制度按照统一规则报销。需要说明的是,这不是对《社会保险法》的否定,而是根据党的十八大关于社会保障"全覆盖、保基本、多层次、可持续"的方针和党的十八届三中全会"建立更公平可持续的社会保障制度"的精神，在《社会保险法》基础上更具有前瞻的改革设想，是为建立统一的覆盖城乡居民的生育保障制度奠定基础。

制度改革的另一要点是，建立生育津贴制度，将其覆盖范围由工薪劳动者扩展到全体国民。将现行生育保险制度中的生育津贴这部分纳入生育津贴制度，同时将覆盖范围由职工扩展至全民，包括农民、城镇非工薪居民和职工未从事社会劳动的配偶等。当然，生育津贴的享受，只限于符合国家计划生育政策范围的生育行为，尽管不符合计划生育政策的那些情形，生育者也会中断劳动、减少收入。

需要特别指出，生育津贴制度与现行农村计划生育家庭奖励扶助制度和农村"少生快富"工程等的补贴政策不同，前者仅是对生育期间因中断劳动而减少收入而设的一种补偿，而后者是对农村按照国家计划生育或少生孩子这些行为的奖励政策，两者的政策目标不同。建立生育津贴制度，并将全体生育者的计划生育行为作为其保障范围，是基于将生育保障权作为国民的一项基本权益，并承认妇女的非工薪劳动（包括家务劳动）。虽然，农村妇女和家庭妇女与工薪劳动者的劳动及其收入表现形式有差异，在生育期间的收入损失数量也有差异，但非工薪劳动也是劳动，生育期间她们无法劳动，而且需要有人照顾，实际上需要增加支出，或者是亲友之间的互助合作，需要通过自己过去或将来的劳动来交换。

此外，实行生育津贴制度，有利于贯彻落实《人口与计划生育法》。该法第26条规定，妇女怀孕、生育和哺乳期间，按照国家有关规定享受特殊劳动保护并可以获得帮助和补偿。但事实上，这一条对工薪劳动者容易落实，而对于工薪劳动者以外的群体，尤其是农民，一直未能得到有效落实。实行生育津贴制度，在一定程度上有助于这一条法律的落实。

通过以上两项改革，可以实现生育保障制度覆盖全民，制度简洁易操作，也可以大大提高制度的公平性。生育保障制度改革的基本思路见图2。

（二）筹资模式

生育医疗费用纳入基本医疗保险后，按照基本医疗保险制度的筹资模式，即现收现付模式（不建个人账户）。这一改革会增加基本医疗保险基金的支付责任。为了保证基本医疗保险三个制度的可持续性，应适当提高其筹资水平，本文第四部分将对此进行定量分析。生育津贴制度亦采用现收现付模式。

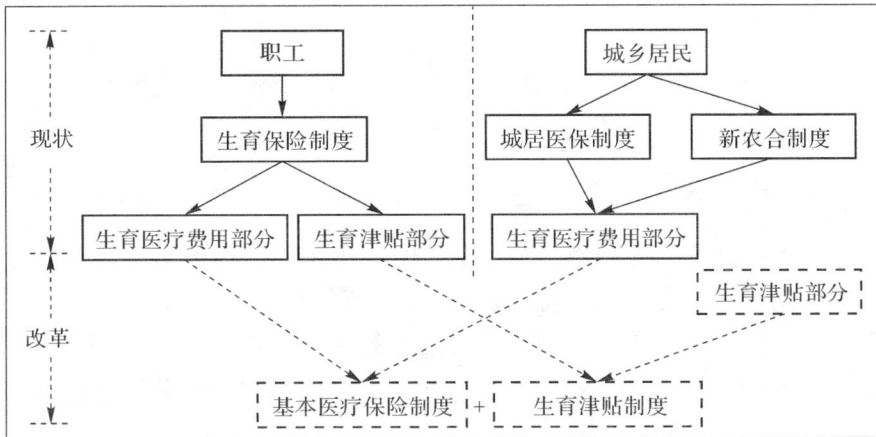

图 2 生育保障制度改革方案

(三)资金来源

现行生育保险制度个人不缴费,生育医疗费用纳入基本医疗保险制度后,缴费来源从用人单位拓宽到参保人员、用人单位和政府三个主体。这有利于提高筹资水平,增强全社会节约资源的意识,从而有利于实现制度持续健康运行。

生育津贴制度的筹资来源略为复杂。享受生育津贴的群体主要分为两类:工薪劳动者和非工薪劳动者。对于工薪劳动者,由用人单位和政府补贴共同筹集资金。对于非工薪劳动者,津贴主要由财政负担。与养老保障和医疗保障一样,生育保障也是政府的基本职责。参照新型农村合作医疗制度、城镇居民基本医疗保险制度、新型农村社会养老保险制度和城镇居民社会养老保险制度的建制思路,政府财政投入都是重要的筹资来源。

(四)待遇水平

生育医疗费用纳入基本医疗保险制度后,建议逐步统一三项制度由生育发生医疗费用的报销水平,即在统一统筹地区,均衡三类参保人员的生育医疗费用保障待遇,实现群体间公平。

生育津贴一般有三种发放形式:一是定额制,即不论参保人情况如何,均发给相同的固定数额的补助金。二是比率制,即按照被保险人的产前工资的一定比率发给生育补助金。三是额定制与比率制的混合制。目前多地根据本地的经济社会发展情况,基本以职业女性工资性收入为参考依据规定生育津贴标准。为了防止地区间待遇攀比,建议根据城镇居民可支配收入、农村居民人均纯收入等指标制定统一的生育津贴标准,兼顾地区间、城乡间生活水平和消费水平的差异。

(五)管理监督

为了保证制度的可持续运行,各级政府和职能部门要通过科学的手段实现精细化管理。筹资水平、待遇支付水平等的确定,要经过缜密的测算与分析,既要保证参保人员的利益,又要能够抵御基金支付风险。对于生育津贴制度,要坚持生活保障性和政府责任性,从低水平起步,防止福利色彩过浓,根据当地消费水平灵活调整待遇标准。

按照这一思路,本文将在以下两部分通过建立精算分析模型,从定量角度分析新建生育津贴制度所需资金规模和将生育医疗费用纳入基本医疗保险基金后的影响,以此论证生育保障制度改革的财务可行性。

三、生育津贴制度精算分析

按照上述思路,我们将现行生育保险制度中的生育医疗费用纳入基本医疗保险制度,同时建立覆盖城乡居民的生育津贴制度。本文将通过建立精算分析模型,从定量角度重点研究新建生育津贴制度所需资金规模,分析制度改革的财务可行性。

我们将首先对未来领取生育津贴的人数进行预测,然后结合生育津贴待遇标准,对所需生育津贴资金规模进行估算。考虑到不同类型生育者劳动收入的表现形式不同和在生育期间收入损失量的差异,我们将生育者分成工薪劳动者、城镇非工薪劳动者和农民三类。

(一)生育津贴领取人数测算分析

根据上述思路,我们对领取生育津贴的城镇就业女性人数,以及城镇非工薪女性和农村女性人数进行估算。[①] 如前所述,这里的人数测算仅以符合计划生育政策的生育情形而言。

---

① 由于数据获取困难,暂把农村女性作为非工薪劳动者处理,因此下文测算的财政投入为保守估计。

1. 城镇就业女性人数估算模型

城镇就业女性人数估算公式如下：

$$_tP^1 =\ _tP^c +\ _tP^b = \sum_{x=\pi}^{\omega}(\gamma_x^c \cdot_t W_x^c \cdot_t r_x^e \cdot_t \mu_x^c + \gamma_x^b \cdot_t W_x^b \cdot_t r_x^b \cdot_t \mu_x^b)$$

$$= \sum_{x=\pi}^{\omega}(\gamma_x^c \cdot_0 W_{x-1}^c \cdot_t P_{x-1}^f \cdot_t r_x^c \cdot_t \mu_x^c + \gamma_x^b \cdot_0 W_{x-1}^b \cdot_t P_{x-1}^f \cdot_t r_x^b \cdot_t \mu_x^b)$$

其中，$_tP$ 表示第 t 年领取生育津贴的女性人数；ω 和 π 分别表示生育津贴制度规定领取年龄的上下限（暂定为 20 岁和 49 岁）；r_x 表示第 t 年 x 岁女性劳动参与率；$_t\mu_x$ 表示第 t 年 x 岁女性就业率。γ_x 表示育龄妇女一孩生育率；$_tW_x$ 表示第 t 年 x 岁女性人数；$_tP_x^f$ 表示 x 岁女性存活 t 年的概率。c 和 b 分别代表人口普查统计口径中的城市、镇。

2. 城镇非工薪女性与农村女性人数估算模型

城镇非工薪女性人与农村女性人数估算模型如下：

$$_tP^2 =\ _tP^{c'} +\ _tP^{b'} +\ _tP^v$$

$$= \sum_{x=\pi}^{\omega}[\gamma_x^c \cdot_t W_x^c \cdot (1-_r r_x^c \cdot_t \mu_x^c) + \gamma_x^b \cdot_t W_x^b \cdot (1-r_x^b \cdot_t \mu_x^b) + \gamma_x^v \cdot_t W_x^v]$$

其中，c'、b' 和 v 分别代表城市非工薪女性、镇非工薪女性和农村女性。

3. 数据来源

本文研究数据主要参考 2010 年全国第六次人口普查与全国 10％长表抽样数据；2000—2009 年《人口与就业统计年鉴》，2010 年全国按城市、镇、乡村分年龄、性别的 0～49 岁人口数；2000—2010 年全国分城市、镇、乡村育龄妇女分年龄、孩次的生育率数据。

4. 参数假设

首先，关于生育率的假设。在模型中我们使用"育龄妇女分年龄、孩次的生育状况"统计数据，在测算津贴领取人数时重点考虑生育一孩的女性，即在参数中只涉及"一孩生育率"；考虑到将来的生育政策可能放开，在扩展模型中可加入二孩生育率。本文以 2010 年生育率统计资料为基础数据，并假设未来 15 年一直保持 2010 年的水平不变。[①] 其次，关于失业率的假设。本文将女性的失业率选定为 9％和 4％两种方案[②]，并假设在未来 10 年内保

[①] 本文选用 2010 年为测算基年，因此此处"未来 15 年"指 2011—2025 年，下同。

[②] 目前，统计部门公布的城镇登记失业率为 4％，女性失业率约为 9％（参见李实、邓曲恒：《中国城镇失业和非正规再就业的经验研究》，《中国人口科学》2004 年第 4 期，第 2—10 页）。

持不变,且假设$_tr^c = _tr^b$。第三,关于劳动参与率的假设。现有文献对劳动参与率研究结果的最低值为70%(马忠东等,2010;郭琳、车士义,2011),我们将其作为预测未来15年城镇女性劳动参与率的值,即假设$_t\mu_x^c = _t\mu_x^b = 0.7$。

5.预测结果

根据"六普"数据资料以及以上各项参数假设,我们估计了2010年工薪劳动者与非工薪劳动者分年龄育龄妇女人数(见表2)。

表2 2010年全国育龄妇女人数测算结果

年龄	工薪劳动者	非工薪劳动者	年龄	工薪劳动者	非工薪劳动者
20	4920209	8905654	35	3729964	6639120
21	4718756	8480138	36	3953524	7262812
22	4274160	7918884	37	4116523	7590332
23	4437811	8381602	38	4173683	7894218
24	3954722	7412009	39	4203972	8070707
25	3490978	6472721	40	4500533	8903563
26	3510007	6319878	41	4050507	8182099
27	3567071	6112154	42	4285632	8964300
28	4139414	6911134	43	3238486	7261048
29	3578533	6074924	44	3634086	8125032
30	3417129	5906513	45	3687662	8022397
31	3635556	6089320	46	3676767	7811864
32	3548134	6016907	47	4288968	8879393
33	3290874	5599380	48	3063794	6786492
34	3676056	6436512	49	1785192	3815606

在此基础上,2010—2025年全国工薪劳动者与非工薪劳动者生育津贴领取人数估算结果见图3。

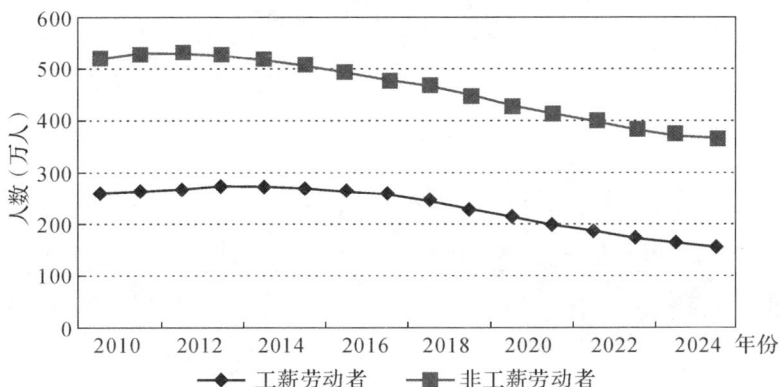

图 3　2010—2025 年全国生育津贴领取人数测算结果

(二)生育津贴制度财务可行性分析

为了分析制度建立的可行性,我们需要对其财务可行性进行定量分析。下面将分别对工薪劳动群体和非工薪劳动群体进行测算。

1. 基本模型

首先,对于工薪劳动者,筹资来源主要是用人单位。本模型按照每年"基金支出＝基金收入"的等价关系建立模型,不考虑之前年度的基金累计结余,记基准年为 $t=0$,预测未来 15 年的用人单位缴费率:$\alpha_t = D_t/E_t$。其中津贴总支出:

$$D_t = \beta d(_tP^c \cdot SC_t^f +_t P^h \cdot SC_t^f)(1-t\omega_x-tr_x)+\theta_2\beta d(_tP^c \cdot SC_t^f +_t P^b \cdot SC_t^f) \cdot tw_x + \theta_3 \beta d(_tP^c \cdot SC_t^f +_t P^b \cdot SC_t^f) \cdot tr_x$$

缴费基数总额 $E_t = SC_t \cdot l_c + ST_t l_b$。其中 SC_t、ST_t 分别代表城市、镇就业者第 t 年平均工资;SC_t^f、ST_t^f 分别代表城市、镇女性就业者第 t 年平均工资;l_c 和 l_b 分别代表城市、镇就业者总人数;tw_x 和 tr_x 分别代表 x 岁育龄女性生育一孩人数中双胞胎、三胞胎所占比重;β 代表津贴标准比率系数;d 代表津贴发放天数。

其次,对于非工薪劳动者,筹资来源主要是财政支出。我们将预测非工薪劳动者的财政资金需求量,并评价财政支出能力。生育津贴财政支出模型构建如下:

$$G_t = \beta d(_tP^{c'} \cdot IC_t +_t P^{b'} \cdot IT_t +_t P^v \cdot IV_t)(1-tw_x-tr_x) + \theta_2\beta d(_tP^{c'} \cdot IC_t +_t P^{b'} \cdot IT_t +_t P^v \cdot IV_t) \cdot tw_x$$

$$+\theta_3\beta d({}_tP^{c'}\cdot IC_t+{}_tP^{b'}\cdot IT_t+{}_tP^{v}\cdot IV_t)\cdot tr_x$$

其中,IC_t、IT_t 和 IV_t 分别代表第 t 年城市、镇和农村非工薪女性人均纯收入。

2. 数据来源

本部分研究所需数据主要参考 2000—2010 年《中国劳动统计年鉴》中"年末全国城镇就业人数"、"城镇单位就业人员平均工资",以及 2000—2010 年《中国统计年鉴》中"城镇居民平均每人全年家庭工资性收入"、"农村居民家庭人均纯收入"的统计数据。

3. 参数假设

平均收入。本研究从弥补收入损失的视角,采取收入比率制的方式决定津贴标准。工薪劳动者女性收入使用"城镇单位就业人员平均工资"统计指标,城镇非工薪劳动者女性使用"城镇居民平均每人全年家庭工资性收入"统计指标,农村女性使用"农村居民家庭人均纯收入"统计指标。基于已有文献,假定女性职工人均工资为"城镇单位就业人员平均工资"的 91.8%(李实、杨修娜,2010)。

收入增长率。假设未来工薪劳动者女性平均工资前 10 年年均增长 7%,后 5 年年均增长 5%;对非工薪劳动者女性收入作低、中、高三种假设,低方案为"每 5 年年均增长率分别为 15%、10%、5%";中方案为"前 10 年年均增长 7%,后五年年均增长 5%";高方案为"每年增长 7%",其中城镇和农村同步增长。

就业人数。根据经验数据以及对未来就业人口判断,对就业人数增长率作低、中、高三种假设,低方案为"前 5 年年均增长 2.5%,后 10 年年均增长 2%";中方案为"每 5 年年均增长分别为 3.5%、3.0%、2.5%";高方案为"年均增长 3.5%"。

津贴标准比率。总结大多数国家的实践经验和国际上的通用标准,假设工薪劳动者津贴为女性工资收入的 100%,而城镇非工薪女性和农村女性津贴收入替代率分别按 60%、80%、100% 三种方案进行测算。

津贴发放天数。按照《女职工劳动保护特别规定》,生育 1 个婴儿女职工可享受 98 天产假,这里假设津贴发放天数为 98 天。

4. 预测结果

对于工薪劳动者,根据以上数据和参数假设,可以得到低、中、高三种方案下用人单位缴费费率情况(见图 4)。从测算结果看,未来 15 年,随着整体人口结构的变迁和育龄女性人数的减少,三种方案的缴费率都趋于下降。

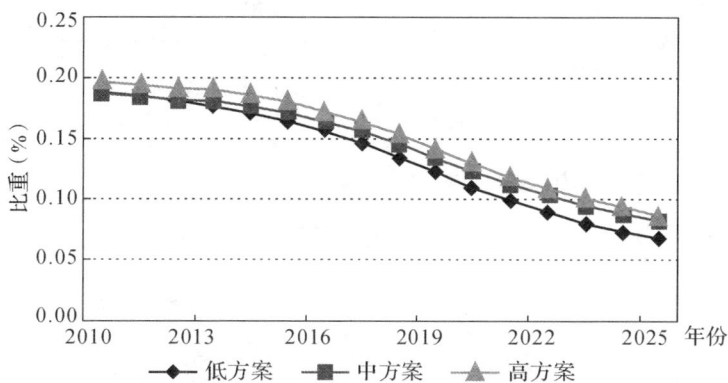

图 4　2010—2025 年用人单位生育津贴缴费率测算结果

　　对于非工薪劳动者,在低、中、高三种方案下,生育津贴所需财政支出测算结果见图 5。可以看出未来 15 年,生育津贴的资金需求量每年都趋于平缓增长。

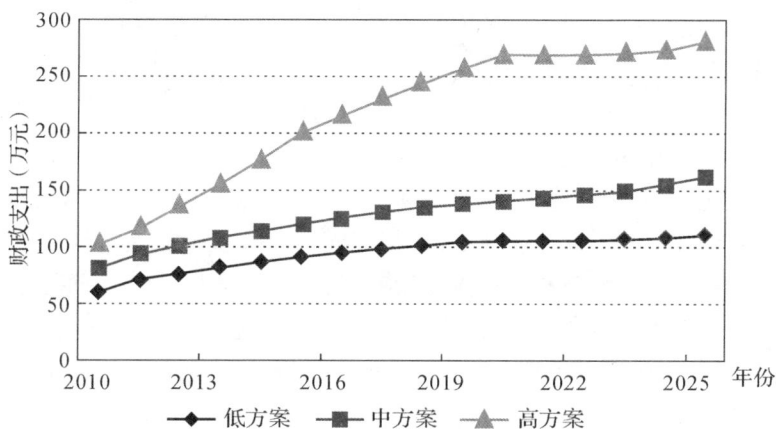

图 5　2010—2025 年生育津贴财政支出测算结果

　　为了研究制度的可持续性,我们对未来全国财政收入进行测算,基于谨慎原则,假设财政收入以每年 5% 的增长率(与历年通货膨胀水平接近)增长,得到 2015—2025 年三种方案下生育津贴所需资金占财政收入的比重(见图 6)。可以看出,三种方案下,生育津贴制度资金需求量占财政收入的比重都维持在较低水平,财政支付能力处于可以承受的范围之内。为此我们建议尽快建立并组织实施生育津贴制度,把未纳入生育保险制度的非工薪女性劳动群体纳入,实现真正意义上的覆盖全体育龄女性公民。

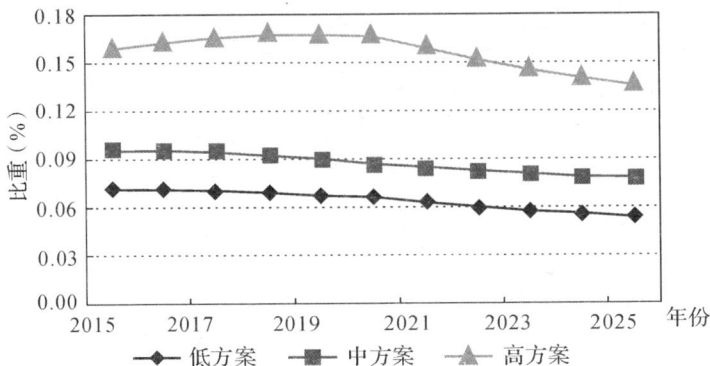

图6　2015—2025年实施生育津贴制度所需资金占财政收入比重

四、生育医疗保障资金估算分析

在分析生育津贴制度建立可行性后,还需要研究生育医疗费用纳入基本医疗保险后对基本医疗保险基金的影响。由于医疗保险统筹层次比较低,尚难对全国统一估算。我们先以一个统筹地区为例进行分析,而后根据全国数据进行大致估算。

本研究基于 H 市生育保险和医疗保险运行基础数据,对其生育医疗费用纳入医疗保险结算的收支情况进行实证分析,从而确定新的费率标准。根据"以支定收"的思想(何文炯等,2009),生育医疗费用纳入医疗保险基金后,基金支出由生育医疗费用标准、报销比率及其生育人数决定,基金的收入则由参保人数和缴费基数决定。假设第 k 年基金所需增加的医疗保险费率为 τ^k,其计算公式为:

$$\tau^k = \frac{\beta S^k F^k}{\sum_{j=16}^{\pi_m} l_{dmj}^k D_m^{k-1} j (1+\varphi_D^k) + \sum_{j=16}^{\pi_f} l_{dfj}^k D_{fj}^{k-1} (1+\varphi_D^k)}$$

其中,分子代表生育费用的基金支出额,S^k、F^k 和 β 分别表示第 π 年生育医疗费用、生育人数以及生育医疗费用报销比率;分母表示缴费基数,π 表示法定退休年龄,l_{dj}^k 表示第 k 年 j 岁参保职工人数,D_{fj}^k 表示第 k 年 j 岁职工缴费基数,φ_D^k 表示第 k 年缴费基数的增长率。m 和 f 分别代表男性和女性。

生育医疗费用水平在城乡、不同级医疗机构差别较大。我们选择 H 市作为估算对象,是因为该统筹地区生育医疗费用按照单病种结算,即为生育发生的医疗费用确定一个支付额标准,费用结算时按照所定标准结算,不按实际发生医疗费用支付。病种的费用标准是根据二、三级医保定点医疗机构相应病种住院医疗费用现状调查结果的平均水平确定,不同等级的医院执行不同的费用标准。

本研究数据来源于 H 市医疗保险管理机构自然分娩和剖宫产产妇数据库,是 H 市 21 所三级医院和 8 所二级医院以及社区医院生育的医疗费用。数据库共含 2009 年和 2010 年这两年住院的自然分娩产妇和 2008—2010 年这三年住院的剖宫产产妇,共计 3685 人。其中自然分娩 1197 人,剖宫产 2488 人,二级及以下医疗机构病例 1358 例,三级医疗机构病例 2327 例,剔除没有进行手术治疗以及费用极端的病例。通过对这些数据的整理和分析,对费用的极值、离差进行测算,计算出均值,从而估算出单病种的支付标准。结算标准见表 3。

表 3　H 市 2012 年生育定额付费管理标准　　　　　　　（单位:元/例）

分娩类型	二级医院	三级医院
自然分娩	2712	3684
剖宫产	5658	7471

资料来源:H 市医疗保险管理服务局。

根据 H 市的特点,结合近几年生育保险参保人数增加的实际情况,我们假定未来若干年在职参保人员保持基本稳定,生育人数年均增长 5%。根据 H 市经验数据,假设未来缴费基数年均增长率为 5%。根据这些假设,可估算得到 2013 年,当 $\beta=70\%$ 时,$\tau=0.39\%$;当 $\beta=75\%$ 时,$\tau=0.42\%$;当 $\beta=80\%$ 时,$\tau=0.45\%$。也就是说,如果按照单病种结算标准来支付生育医疗费用,在生育医疗费用报销比率为 70% 的情况下必须要增加 0.39% 的筹资比率,报销比率提高到 75% 的情况下要增加 0.42% 的筹资比率,报销比率为 80% 的情况下要增加 0.45% 的筹资比率。

我们可以对全国进行大致的估计。2012 年全国生育保险基金支出为 219 亿元,其中,生育医疗费用为 74.73 亿元,占总支出的 35.59% 左右。生育保险的费率大约在 0.8%~1%,那么职工医疗保险大致要增加 0.28%~0.35% 的筹资比率。新农合和城镇居民基本医疗保险人均筹资额增加的估算思路类似,由于测算相关数据不可得,本文不展开测算。总的来看,将生育医疗费用部分纳入职工基本医疗保险并没有明显加重用人单位缴费负担,而提高城乡居民生育医疗费用报销水平,则需要适度提高新农合和城镇居民基本医疗保险人均筹资水平。

四、政策建议

生育保障权作为国民的一项基本权益,应当尽早落实。通过上述分析,我们认为生育保障制度改革是必要且可行的,"生育津贴制度＋基本医疗保险中的生育医疗保障"是生育保障体系改革的目标。当然,生育保障制度改革是一个复杂的工程,既要积极,又要稳妥。为此,我们提出如下政策建议。

(一)有计划地分步实施改革

从现行制度过渡到新制度,并非一朝一夕可以完成。从可行性的角度来讲,有计划地分步实施是理想方案。我们认为应该分三步走:第一步是将生育保险制度分拆。将现行生育保险制度中的生育医疗保险部分划入职工基本医疗保险制度,其余部分(即生育收入补偿保险)形成生育津贴制度。第二步是提高城乡居民生育医疗保障待遇。有计划、有步骤地提高新型农村合作医疗和城镇居民基本医疗保险生育医疗保障水平,使各类生育者享有的生育医疗保障待遇逐步接近,为形成包括生育医疗保险责任在内的全民基本医疗保险制度奠定基础。第三步是把生育津贴制度扩展到城乡居民。创造条件将面向工薪劳动者的生育津贴制度扩展到城乡居民——即新型农村合作医疗制度和城镇居民基本医疗保险制度的覆盖对象,从而形成全社会统一、城乡一体化的生育津贴制度。

(二)充分重视生育保障制度改革建设的综合社会效应

生育保障制度与人口、医疗卫生等领域政策有密切关系,因而要从加强和改进社会管理的高度,综合分析生育保障制度改革与建设的综合效应,在生育保障制度改革过程中,需要进一步梳理内部关系,重新确立生育保障制度在其中的地位。特别要注意生育津贴制度与人口生育政策的衔接和协调,以及生育医疗费用与基本医疗保险、公共卫生政策的衔接和协调。

(三)妥善处理过渡期有关问题

制度改革的过渡期内,需要妥善处理新产生的问题,减少改革阻力。要坚持"保基本"原则,充分尊重社会保障刚性原理,确定合理的生育津贴标准和生育医疗保障水平,并保证生育保障待遇不降低。在过渡方案中,设计继续保留国家机关事业单位职工生育保障待遇但控制其待遇增长,稳定企业职工生育保障待遇,有计划地提高农民和城镇居民生育保障待遇的相关政策。此外,对于配偶未就业的职工,在生育津贴标准一致和基本医疗保险中生育医疗保障待遇一致之前,允许其配偶享受职工生育保障相应待遇。

(四)积极创造相关条件

为有效推进生育保障制度改革和建设,必须积极创造条件。一是适度加大财政投入,除通过用人单位筹集资金解决工薪劳动者生育保障(含生育津贴和生育医疗费用)所需成本之外,需要适当增加财政投入,以解决农民和城镇非工薪居民生育津贴所需资金和提高其生育医疗保障水平所需资金,本研究已经对此进行了估算。二是加快城乡居民医疗保险制度整合,减少制度运行成本和投机行为,均衡城乡居民生育医疗保障水平。三是着力提高生育保障管理服务技术水平,加快管理方式转型。

【参考文献】

[1]潘锦棠.生育保险中的女工利益、企业利益和国家利益.中国社会保障,2001(3).

[2]康春华.从人口素质层面完善生育保险政策.中国医疗保险,2010(3).

[3]吕学静.生育保险他山石.中国社会保障,2010(8).

[4]孙树菡,张恩圆.都市边缘群体及其社会保障权益.经济与管理研究,2002(6).

[5]朱国琳.生育保险制度的改革与完善.中国社会保障,2007(6).

[6]潘锦棠.生育保障全覆盖的两种设想.中国社会保障,2010(8).

[7]姜玉梅,张彦红.生育保险制度需进一步完善.中国社会保障,2011(3).

[8]于景岱.完善生育保险政策的若干思考.中国社会保障,2012(11).

[9]唐钧.生育保障是全民族的大事.中国社会保障,2010(8).

[10]胡芳肖.我国生育保险制度改革探析.人口学刊,2005(2).

[11]覃成菊,张一名.我国生育保险制度的演变与政府责任.中国软科学,2011(8).

[12]马忠东,吕智浩,叶孔嘉.劳动参与率与劳动力增长:1982—2050.中国人口科学,2010(1).

[13]郭琳,车士义.中国的劳动参与率、人口红利与经济增长.中央财经大学学报,2011(9).

[14]李实,杨修娜.农民工工资的性别差异及其影响因素.经济社会体制比较,2010(5).

[15]何文炯,等.基本医疗保险系统老龄化及其对策研究.中国人口科学,2009(2).

基于公平视角的我国职业伤害保障研究*

基于公平视角的我国职业伤害保障研究*

□ 周慧文　刘　辉**

基于公平视角的我国职业伤害保障研究*

□ 周慧文　刘　辉**

摘　要：运用公平理论和工伤保险理论,立足于国际劳工组织相关指标体系及相关原则,分析我国职业伤害保障公平性的现状与问题。我国职业伤害保障存在工伤保险、雇主责任制和商业保险三种基本方式,并会长期存在形成相互补充,其中,工伤保险覆盖面在不断扩大并不断完善之中。针对三种方式,着重讨论我国职业伤害保障的起点公平、过程公平和结果公平,探索在中国情境下实现保障公平性的系统路径。最后建议在全社会倡导尊重劳动者健康和生命,完善劳动法制体系,加强工伤保险制度建设,真正实现职业伤害保障实质公平。

关键词：工伤保险;职业伤害;社会保障;伤害赔偿;公平性

一、问题的提出

我国职业伤害事件高发,很多受害职工没能得到合理保障,导致个人和家庭陷入困境。截至 2013 年底,全国共有 19897 万人参加工伤保险;农民工中参加工伤保险的约占 24%(国家人社部),大多数劳动者未能参保。未参加工伤保险的职工职业伤害主要由企业负责补偿,但因多种原因常常不能得到合理的保障,甚至可能拿不到赔偿或仅仅拿到一个"零头"。

我国是发展中国家,工业化进程正经历严重的职业伤害高危阶段,广大职工面临着较大的职业伤害风险。因工伤、职业病而返贫的家庭在全国各地普遍存在,因矽肺病受害职工开胸验肺、农民工捧着断手指却无钱进医院

　　* 教育部人文社会科学研究规划基金项目(14YJA630031)、杭州市哲学社会科学规划课题(B14GL06)成果。
　　** 周慧文,刘辉:浙江财经大学。

或只是极端的例子,但大多数受害职工来自老少边穷地区。职业伤害保障已成为解决社会不公和建设和谐社会的当务之急,应是社会保障的重中之重。

我国职业伤害保障三种基本方式并存,分别是工伤保险、商业保险和雇主责任制。三种方式待遇差异巨大,公平性严重失衡,相当多工伤事故保障落实困难重重,覆盖职工范围以雇主责任制最多,其次是工伤保险,商业保险极少。从保障的强制程度、资金保障、保障易得性、保障及时性等特点综合衡量,工伤保险最优,雇主责任制最差。

现实中,因高危行业职工工伤保险参保率低,采用雇主责任制方式远超过七成,常常将弱势群体置于非常不公平的地位。职业伤害风险最高的农民工有相当一部分被排除在工伤保险之外,给受害农民工带来了很大的经济负担。据中华社会救助基金会大爱清尘基金的《中国尘肺病农民工生存状况调查报告(2014)》,在我国所有职业病中尘肺病占九成;在尘肺病患者中农民工占九成。71.56%的尘肺病农民工所在单位没有提供防护面具,93.18%的人从来没有与工作单位签订劳动合同,91.6%的人从来没有过或者不清楚有没有工伤保险。尘肺病农民工是长期积累下来问题,说明公平问题亟需加紧从根本上解决。济南市外来就业人口中有90.9%未能参加工伤保险,在工伤事故发生后赔偿方面的协商中,能够最终协商并达成一致意见的仅占17.5%。[①] 受害职工在交涉中处于非常弱势的地位,企业拒绝履行保障责任几乎是零成本。

综上所述,我国职业伤害保障存在着严重的制度分割和公平导向不足,产生了保障责任不清、保障底线缺失、保障待遇差距巨大等问题,直接损害了保障体系的公平性。应充分依据国际劳工组织的指标体系和公平理论,进行深入研究并积极探索有效的解决路径。职业伤害保障制度体系的正向功能尚未得到全面发挥,未能达到党的十八大报告要求的"逐步建立以权利公平、机会公平、规则公平为主要内容的社会公平保障体系"。因此,依据国际劳工组织职业伤害保障指标与原则,运用公平理论来探讨我国职业伤害保障制度公平性,促进保障受害职工享有合理充分的保障获得权,减少或杜绝因工伤而产生社会弱势群体,真正实现职业伤害保障公平,具有重要的理论意义和现实意义。

---

① 武正华、陈岱云:《流动人口社会保险状况调查与对策思考——以山东省济南市为例》,《探索》2013年第1期。

二、国外职业伤害保障公平性进程与特点

公平的客体包括尊严、权利、机会和结果等多个维度,职业伤害保障公平的基本维度有机会公平、互动公平、过程公平和结果公平等。其中,结果公平具体体现在,当职工受到职业伤害后,能够得到及时、充分和全面的保障,最大限度恢复职工健康,保障职工生活水平。

国际上职业伤害保障制度已有较充分的实践,国际劳工组织(ILO)的系列公约已制定了相关指标规范,提出工伤保险最低覆盖标准和最低收入水平补偿标准,最低要覆盖劳动人口的 50% 或全部人口的 20%,补偿水平不低于工资损失水平的 50% 等。社会化的工伤保险已成国际上主要的制度形式,雇主责任制和商业保险也让企业能够选择适合的方式。各国职业伤害保障体系的基本特点是重视保障职工权益和尊严,强调合理补偿以保障公平,归纳起来有:

第一,几乎所有的国家都有工伤保险制度,它是最受职工欢迎的社会保险项目。部分人口大国工伤保险覆盖率:巴西 56.2%、印尼 20.9%、菲律宾 69.4%、波兰 89.5%(ILO,2012)。各国覆盖范围逐渐扩大,受益人群正从企业扩展到农业、自雇者,较高的保险覆盖率会带来较低的伤害率。[1] 韩国工伤保险是该国最先建立的社会保险项目,也是该国唯一的保障水平超出国际劳动组织(ILO)标准的社会保险项目,到 2000 年已覆盖所有有雇工的公司。[2]

第二,受害职工应得到体面和有尊严的保障,并且普遍遵循无过错原则。对受害职工来说,获得公平的职业伤害保障是其最基本的权益,也是维持合理生活的必要保障。[3] 发达国家主要依靠健全法律法规来保障职业伤害公平。美国职业伤害保障的公平问题主要在工伤补偿公平性方面,由于相关制度是由各州自行确立,学者较关心地区之间工伤补偿的公平与充足

① Ilsoon Shin, Jun-Byoung Oh, Kwan Hyung Yi. Workers'Compensation Insurance and Occupational Injuries. Safety and Health at Work,2011(2).

② Kim Inah,Rhie Jeongbae,Yoon Jo-Duk et al. Current Situation and Issue of Industrial Accident Compensation Insurance. Journal of Korean Medical Science,2012,27(Suppl).

③ Leslie I. Boden. Reexamining Workers' Compensation: A Human Rights Perspective. American Journal of Industrial Medicine, 2012, 55.

差异、个体间的公平与社会比较水平之间的权衡。①

第三,在市场经济中,人们的经济社会地位是与身体健康水平密切相关的,职工身体的损伤会对其生活带来负面影响,妨碍人们有尊严地生活。②工伤保险和其他保障制度旨在管理好职业伤害风险,保障受害职工及其家属能够保持较稳定的生活水平。各国相关制度改革注重更好地维护职工的保障权益,平衡好职工、雇主和承保方利益。

第四,在西方市场经济国家中,商业保险可以为没有依法签订劳动合同也没有受到工伤保险覆盖的工伤劳动者提供底线保护,避免因用人单位违法而让普通劳动者受到伤害而无法救济。不过在长期法律实践中也常常发现,保险公司的逐利倾向容易导致商业保险不能充分地维护这部分受害的劳动者的权益,必须依靠严明的法制体系,雇主责任制才能真正落实。③ 一旦发生较大的伤害事故,企业可能面临巨大的资金补偿责任,影响到自身生存与发展的大局,出于此种考虑,工伤保险或商业保险才可能成为企业的选择,以更好地分散风险。

三、国内职业伤害保障公平性现状与问题

(一)职业伤害保障三种基本方式并存,但缺乏有序整合衔接

从实现我国职业伤害保障公平的路径来看,主要体现在起点公平、过程公平和结果公平。由于我国职业伤害保障存在三种基本方式,三者之间待遇差异巨大,我国的职业伤害保障目前还未能较好地解决这三种公平。从国际发展规律和我国现状来看,工伤保险、雇主责任制与商业保险并存是必然的。在制度设计上,我国采取的是以工伤保险为主其他方式为辅的保障体系。④

在某些地区和部分高危行业,地方政府曾大力推广实行商业保险,试图为没有依法签订劳动合同的,也没有参加工伤保险的劳动者提供一定程度

① Katherine Lippel. LLL, LLM Preserving Workers' Dignity in Workers' Compensation Systems: An International Perspective. American Journal of Industrial Medicine, 2012, 55: 519-536.

② Gerry Veenstra. Social Status and Health: Absolute Deprivation or Relative Comparison, or Both. Health Sociology Review, 2005, 14: 121-134.

③ Martha T. McCluskey. Reforming Insurance to Support Workers' Rights to Compensation. American Journal of Industrial Medicine, 2012, 55(6): 545-559.

④ 张浩:《工伤保险与雇主责任险的融合研究》,《中国保险》2014年第3期。

的补偿保障。但此举缺乏明确的法律支持,影响面有限,属权宜之计。如2009 年国家安监总局颁布了《关于在高危行业推进安全生产责任保险的指导意见》,要求高危行业企业必须投保安全责任保险,承保保险公司不得拒绝,企业原则上需在购买安全生产责任保险与缴纳风险抵押金中任选其一。颜伟文、陈江华就针对高危行业企业的情况,比较了我国工伤保险、风险抵押金和安全生产责任险等 3 项事故后伤害保障制度,通过分析 3 项制度在费用来源、保障范围、实施成本、赔偿支付条件、保障力度、激励约束机制等方面的差别,发现工伤保险是目前最有效的保障制度,而安全生产责任险又优于风险抵押金制度。[①] 在某些情况下,商业保险制度作为工伤保险的补充,有利于进一步提升权益保护的质量,保障劳动者享受较为体面生活。[②]自工伤保险条例大力推行后,商业保险日益被边缘化。

农民工工伤风险保障问题是我国现阶段社会管理中的重点难点之一。农民工在对职业伤害保障的认知、参保率、工伤预防和权益维护等方面得到一定发展,但农民工职业伤害保障制度仍然存在诸多困境,必须健全保障制度,保障农民工劳动权益。[③] 农民工是否参加工伤保险受到各地工伤保险政策以及农民工所在企业两方面的影响:从政策的角度看,个体工商户雇工参加工伤保险的规定、工伤保险基金的统筹水平以及工伤保险的偿付方式对农民工参加工伤保险有显著影响;从企业的角度看,农民工所在企业是否建有工会、企业所有制对农民工参加工伤保险有显著影响。[④] 在一般无强制约束的市场竞争情形下,单个农民工在选择保障权益时处于不利地位,不太可能得到职业伤害保障,[⑤]农民工可能不得不将职业伤害风险责任寄托在企业身上,因而面临着诸多不确定的负面因素。在城镇化进程中,必须通过完善的职业伤害保障制度,全面覆盖农民工,科学设计工伤救济程序等保障农民工劳动权益,促进农民工城市化进程。

职业伤害保障制度在社会中发挥着重要的风险与利益平衡作用,在我国还处于建设与完善之中,三种保障方式未能有序整合衔接,公平原则未能得到很好的实现。可以说,我国职业伤害保障制度还未能较好地解决起点

① 颜伟文、陈江华:《3 项高危行业企业应急救援费用制度对比研究》,《中国安全科学学报》2014 年第 1 期。

② 张双梅、谢小弓:《商业保险制度:工伤劳动者权益保护之补充》,《广东社会科学》2013 年第 4 期。

③ 何文炯:《社会保险制度应更加注重公平性》,《中国劳动》2008 年第 9 期。

④ 张秋洁:《农民工参加工伤保险的影响因素研究——基于政策和企业视角的实证分析》,《中国安全科学学报》2011 年第 6 期。

⑤ 邓大松、吴菲、熊羽:《农民工职业伤害保障缺失深层因素分析》,《求实》2014 年第 4 期。

公平、过程公平,更没有解决好结果公平,与国际劳工组织最低标准还有差距,亟须从理论和观念上强化保障的社会公平正义导向。

(二)工伤保险制度公平性的优势与局限互见

工伤保险是我国职业伤害保障的基础制度,也是社会主义公平劳动关系的重要组成部分,制度内容正由赔偿向更高层次的补偿演变。我国先后颁布的《工伤保险条例》和《社会保险法》,标志着职业伤害保障制度的逐步法律化正规化。全国已有98%的地市实现了市级统筹,各级政府部门大力主导,工伤补偿、康复和预防三位一体制度框架初步形成,覆盖人群巨大且推进迅速。[①] 我国近期扩大了工伤保险的适用范围,调整了工伤认定的范围,简化了工伤处理程序,提高了工伤待遇标准,增加了工伤保险基金的支出项目,减少了停止享受工伤保险待遇的情形,规定了工伤保险基金先行支付和追偿制度,规定了第三人侵权的工伤医疗费用支付,明确了工伤保险基金的统筹层次,加大了工伤保险制度的强制性。[②] 相关研究发现,通过实施《工伤保险条例》,在煤矿、矿山、铁路行业等风险较大行业和中等风险行业工伤事故出现较大幅度的下降,说明条例实施效果良好。

我国工伤保险事业近年来虽然在不断进步,但总体来说还处于粗放扩张覆盖面阶段,管理方式还在完善之中,公平机制常常失效,与国际劳工组织最低相关标准和各行业对工伤保险的期待都还有较大差距,职工伤害未能得到较好的控制,很多工伤和职业病受害职工还未能得到合理的保障,不能充分实现工伤保险的社会公平正义导向。[③] 工伤保险是职工最愿意选择的方式,但现实中职工是否享有工伤保险与其个人能力和意愿并无过多的联系。工伤保险费用是由企业支付,企业参保往往是政策作用下的结果。我国《社会保险法》的实施,使工伤保险覆盖范围已突破劳动关系的外延,但在实践中工伤保险保障范围远远未达到社会保险覆盖范围。原因之一,是通过限定用人单位范围来限定劳动者享受工伤保险的范围;原因之二是将工伤劳动关系事实争议作为劳动法律争议,通过劳动仲裁机构或劳动行政机关审定的,才能够纳入工伤认定。[④] 工伤保险保障范围明显受到劳动法相关理论和制度的强力制约。新法规工伤保险的保障范围进一步扩大,企业

---

① 周慧文、刘辉:《近十年来我国工伤保险理论研究综述》,《技术经济与管理研究》2013年第10期。

② 杨思斌:《我国工伤保险制度的重大发展与理念创新》,《中国劳动关系学院学报》2011年第4期。

③ 周慧文:《农民工工伤保险问题实证研究》,《财经论丛》2007年第6期。

④ 任宪华:《工伤保险的社会保险的社会属性》,《中国劳动》2014年第2期。

却常常采用临时工、劳务代理制等复杂且灵活的雇佣方式来规避工伤保险。尤其值得注意的是,由于《工伤保险条例》所覆盖的劳动者是以其是否与单位存在劳动关系为判断依据,而我国企业内劳动关系管理目前还存在许多模糊和不规范的地方,妨碍劳动者顺利享受工伤保险保障,直接限制了我国工伤保险的作用影响范围。

四、实现我国职业伤害保障公平性的路径探索

(一)职业伤害保障公平性的内涵探索

职业伤害保障的公平性机理是基于利益与责任的统一,国际惯例是雇主承担职业伤害风险,职工享有职业伤害保障。我国社会化的工伤保险制度规定,由雇主出资参保,落实职工职业伤害的保障权益;若未参保情形下则由雇主参照工伤保险待遇进行保障。职业伤害保障的公平性大致包括起点公平、过程公平和结果公平。

自1993年以来因制度调整,我国工伤保险经历了四个发展阶段,享有参保权益的职工范围不断扩大,与国际劳工组织提出的工伤保险最低覆盖标准进行比较,参保人数比例仍然偏低,远没有达到劳动人口的一半。尽管国内规定广大企事业单位职工都享有参加工伤保险的合法权益,但在现实经济生活中,只有小部分职工参加了工伤保险;甚至高危行业的职工中也还有相当一部分没有参保,严重地影响了职业伤害保障的起点公平和过程公平的实现。

目前,我国大部分职工还没能覆盖在工伤保险范围内,从理论上来来讲,他们面临的职业伤害风险是由雇主企业来承担,并且应是按照无过失补偿原则进行。但在强势的企业主导下的职业伤害补偿中,受害职工的利益常常被严重侵犯,出现频繁的结果不公,补偿保障不足或缺失。还有少量行业内推行了商业保险,企业积极性普遍不足,有时靠政府推动,影响范围有限。

因此,我们认为,根据国际劳工组织相关指标体系及相关原则,我国当前职业伤害公平性可具体表现成这几个关键问题:所有职工遭受的职业伤害是否都得到普遍的和足够的关注?每位职工获得保障的机会和权益是否公平?职业伤害保障体系能否使每位职工顺利受益?受害职工最终获得的保障是否公平?

（二）三种职业伤害保障方式并存下的公平性对策

从国际经验来看，一国内同时存在几种补偿方式是普遍的，它们可能成为相互补充的手段，适应不同的区域和行业。从我国现状来看，政府在大力推广工伤保险，但实践中由雇主承担责任和借助商业保险还是更为普遍，并且在相当长的时期中情况还不会发生根本改变。在经济社会发展水平差异较大的时期，这三种方式应该互为补充，而不应该形成巨大的制度漏洞，让本应承担责任的雇主企业钻了空子，使公平保障形同虚设。

在这种复杂的情况下，需要从多个方面着手，保障受害职工在不同方式补偿的情况下得到相对公平的对待，尽可能充分保证他们身体上得到良好治疗和康复，在经济上和精神上也得到较好的补偿，防止成为个人和家庭的悲剧，进而转化成社会的痛苦。我们需要在以下三个方面进行全方位的努力：

第一，确保起点公平，整个社会都要尊重和珍惜每个职工的健康和生命，支持他们得到同等程度的公平保障。要大力解决社会、企业和个人三者间的价值取向和价值认同的冲突，实现和谐社会管理中的公平价值观念和价值追求。在全社会贯彻尊重生命的理念，推动建立具有时代内涵的市场经济条件下的价值规范，维护社会公平正义。善待每一位劳动者，尤其不能歧视弱势群体，保证所有职工得到公平对待，方能达到起点公平。无论行业、工种，无论城乡居民、户籍差异、文化程度、性别，每个职工的健康和生命都是一样宝贵的，具有同等的宝贵价值。

第二，保障过程公平，防止出现制度化漏洞和道德风险，避免让职业伤害风险出现敞口而失控。从法规上来说，每个职工在每天工作期间就处在职业伤害保障的状态下。在工伤保险和商业保险中由于有社会保险部门和保险公司的参与，参保职工都自然进入了保障的过程中。在雇主责任制中情况就可能有所不同，企业可能有很大的道德风险，职工却没有自由选择的权利，劳资双方信息严重不对称。有些企业或事前放任职业伤害风险存在而不进行有效管理，或事后千方百计地推诿责任，使职工在生产活动中处于职业伤害的威胁之下而没有切实的保障支持，造成保障过程的失控，已带来很多负面效应，甚至形成了社会重大问题。当务之急是防控这种道德风险蔓延，制止企业作出逆向选择。

第三，保证结果公平，让受害职工及时获得全面而充分的补偿。职业伤害保障的结果只有受害职工能切身感受到，是他们应对意外发生的职业伤害最大的支柱。应确保补偿流程顺利完成,资金足额支付并及时到位,使受害职工得到及时有效的治疗,心情得到最大的宽慰,体会到和谐社会的公平正义。当前亟须大力改进劳动管理宏观环境和法制环境,加强劳动管理,提高司法效率,大力推动责任主体履行责任,尤其要形成对责任企业的强制力和威慑力,促使企业把职业伤害保障放在最重要的事项中,不以任何借口推诿责任,杜绝企业故意拖延或恶意拒绝履行。当然,也有很大一部分企业是由于自身风险承担能力弱而难以履行责任,暴露出我国雇主责任制存在的系统性风险,这需要制度创新来全面解决。

(三)在当前国情下工伤保险应是落实保障公平的首选

工伤保险将由单个企业承担的工伤风险通过社会化保险,分散到由众多企业共同承担,从而有效分散了职业伤害风险,为实现公平保障奠定了良好的基础。从国内外的实践来看,工伤保险在其覆盖人群中达到了较好的公平性。因此,要提升我国职业伤害保障公平性,应大力推广工伤保险制度,使其成为保障我国职业伤害补偿公平性的主要制度。当前重点需要:在宏观管理方面,大力推进通过工伤保险体系来有效管理和控制职业伤害风险。在社会政策与管理实践中积极落实工伤保险参保权益,推动普遍参保行为,关注受害职工,加强落实监督。完善工伤保险制度建设,保证过程规范,注重结果公允,促进平等互动。

总之,应积极从理论上探索改进我国职业伤害保障制度,落实公平理念,完善保障机制,构建企业、职工和政府三方公平博弈模式,重点是提升职工博弈地位,才能真正实现职业伤害保障公平。

杭州市老年人意外伤害保险调研报告

□ 施 红 *

摘 要：频发的意外伤害事故严重影响了老年人的生活质量。如何加强老年人意外伤害风险管理逐步成为各方关注的一个重要议题。本报告在分析老年人意外伤害风险状况和保险需求的基础上，提出老年人意外伤害保险应包含的主要内容，确定基本原则和运作机制，明确政府定位和职责，为杭州市老年人意外伤害保险的开展提供切实可行的建议。

关键词：老年人；意外伤害保险；基本原则；运作机制；政府定位

根据《杭州市国民经济和社会发展第十二个五年（2011—2015 年）规划纲要》中"坚持和谐发展"、"把保障和改善民生作为加快转变经济发展方式、推动科学发展的根本出发点和落脚点"的原则，让老年人共享生活品质之城建设成果，幸福安享晚年生活，是杭州市老龄工作的目标之一。

然而，频发的意外伤害事故严重影响了老年人的生活质量。如何加强老年人意外伤害风险管理逐渐成为各方关注的一个重要议题。2011 年，《浙江省老龄事业发展"十二五"规划》明确提出了"鼓励支持商业保险机构开设老年人意外伤害保险，降低老年人支付风险"的要求。意外伤害保险有助于提高老年人抵御意外风险的能力，减轻老年人因意外伤害造成的经济负担。然而，由于老年人意外伤害风险的特殊性等原因，商业性保险市场上缺乏相应的保险产品。从目前国内其他城市开展老年人意外伤害保险的情况看，政府相关部门的推动必不可少。

为了全面、准确地了解杭州市老年人意外伤害风险状况，掌握老年人对意外伤害保险的需求，课题组开展了老年人意外伤害保险专题调查。调查

---

* 施红：浙江大学公共管理学院。

采取了个体问卷调查和机构访谈的形式,共对下城区、余杭区和桐庐县城乡1020位老年人开展了问卷调查,对部分中年人进行访谈,并走访了杭州市社会福利中心等老年人服务机构。本报告在分析老年人意外伤害风险状况和保险需求的基础上,提出老年人意外伤害保险应包含的主要内容,确定基本原则和运作机制,明确政府定位与职责,为杭州市老年人意外伤害保险的开展提供切实可行的建议。

一、老年人意外伤害风险状况

本次调查发现,所有被调查老年人中,共有263位老年人在过去5年中至少发生过一次意外事故,占全部被调查老年人的26%。其中,19%的老年人至少摔跤过1次,5%的老年人在生活中遭受过1次以上的碰撞事故。同时,所有最近发生意外事故的老年人中,16%的老年人受伤非常严重,需要住院治疗。对于意外事故发生后的医疗费用,尽管被调查老年人普遍享有社会医疗保险的保障,但仍有43%的老年人比较担心或非常担心意外事故发生后的医疗费用开支,认为可能对自己造成很大的经济负担,影响到日常生活;超过70%的老年人觉得意外事故发生后,请护工或保姆等费用支出会给自己造成很大的经济负担。以下从老年人意外事故的类型及发生场所两方面分析老年人面临的意外伤害风险。

(一)意外事故的类型

从老年人意外事故的种类看,摔跤、生活中的碰撞以及车祸是老年人最容易发生的3种意外事故。表1针对发生过意外事故的老年人,分析了各种意外事故的发生频次。由表1可见,在这些发生过意外事故的老年人中,有72.2%老年人遭受的意外事故是摔跤。其中,23.9%的老年人甚至发生过2次以上的摔跤事故。此外,19%的老年人因生活中的碰撞事故而受伤。由表1可见,尽管老年人烧伤、烫伤、食物中毒、电击等意外事故发生的情况相对较少,但是,仍然有一定比例的老年人发生过此类事故。

表 1　老年人常见意外事故的发生情况

	发生		其中			
			发生 1 次		发生 2 次及以上	
	数量（人）	占比（%）	数量（人）	占比（%）	数量（人）	占比（%）
摔跤	190	72.2	127	48.3	63	23.9
生活中的碰撞	50	19.0	31	11.8	19	7.2
车祸（撞伤、刮伤）	33	12.5	31	11.8	2	0.8
烧伤、烫伤	7	2.7	5	1.9	2	0.8
食物中毒	3	1.1	2	0.8	1	0.4
（高处）坠落	6	2.3	6	2.3	0	0
电击	3	1.1	3	1.1	0	0
溺水	0	0	0	0	0	0
有害气体中毒	1	0.4	1	0.4	0	0
其他	8	3.0	7	2.6	1	0.4

（二）意外事故发生场所

从老年人意外事故发生场所看，杭州市老年人普遍认为最容易遭受意外事故的场所是：家里、马路上及公共交通工具。对于发生过意外事故的老年人的调查显示，45%的意外事故发生在家里，42.3%的意外事故发生在马路上，约10%的意外事故发生在乘坐交通工具的过程中。此外，在院子/社区活动、在工作或做农活时也比较容易发生意外事故（见表2）。相比较而言，老年服务中心等为老服务场所、公园、博物馆等公益性文体设施及医疗机构发生意外伤害的概率很低。另外，在所有发生过意外事故的老年人中，大约1.5%的意外事故发生在外出旅游或探亲时。

表 2　老年人经常发生意外事故的场所

场所	家里	院子/社区	马路上	医疗机构	商业场所	交通工具
占比（%）	45	10	42.3	0.4	0.4	10.8
场所	公益性文体设施	旅游/探亲	工作/做农活	为老服务机构	其他	
占比（%）	1.5	1.5	4.6	2.3	3.5	

以上分析表明,意外伤害已经成为影响老年人晚年生活品质的一个重要因素,迫切需要建立和完善相应的风险保障机制。当前,全社会的风险保障机制对于老年人意外伤害风险的保障并不健全。社会保险中的医疗保障项目能够对老年人因意外事故导致的医疗费用开支提供一定的保障。但是,对于因意外事故导致的残疾、死亡风险以及相关的照护费用支出等,缺乏相应的保障机制。同时,商业保险市场出于风险控制、利益等方面原因的考虑,往往对参保的老年人作出很多限制性的规定,如年龄限制、身体健康状况要求等。这些选择性的规定导致商业保险市场上目前缺乏能让所有老年人共同参与的意外伤害保障产品。

因此,为了加强全社会意外伤害风险的管理,提升老年人生活品质,有必要发挥市场配置资源的基础性作用,政府要引导和推进老年人意外伤害保险制度的建立和逐步完善。

二、老年人对意外伤害保险的需求分析

为了推进老年人意外伤害保险的开展,必须首先全面掌握老年人对意外伤害保险的需求情况。如对哪些群体对意外伤害保险需求比较迫切,其希望获得的保障项目有哪些等问题都必须逐一明确。本研究从保险需求对象、风险保障项目、保障额度以及老年人保费支付意愿等方面展开调查和分析。

(一)需求对象

据调查,在所有 60 岁及以上的遭受意外伤害的老年人中,28.5% 的老年人愿意购买意外伤害保险,46.5% 的老年人认为子女会为其购买意外伤害保险。同时,对所有遭受过意外事故的 50～59 岁老年人的调查显示,近一半老年人愿意购买意外伤害保险,60% 的老年人认为子女会为其购买意外伤害保险。这表明,除了 60 周岁以上的老年人外,50～59 岁的群体对于意外伤害保险有比较强烈的购买意愿。

(二)保障项目需求

意外事故的发生可能造成老年人的身体伤害,并且老年人可能因此需要支付一定的医疗费用及护工费用。因此,保障项目需求将从人身伤害保障需求、医疗费用保障需求及照护需求等三方面展开分析。

1. 对人身伤害的保障需求

从意外事故造成的人身伤害看,发生意外事故的老年人中,有35%的老年人表示意外事故导致自己的生活自理能力下降,更有2.2%的老年人由此导致生活完全不能自理。并且,每年大约0.04%的老年人因意外事故死亡。因此,老年人对于因意外伤害导致的残疾或死亡风险希望能够获得一定的伤残金或死亡抚恤金。

2. 对自负医疗费用的保障需求

对于因意外事故产生的医疗费用,除社会医疗保险项目负担之外,老年人往往需要自负部分的医疗费用。根据调查,所有发生过意外事故的老年人平均花费医疗费用9500多元,其中由自己或子女负担的费用平均为3200多元,占到全部费用的三分之一。并且,接近10%的老年人自负的医疗费用超过5000元。这表明,尽管有社会医疗保险的保障,老年人在遭受意外事故后仍要承受一定的医疗费用负担。因此,老年人意外伤害风险保障中需要补充医疗费用风险保障。

3. 对照护费用的保障需求

根据调查,大约10%的老年人在遭受意外事故后雇请了保姆或护工来照料生活,平均雇佣天数为7天。60%的老年人请护工的天数短于2周,15%的老年人请护工的天数在2周至2个月之间,约8%的老年人请护工的时间超过半年。这表明,老年人在遭受意外事故后会产生一定时期的照护需求。由于照护费用目前尚没有其他的社会保障项目能给予保障,需要由老年人或其家庭成员负担。因此,老年人意外伤害风险保障中需要补充照护费用风险保障。

(三)保障额度需求

从调查情况看,在遭受过意外事故的老年人中,约三分之一的老年人认为需要5万~10万元的保障,约四成老年人认为至少需要10万元的意外伤害保障,甚至有18.9%的老年人认为需要20万元以上的保障。从全部被调查老年人来看,近四成的老年人认为至少需要10万元保障,16.3%的老年人认为需要20万元以上(见表3)。这表明,从满足老年人意外风险保障的需求看,意外事故导致的残疾和死亡保障的保险金额应在5万~15万元之间。

表 3　老年人对意外伤害保险的保障额度需求

	5 万元以下	5 万~10 万元	10 万~15 万元	15 万~20 万元	20 万元以上	不知道
发生过意外事故的老年人	19.8%	34.9%	13.7%	7.5%	18.9%	5.2%
全体被调查的老年人	18.3%	27.3%	14.2%	6.0%	16.3%	17.8%

(四)保险费支付意愿

老年人意外伤害保险的运行受到老年人保费支付意愿的影响。老年人愿意支付的保费越高,意味着老年人意外伤害保险的需求越旺盛,也越有利于今后意外伤害保险的开展。根据调查,针对 10 万元保障额度的老年人意外伤害保险,发生过意外伤害的老年人中,14.3%的老年人愿意支付 100 元以上的保险费,18.5%的老年人愿意支付 50~100 元之间的保费,约三分之一的老年人愿意支付 10~30 元的保费。从全体被调查老人来看,老年人愿意支付的保费情况与发生过意外事故的老年人群体基本一致(见表 4)。这表明,如果保费在 30 元以下,近一半的老年人愿意购买老年人意外伤害保险。

此外,调查发现,约三分之二的老年人愿意购买护理费用保险。由表 5可知,对于 1 万元的护理费用保险,发生过意外事故的老年人中,26.9%的老年人愿意支付 30 元以上的保费,20.0%的老年人愿意支付 10~30 元保费,约三分之一的老年人回答"不知道"或"不愿意购买"。但是,在所有回答愿意购买保险的老年人中,50%以上的老年人愿意支付 30 元以上的保险费,愿意支付 10 元以上保费的老年人占 80%以上。这表明,推行照护费用保险具备了良好的外部条件。

表 4　老年人意外伤害保险的保费支付意愿　(单位:元/每 10 万元保额)

	100 以上	50~100	30~50	10~30	10 以下	不知道
发生过意外事故的老年人	14.3%	18.5%	10.5%	32.4%	21.8%	2.5%
全体被调查的老年人	14.2%	18.1%	10.1%	23.2%	19.3%	15.1%

表5　老年人意外伤害护理费用保险的支付意愿　（单位:元/每1万元保额）

	50以上	30～50	10～30	10以下	不愿意或不知道
发生过意外事故的老年人	13.9%	13.0%	20.0%	18.6%	34.5%
全体被调查的老年人	15.4%	18.8%	18.2%	15.1%	32.5%

三、老年人意外伤害保险的主要内容

根据上述对老年人意外事故和保险需求的调查,本课题组提出了老年人意外伤害保险应包含的主要内容。然而,在明确具体内容之前,有必要先讨论老年人意外伤害保险的性质。因为老年人意外伤害保险的性质决定了保险的保障对象和保障责任。

因此,首先必须明确老年人意外伤害保险的性质,其开展是否为了某些特定的目标? 如果有特定目标,老年人意外伤害保险的保障对象和保障责任需要根据特定目标来明确。如北京市老年人意外伤害保险,作为为老服务机构或场所责任险的替代,其在意外伤害保险的范围和责任方面都作了限制。如果老年人意外伤害保险是商业性的,是作为意外伤害风险管理的一般工具,则应根据市场的原则确定保障对象和保障责任。本研究认为,杭州市开展的意外伤害保险意在加强全社会的意外伤害风险管理,提升老年人生活品质,并无特定政策目标,应属于商业性保险。

(一)参保对象

对于商业性的老年人意外伤害保险,参保对象的确定应遵循市场化、自愿性原则。老年人城乡户籍的差异、身体健康状况等不应成为选择参保对象的标准。因此,杭州市老年人意外伤害保险的参保对象应界定为:具有杭州市户籍的60周岁及以上老年人。对于具有杭州市户籍的50～59周岁、有购买意愿的人群以及非杭州市户籍60周岁以上常住老年人也可以参保。

(二)意外事故

老年人意外伤害保险应准确界定"意外伤害"概念,明确其内涵。根据保险业的惯常解释,意外伤害是指外来的、突发的、非本意的、非疾病的使身体受到伤害的客观事件。这不同于人们常识性的理解。同时,对老年人多发的意外事故,老年人意外伤害保险中可以给予明确。据调查,老年人认为摔跤、生活中的碰撞、撞伤(刮伤)和车祸是位列前三位的、最常发生的意外事故。

(三)责任范围

意外伤害保险保障范围的大小直接关系到风险保障效果。据调查,杭州市老年人普遍认为最容易遭受意外事故的场所是:家里、马路上及公共交通工具。发生过意外事故的老年人还认为在院子/社区活动、在工作或做农活时也比较容易发生意外事故。本研究认为应将老年人在惯常活动场所发生的意外事故都作为意外伤害保险的责任范围。但是,需要特别注意两类场所的风险控制。(1)家里。对于家里,在保险公司风险可控的条件下也可包含在老年人意外伤害保险的覆盖范围之内。(2)在工作或务农时。对于尚处于工作年龄、未退(离)休的群体,在工作过程中遭受的人身意外伤害有可能属于工伤。意外伤害保险的赔偿有必要与工伤保险的保障协调处理。

此外,老年人意外伤害保险责任的地域范围是覆盖整个中国境内还是仅限于杭州市需要明确。不同地域范围,保险人承担的风险责任也不同。据调查,在所有发生过意外事故的老年人中,大约1.5%的意外事故发生在外出旅游或探亲时。这表明,由于老年人活动范围的有限性,老年人意外事故主要发生在其主要居住地。因此,本研究认为,在开展初期,可以借鉴北京市的做法,将老年人意外伤害保险责任的地域范围限定在杭州市内。这也有利于降低保费,激发老年人的参保积极性。

(四)给付项目

意外伤害保险的给付项目明确了老年人因意外事故遭受人身损害以及产生相关费用后,保险公司能够给予赔付的范围。给付项目越多,意外伤害保障的范围也就越广。从上海市"银发无忧"老年人意外伤害保险发展的过程看[1],综合性风险保障是老年人意外伤害风险管理的基本需求,也是老年人意外伤害保险发展的趋势。

---

① 上海"银发无忧"老年人意外伤害保险从2005年开始实施,经过不断完善,已经发展成为承保范围非常广泛的综合险。2005年的保障内容仅包含老年人意外身故和伤残;2006年增加骨折津贴附加险;2007年把骨折津贴直接纳入主险保障,并新增了旅游意外身故赔付、食物中毒身故以及食物中毒医疗赔付三项保障责任;2009年又新增了老年人护理保险作为附加险;2012年将老年人乘坐飞机、火车、轮船意外身故保险纳入保险项目;2013年又新增意外伤害烧烫伤保险。

因此,杭州市老年人意外伤害保险应定位为综合性险种,其给付项目包括:(1)对于老年人因意外伤害导致的残疾或死亡给付伤残保险金或死亡保险金。(2)对于因意外事故产生的医疗费用,除社会医疗保险项目负担之外,自负部分的医疗费用给予赔付。调查结果表明,尽管有社会医疗保险的保障,老年人在遭受意外事故后仍要承受一定的医疗费用,需要补充医疗费用风险保障。(3)对于老年人因意外伤害所产生的照护费用,按规定给予赔付。老年人在遭受意外事故后会产生一定时期的照护需求。由于照护费用目前尚没有其他的社会保障项目能给予保障,需要由老年人或其家庭成员负担。因此,老年人意外伤害风险保障中迫切需要补充照护费用风险保障。

(五)保险金额

意外伤害保险的保障额度反映了老年人在意外事故发生后能获得的最高保障。各地实施的老年人意外伤害保险保障金额不一,并且不同的给付项目往往也规定不同的保险金额。老年人意外伤害保险金额的高低主要取决于老年人的个体保障需求。从调查结果看,结合老年人意外伤害保险的保障需求和保费支付意愿,杭州市老年人意外伤害保险的保险金额以 5万~10万元为宜。

四、基本原则和运行机制

老年人意外伤害保险总体上应遵循"市场运作、政府推动、自愿购买、稳步推进、企业优惠、鼓励参与"的原则,建立并逐步完善老年人意外伤害保险的运作机制,推进老年人意外伤害保险规范、健康发展。

(一)基本原则

从风险性质看,老年人意外伤害风险属于个体风险,而非公共风险,需要个体进行自我风险管理。基于此,开展老年人意外伤害保险应遵循以下原则:

1.市场运作、政府推动的原则

老年人意外伤害保险应坚持市场化运作方式,由商业保险公司自主经营、自负盈亏。政府通过加强宣传、出台鼓励措施等推动老年人意外伤害保险的开展。

2.自愿购买、稳步推进的原则

老年人根据自身实际情况,自愿购买老年人意外伤害保险。老年人意外伤害保险发展应遵循市场发展规律,稳步推进,逐步提高参保率。

3.企业优惠、鼓励参与的原则

开展老年人意外伤害保险的保险公司以优惠的价格为老年人提供优质服务。鼓励保险公司以"保本微利"的原则开展老年人意外伤害保险;鼓励企事业单位、社会组织和个人为老年人购买团体意外伤害保险;鼓励家庭成员为老年人购买老年人意外伤害保险。

(二)运行机制

第一,采用公开招标的方式选择确定开办老年人意外伤害保险的商业保险公司。

第二,困难老年人由政府与中标保险公司签订保险合同,并根据合同向保险公司统一支付保险费。其他符合参保条件、有购买意愿的老年人可到中标保险公司指定地点办理投保手续。

第三,参加老年人意外伤害保险的老年人如果出现意外伤害,由本人或家属自行向承保的保险公司提出索赔,保险公司按照合同规定赔付。

第四,中标保险公司应设立专门的保险承保、理赔工作机制,保证老年人投保、理赔的顺畅,及时、优质地为老年人提供咨询、查询、索赔、投诉等配套服务。

第五,区县老龄办做好老年人意外伤害保险的宣传推广工作,对中标保险公司的承保工作给予支持。

五、政府定位与部门职责

政府在老年人意外伤害保险工作中,应定位于公共服务型政府,合理界定政府、市场及第三部门的权力界限,减少对微观经济运作的干预。各行政部门各司其职,通力协作,推进老年人意外伤害保险的开展。

(一)政府定位

老年人意外伤害保险必须坚持市场运作、政府推动的原则。政府在老年人意外伤害保险的发展过程中,应准确定位,明确与商业保险公司的责任边界，既不"缺位"，也不"越位"。

1. 补贴优抚对象和困难老人，支持其参保

基于公平性，政府通过购买服务，满足困难老年人的意外伤害风险管理需求。补贴对象：杭州市户籍 60 周岁及以上困难老年人和优抚对象中的老年人，困难老年人是指享受城乡最低生活保障待遇人员、城镇"三无"人员、农村"五保"对象。补贴标准：政府每年为上述老年人购买一份老年人意外伤害保险。补贴所需资金测算方案，请见附件。

2. 加强风险管理与保险意识教育

为提升全社会的风险管理效率，政府应加大国民风险认知和保险意识的培育。根据调查，近一半的老年人听说过意外伤害保险，但仅有三分之一的老年人了解意外伤害保险的内容。这也导致仅有不到三分之一的老年人愿意自己购买意外伤害保险。老年人对于意外伤害保险的不了解是导致意外伤害保险购买意愿低的重要原因。因此，加强意外伤害保险宣传，提高老年人的保险意识和保险认知水平，将不仅有利于意外伤害保险的推进，也有利于提升全社会的风险管理效率。

3. 为保险企业开展意外伤害保险提供方便

各级政府要为老年人意外伤害保险的开展创造有利的运作环境，提供渠道便利。在"保本微利"的经营原则下，保险公司经营管理成本的下降，有利于降低保费，惠及参保的老年人群体。

(二)部门职责

1. 市老龄工办

负责老年人意外伤害保险的政策调研、方案拟制；与保险公司接洽，通过公开招标方式确定承保的保险公司；与中标保险公司建立沟通机制，及时反映并督促解决保险服务中的问题。

2. 市民政局

负责确定除失独老人之外的符合政府补贴的对象，做好动态调整工作；与中标保险公司签订保险合同，统一支付上述人员保险费。

3. 市卫生计生委

负责确定符合政府补贴范围的失独老人名单，做好动态调整工作；与中标保险公司签订保险合同，统一支付上述人员保险费。

4.市财政局

负责招标工作的资金保障,确定财政资金各级分担比例,安排政府补贴对象购买保险市本级所需资金,做好补贴资金的管理和核算工作。

附　件

财政补贴资金规模测算

(一)杭州市困难老年人口测算

1.除失独老人之外的符合政府补贴的对象

除失独老人之外的困难老年人口测算采用了 10% 的增长率。主要依据如下:(1)除失独老人之外的困难老年人尽管包括低保老人、优抚对象、城镇"三无"人员、农村"五保"对象和 80 周岁以上的高龄老年人等多个群体,但是,从全市看,高龄老人占到了全部困难老人的 91%,主城区该比例达到了 96%。因此,高龄老年人口的变化趋势是影响今后老年人意外伤害保险补贴规模的主要因素。(2)根据杭州市高龄老年人口过去 5 年的变化,发现平均每年高龄老年人口的增长率在 10% 左右。

2.失独老年人

目前,关于失独老年人的统计数据比较欠缺。本测算根据卫生部《2010中国卫生统计年鉴》估算[①],将杭州市失独老年人的年均增长率设为 5%。

2015—2020 年杭州市困难老年人口测算见附表 1。

(二)杭州市困难老人意外伤害保险财政补贴规模测算

1.除失独老人之外的符合政府补贴的对象

根据《杭州市老年人意外伤害保险工作方案》,政府每年为每位困难老人购买意外伤害保险一份。每份保险的费用为 15~20 元。本测算以较高保费 20 元为基础进行测算。

---

① 卫生部《2010 中国卫生统计年鉴》估算,中国每年新增 7.6 万个失独家庭,全国失独家庭超过百万个。

2. 失独老年人

测算方式与依据同上。

2015—2020 年困难老年人意外伤害保险财政补贴规模测算见附表 2。

附表 1　2015—2020 年杭州市困难老年人口测算　　（单位：人）

年　　份	全市		主城区ᵃ	
	除失独老人外困难老年人口（10％增长率）	失独老年人口（5％增长率）	除失独老人外困难老年人口（10％增长率）	失独老年人口（5％增长率）
2013（基数）	240683	1437	90459	—
2014	264751	1509	99505	600ᵇ
2015	291226	1584	109455	630
2016	320349	1664	120401	662
2017	352384	1747	132441	695
2018	387622	1834	145685	729
2019	426385	1926	160254	766
2020	469023	2022	176279	804

注：a. 假定主城区困难老年人口的增长率与全市的增长速度一致。

b. 由于 2013 年 60 岁以上老年人口数据缺失，2014 年该群体人口规模估主要根据杭州市主城区老年人口占全市人口的比重以及全市 60 周岁以上失独老年人口规模估算。

附表 2　2015—2020 年困难老年人意外伤害保险财政补贴规模测算　　（单位：元）

年份	全　市		合计	主城区		合计
	市民政局（10％增长率）	市人口计生委（5％增长率）		市民政局（10％增长率）	市人口计生委（5％增长率）	
2015	5295026	30177	5325203	1990098	12000	2002098
2016	5824529	31686	5856214	2189108	12600	2201708
2017	6406982	33270	6440252	2408019	13230	2421249
2018	7047680	34933	7082613	2648820	13892	2662712
2019	7752448	36680	7789128	2913702	14587	2928289
2020	8527692	38514	8566207	3205073	15315	3220388

论经济适用住房制度之改革

□ 李苏芳　陈信勇*

摘　要：经济适用住房在实践中的问题引发了社会各界对制度存废的争议。在这一背景下，本文从问题出发分析得出制度本身的设计缺陷与执行中的不足这两方面原因。通过对近几年来我国经济适用住房改革试点的运行情况的分析，并结合境外保障性住房制度的成功经验，对我国经济适用住房制度的改革提出了相关建议。

关键词：经济适用住房制度改革；住房保障

引　言

我国的经济适用住房制度起步较晚，目前仍处于探索阶段，实践中暴露出的问题不仅有违制度设计的本意，更是加剧了社会分配不公的矛盾。多年来，理论界与实务界对经济适用住房存与废的争议不断，学者们分别从经济学、社会学、管理学、法学等角度进行了探讨。我们在总结各项理论的基础上认为，取消经济适用住房并不能从根本上解决住房保障问题，而应当以此为契机加快对制度的改革与完善，特别是从我国目前的实际情况来看，部分省市已经开始了经济适用住房改革的探索并且也取得了不错的经验。因此，本文结合理论与实践两方面的因素，主要从法律的角度对经济适用住房制度改革提出相关建议，希望以此来弥补现有制度存在的缺陷，同时规范各主体在制度执行中的行为，从而充分实现经济适用住房在住房保障与促进社会发展等方面的功能。

＊　李苏芳，陈信勇：浙江大学光华法学院。

一、经济适用住房制度的发展与现状

(一)制度的产生与发展

所谓经济适用住房,是指政府提供政策优惠,限定套型面积和销售价格,按照合理标准建设,面向城市低收入住房困难家庭供应,具有保障性质的政策性住房。[①] 该制度作为我国住房保障体系的一项重要内容,是伴随着我国住房制度改革的步伐而加以发展与完善的。

1994 年,《国务院关于深化城镇住房制度改革的决定》第一次明确提出了"经济适用住房"的概念,并将"建立以中低收入家庭为对象、具有社会保障性质的经济适用住房供应体系和以高收入家庭为对象的商品房供应体系"作为住房制度改革的重大目标。[②] 自此,经济适用住房逐渐成为解决城镇中低收入家庭住房困难问题的重要措施。同年,在《城镇经济适用住房建设管理办法》、《国家安居工程实施方案》等文件的指导下,经济适用住房以安居工程为主要形式开始了初步的发展。

1998 年,国务院发布《关于进一步深化城镇住房制度改革加快住房建设的通知》,明确提出"建立和完善以经济适用住房为主的多层次城镇住房供应体系"。随后,根据《通知》的精神,相关部门相继下发了《关于大力发展经济适用住房若干意见》、《关于进一步加快经济适用(安居工程)住房建设有关问题的通知》、《经济适用房住房开发贷款管理暂行规定》、《住房公积金管理条例》等文件,对经济适用住房建设过程中的土地、货币信贷、税收、价格等政策作了明确规定。在这一阶段,全国各地积极开展经济适用住房的建设工作,其建设、投资量在商品住宅投资中占有重要比例,呈现出建设规模大、增长速度快的特点。

然而,由于制度的不成熟,经济适用住房在执行过程中的问题不断被披露出来,其建设规模随即便出现了下滑。2004 年出台的《经济适用住房管理办法》在总结前阶段经济适用住房建设中存在的问题和经验的基础上提出了一系列针对性的规范性意见。

2007 年,多部门联合对《经济适用住房管理办法》进行了修订,对建设单

---

① 见 2007 年修订的《经济适用住房管理办法》第一章第二条。

② 详见《国务院关于深化城镇住房制度改革的决定》(国发〔1994〕43 号)。

位和购房者的优惠政策、建设设计和物业管理、定价和成本管理、购房者认定要通过入户和邻里调查等方式、退出限制、单位集资合作建房、后续监督检查等方面制定了相应的实施细则。很明显,国家力图通过对制度的调整和完善来回应外界的疑虑,这也体现了我国经济适用房制度在管理层面日趋成熟。

2010 年 4 月,住建部发布《关于加强经济适用住房管理有关问题的通知》,提出要在建设和准入方面加强管理,强化使用过程中随意处置住房用途的监督,加强上市交易管理,完善社会信息监督机制和售后回馈监督机制;经济适用房的相关责任人(建设单位、购房者)违规时,要进行相应的惩处,并计入诚信档案。

综上可见,我国经济适用住房制度经历了一个探索与发展的阶段。

(二)存在的问题

制度施行至今已有 20 多年,大规模地建设经济适用住房的确在一定程度上体现了其保障功能:解决了城市低收入家庭住房困难问题,提高了居民的生活质量;对日益飙升的房价起到一定的抑制作用,促进了房地产市场的健康发展;拉动了消费水平,促进经济增长;调动了部分人群的积极性,有利于社会稳定与和谐。

然而,由于制度产生时间较短,目前还处于摸索阶段,实践中出现了以下几个方面的问题,使得经济适用住房不但难以实现应有的保障功能,反而加剧了社会不公。

1.购买对象错位

从保障的目的出发,购房对象应为城镇住房困难的低收入家庭。而现实中,相当一部分房源却落在了收入水平较高的群体手里。实践中的表现为:经济适用住房小区内自住率较低,而出租、转售现象普遍;保障房小区内车位紧张,豪车遍地;经济适用住房申请者将房屋用于私下交易,等等。

2.开发建设背离"经济适用"本意

近几年,媒体不断报道出经济适用住房建设中的矛盾:从部分已建成的住房来看,一方面存在户型面积过大、装修过于豪华的问题。例如 2009 年 11 月 24 日《法制日报》揭露安徽某地 419 套经济适用房已建的 341 套房子中,没有一套是面积低于 90 平方米的,其中面积超过 150 平方米的有数十套,面积最大的甚至达到了 205.69 平方米。这就造成了单套价格过高,普通百姓购买不起的"不经济性"。而另一方面,也出现了选址过于偏僻,保障房质量太差等"不适用"的弊病。这也就不难解释为何一边是保障对象买不到经济适用住房,而另一边又有大部分房源滞销的矛盾。

3.配售程序不透明

经济适用住房蕴含着的福利因素具有较大的利益空间,利益、权力等寻租使得销售过程中极易出现暗箱操作。典型的案例如:2009 年武汉经济适用住房小区摇号摇出六连号、2012 年"郑州房妹事件"等,这些问题加剧了民众对经济适用住房政策的质疑,同时也导致了政府公信力下降。

(三)原因分析

1.制度本身的设计缺陷

(1)产权界定不明确

2007 年修订的《经济适用住房管理办法》第 30 条规定:"经济适用住房购房人拥有有限产权。"而在此之前,没有任何文件对经济适用住房产权进行过界定,理论上曾有学者将其视为共有产权,也有学者将它界定为购房者完全产权,总之并没有定论。此次修订虽然有了一定突破,但不得不承认它依然是不明确的,比如:这里的"有限"到底限多大? 政府与购房者之间关于房屋权利如何清晰地分配? 种种问题依然困扰着我们。

在产权问题上,完整的房地产产权包括不动产所有权与土地使用权。[1]由于经济适用住房所使用的土地是以划拨的形式提供的,同时又免收了各种行政事业性收费,购买者所支付的价金可能仅仅是不动产的价值,因此其在土地使用权方面仅具有使用权,而在收益与处分权上欠缺必要的法律依据,房屋剩余部分权利理论上来讲应当属于政府。也就是说,经济适用住房在产权问题上存在主体矛盾。产权界定不清晰将直接导致经济适用住房在销售、管理甚至是回收过程中的纠纷。同时,也不利于经济适用住房退出后差价的收回与增值收益的分配。

(2)准入、退出机制不健全

第一,在准入问题上,《经济适用住房管理办法》第 25 条规定:"城市低收入家庭申请购买经济适用住房应同时符合下列条件:(一)具有当地城镇户口;(二)家庭收入符合市、县人民政府划定的低收入家庭收入标准;(三)

---

① 黄羽:《论我国经济适用房制度的改革与完善——以〈住宅法〉的制定为路径》,厦门大学硕士学位论文,2007 年。

无房或现住房面积低于市、县人民政府规定的住房困难标准。经济适用住房供应对象的家庭收入标准和住房困难标准,由市、县人民政府根据当地商品住房价格、居民家庭可支配收入、居住水平和家庭人口结构等因素确定,实行动态管理,每年向社会公布一次。"

上述条文虽然对准入的条件进行了设定,但具体操作却不容易。首先是家庭收入难以界定。到目前为止,我国还没有建立起个人财产申报制度与信用评估体系,难以在较短时间内确切地对申请人的收入进行有效的审查,操作中主要是将个人和单位提供的工资单或收入证明作为主要依据。① 同时,在收入来源多样化背景下,工资仅仅是家庭财产的一部分,并不能完全体现财产情况,基于此,城市"低收入家庭"在实践中是很模糊的,很难做到明确化。另一方面,《经济适用住房管理办法》规定了具体的标准由地方政府根据实际情况来确定,这就存在很大的浮动空间。由于我国地域广阔、地区发展不平衡,很可能加重地区之间保障程度的不平衡。同时,在审核标准灵活的情况下也容易在管理上滋生腐败,导致保障对象失调。

第二,在退出问题上,《经济适用住房管理办法》第 30 条规定:"购买经济适用住房不满 5 年,不得直接上市交易,购房人因特殊原因确需转让经济适用住房的,由政府按照原价格并考虑折旧和物价水平等因素进行回购。"可见,现有制度下退出方式主要有政府回购与上市退出两种,但现实中,政府进行回购的案例少之又少,基本上都采取了直接上市的方式。而上市交易使得保障房具有了商品房的性质。② 这样一来,一方面是保障房数量减少,房源流失;另一方面,交易的主动权多掌握在购房人手里并且能够获得大部分房屋出售的利益,尽管政府可以回收部分差价,但该部分差价并不足以弥补政府在建设过程中的投入,也就造成了财政资源的流失。所以说,政府在经济适用住房建设上面临着"只出不进"的尴尬境地。

(3)立法不完善

经济适用住房制度在立法层面主要存在两个方面的问题:其一是立法层次低;其二是配套规范不完善。

首先,经济适用住房制度立法层次低、缺乏权威性,与住房保障的重要性不相匹配。目前对经济适用住房起主要带头作用的《经济适用住房管理办法》仅仅算是个部门规章,法院在审理案件时只能将其作为参照,其对地

---

① 侯国跃、朱伦攀:《我国城市保障性住房准入机制的缺陷与完善》,《法学杂志》2011 年 S1 期。
② 赵秀池:《经济适用房良性循环机制研究》,《商业时代》2011 年第 34 期。

方性法规也缺乏强制性约束力。从理论上来说,政府在管理中的很多行为事实上并没有法律上的依据,权责问题难以明晰。同时,也正是由于其缺乏权威性,使得立法过于分散、各地做法不一,甚至规范之间存在冲突。

其次,缺乏相应的配套制度。制度运行到今天,保障对象已经出现了严重的偏差。上文提到的个人收入申报制度以及信用评估体系不健全是一个原因,由于当前个人收入来源包括固定工资收入、不动产、租赁、股票收益等,存在多渠道与隐性收入不断增加的趋势,正确衡量收入是很困难的。但换个角度来看,对于那些高收入者来说,他如果想要隐瞒现有的住房水平并获取相应的收入证明却是轻而易举的,这就导致很多房源落入高收入者手里。另外,住房保障金融体系不健全也是一大原因,国家对低收入者实行经济适用住房制度,但是并没有建立相应的住房保障金融体系来进行贷款帮助。由于低收入家庭的收入是有限的,对于他们中的大部分来说,想要一次性购买经济适用房是有难度的,然而商业银行作为企业并追求利润最大化,它必须确保贷款人有足够能力还款才能及时回收成本来持续性经营。而经济适用住房的保障价值就在于,要使得那些无法通过自主途径解决住房困难问题的家庭满足基本需求,购房者中大部分正是属于收入水平低、工作不稳定的阶层,他们难以符合贷款条件;而一旦其能够顺利取得商业银行的贷款了,那么也就不符合经济适用住房的申请条件了。很明显,这其中存在难以克服的矛盾,需要政府采取一定措施来解决。

2.执行过程中的不当

如果说,制度设计上的缺陷是问题产生的根源,那么执行过程中的不当行为则加剧了矛盾。在这个问题上存在着政府、房地产开发商、购买者三方面的不当行为。

第一,在政府层面,《经济适用住房管理办法》规定:"县级以上人民政府发展改革(价格)、监察、财政、国土资源、税务及金融管理等部门根据职责分工,负责经济适用住房有关工作。"而实践中,各部门缺乏协调与沟通,甚至互相扯皮,具体政策难以真正落实。同时,由于经济适用住房蕴含着一系列政策优惠,在房地产价格居高不下的背景下存在着较大的牟利空间,地方政府往往利用制度的漏洞与利益群体相勾结,使得政策成为部分官员滋生腐败的温床。

第二,在房地产开发商方面,相关规定对经济适用住房限定了利益空间,盈利不能超过3%。而开发商作为市场主体本身就是以利益为导向的,为了牟利,它可能擅自通过提高单套住房面积来提高单价,甚至会改变划拨土地性质进行商品房开发。但总的来说,开发商的不当行为归根到底得益于制度设计中监督机制的缺乏,以及制度设计时对开发者逐利的价值规律的违背。

第三,从购买者的角度来看,很多经济条件较好的家庭利用了制度漏洞,通过不法途径获得购买资格,这一过程中存在隐瞒实际财产情况,开具虚假证明文件等违法行为。同时,部分家庭在经济条件改善之后缺乏积极主动退出的意识,而是将经济适用住房视为私有财产进行收益。

二、经济适用住房制度改革试点及评析

(一)租售并举模式——以杭州为例

所谓租售并举,是指经济适用住房申请家庭支付一定数额房款后,向开发建设单位租赁经济适用住房,并在租赁期限届满前支付全部房款,购买该套经济适用住房。

目前,杭州有 10% 左右的房源采取租售并举模式,其主要针对的对象为部分仅能够支付首付,同时又不能获得银行按揭贷款的家庭。根据《杭州市区经济适用住房租售并举实施细则》,申请家庭所支付的首付款必须达到房屋总价 30% 以上,且租赁期不得超过 5 年,自签订购房及租赁协议并支付相应首付款之日起计算,租金实行政府定价。同时还规定,申请家庭支付首付款后即可租赁相应经济适用住房,在支付全部房款后即可领取相应房产证,但上市交易仍有 5 年限制;申请家庭在签订购房及租赁协议并支付首付款之日起 5 年后若仍无力购买的,相关部门将收回房屋,并归还申请家庭原支付款项。

(二)共有产权模式——以上海、淮安为例

共有产权房是指政府将原来供应经济适用房划拨的土地改为出让,将出让土地与划拨土地之间的差价、政府给予经济适用住房的优惠政策,显化为政府出资,形成政府产权,从而形成低收入住房困难家庭和政府按不同的比例,共享经济适用住房的产权。[①]

---

① 张占斌、李万峰、费友海、王海燕:《中国城镇保障性住房建设研究》,国家行政学院出版社 2013 年版,第 45—46 页。

江苏淮安 2007 年出台《淮安市市区保障性住房建设供应管理办法》,于 2008 年开始进行共有产权经济适用住房制度的尝试。淮安共有产权模式是指,建设土地变划拨方式为出让方式,住房价格在参照商品房的基础上执行政府指导价(一般低于同期同区段商品房销售价格的 5%～10%),将出让土地与划拨土地之间的价格差以及政府提供的各种优惠政策作为政府对住房的出资,然后按照购房人与政府各自的出资比例构成共有产权。目前,在具体的产权比例上,江苏淮安实行两种比例模式:一种的产权比例为 7∶3;另一种的产权比例为 5∶5。另外,当购房者的收入有所提高时,即可以向政府申请购买其拥有部分的产权。按规定,自购房之日起 5 年内向政府主张购买其所拥有部分产权的,按经济适用住房的原供应价格结算;5 年后购买政府部分产权的,按届时的市场评估价格结算。[①] 在 5 年期满后,购房者对房屋进行处分时,政府作为共有产权人,可以行使优先购买权;若是通过上市交易出售于第三人的,收益所得可以按照购房者与政府之间的产权比例进行分配。而当购房者的经济状况有所提高,进入中高收入群体时,政府也可以不要求购房者强制搬离,通过对自己所无偿让渡部分的占有和使用权进行收取市场租金的方式来避免社会保障资源的流失。

就淮安市目前的实践情况看,其申购条件由 2007 年、2008 年的家庭人均收入 700 元/月,调整至 2009 年的 800 元/月。2008 年度(含 2007 年)共有 331 户申请了共有产权房(其中 7∶3 比例 227 户,5∶5 比例 104 户),实际购买的为 153 户(其中 7∶3 比例 105 户,5∶5 比例 48 户)。[②] 有 178 户没有申购,未申购原因为家庭经济困难而不具有购买能力。同时,在已经申购的共有产权房中,政府所拥有的产权部分对应的资金共计 694 万元。2009 年,已通过公示、摇号选房 215 户(其中 7∶3 比例 215 户)。2010 年淮安参加共有产权保障房摇号的申购家庭共计 339 户,其中进行选房的有 313 户。2011 年淮安的保障房建设出现了跳跃式的发展。其中,仅淮钢集团二期建设的共有产权房就有 2144 套,总面积达到 229474 平方米。[③]

另外,上海也于 2011 年 3 月 2 日颁布了《上海市经济适用住房价格管理试行办法》,该规定对于"共有产权"进行了明确的界定,规定购房人的"产权

---

① 吕璐:《共有产权:经济适用房的新模式》,《中华建设》2009 年第 7 期。
② 吴立群、宗跃光:《共有产权住房保障制度及其实践模式研究》,《城市发展研究》2009 年第 6 期。
③ 《上海、淮安探路保障房"共有产权"模式》,http://www.ccgov.net.cn/aspx/zzNewsdata.aspx?id=9694&cateid=18.

份额＝销售基准价格÷（周边房价×90％）"。[1] 此外,在购房人取得经济适用住房房产证后满5年上市交易的,政府除享有优先回购权外,还将按其拥有的产权份额收回所对应的转让收入。

(三)评析

现有制度规定的是"有限产权"模式,购房者在满5年之后即可上市交易,这一条件很容易达到,也就引发了诸如骗购、出租、转售等问题。该模式下,不论是开发商、政府,还是购房者,都存在巨大的牟利空间,这是很多问题产生的根源。而租售并举与共有产权这两种模式正是从产权问题出发对原有的制度进行的改革与创新。

租售并举模式使得不符合廉租房申请条件同时又负担不起全部经济适用住房房款的家庭得到了保障。同时,租赁部分的存在使得购房者无法擅自处理房屋,可以减少利用经济适用住房牟利的投机者。

共有产权模式下,房屋产权证上登记的是政府与购房者共同所有,并且比例是明确的,可以避免经济适用住房的私下交易。即使购房者用于出售,所获得的利益也较小,这就能够在一定程度上杜绝骗购。这样一来,经济适用住房的流失数量将大大减少,能提高房源的循环利用率。从另一个角度来看,政府以土地出让金的方式拥有了产权,也就取得了保障房建设的资金来源,能够调动地方政府建设积极性。[2] 所以说,共有产权实现了保障对象与政府之间的双赢。

三、境外保障性住房制度的分析与借鉴

(一)境外住房保障制度的经验

1.美国的保障性住房制度

美国虽然是实行自由主义经济的国家,但它依然重视政府在住房保障上的作用,主要是以"市场主导,政府适度干预"的模式来解决困难家庭的住房问题。

---

[1]　佟继萍:《上海经适房购房人产权份额60％～70％满5年可转让》,http://news. sh. soufun. com/2011-03-04/4614382. html.

[2]　杨春月:《试论我国经济适用住房法律制度的完善》,华东政法大学硕士学位论文,2012年。

首先,在购房政策优惠方面,政府不但允许符合条件的家庭向银行申请还款期限很长、利息很低的贷款,甚至还允许由联邦住房管理局出面为他们提供担保。这个过程中,购房者不但取得了程序上的便利,同时也节省了一笔手续费。

其次,美国重视以立法来保障住房问题。它先后通过了《住房法》、《城市重建法》、《国民住宅法》、《住房与城市发展法》等一系列与住房保障有关的法律,不但以法律的形式将制度确立下来,更是从法律上给政府赋予了义务,最瞩目的表现就是要求政府必须为中低收入家庭提供购房补贴和低息贷款。

2. 英国的住房保障制度

英国现行的住房保障体系主要有"社会出租房屋"与"中级保障性住房"这样两类。顾名思义,前者是只租不售的,其租金远低于市场租金,主要用于保障最低收入阶层。而"中级保障性住房"内部包含多种形式,包括中级出租、折价房、共享权益房屋等。其中,折价房与我国当前的经济适用住房相类似,它以低于市场价格的金额出售给符合特定条件的家庭,这些房屋主要由英国政府出资建设,也包含部分开发商投资建设的项目。

值得注意的是,英国的共有产权模式是共有权益房屋的一种,它为许多难以一次性购买住房但又不愿意租房居住的家庭提供了拥有自己的住房的机会。可以说,它已经成为许多中低收入家庭解决住房问题的首选方式,并在英国以相当惊人的速度发展着。

与美国类似,英国也强调用法律来保障公民的住宅权,通过立法规范保障性住房政策。回顾历史,它的多次住房改革都遵循了完备的法律程序,执行效力显著。

3. 韩国的住房保障制度

在亚洲,韩国在住房保障方面已经建立了比较完善的法律与制度框架。该国自20世纪60年代起就出台了以《住房建设促进法》为核心,包括《建设法》、《城市规划法》、《大韩住宅公社法》、《公共住房法》和《大韩住房银行法》等在内的一系列住房法规,以法律的形式明确了由建设部作为住房建设和住房政策的主管机关,同时还组建了由住宅公社、住房银行等机构参与建设和金融服务的相关国营机构。[①]

---

① 余芳东、刘冰:《发展中国家和新兴市场国家住房制度改革对我国的启示》,《中国信息报》2007年6月。

　　韩国政府在保障低收入者住房问题上具有创新性的思维,它并不拘泥于提供保障性住房,而是通过控制商品房价格、维护房地产市场稳定来推进。该国特别重视调控住宅实际需求,实行"一户一宅"制,具体措施为严格审查购房者的家庭与经济情况,用高税率限制家庭购买二套住房。在税收问题上,政府对只拥有一处住房的家庭收取 9% 的资产增值税;而拥有两处或两处以上的购房者税率达到了 36%;同时,对那些拥有三套以上住宅的居民转让房地产的,需要课以 60% 的转让费。[①] 所以说,在韩国房主的炒房成本是十分昂贵的,这能有效控制房地产市场的投机行为。

(二)境外经验的借鉴

　　尽管各国保障性住房制度的类型不同、内容有异,但住房作为世界性问题仍存在许多相通之处与共同经验,这些国家的实践能给我们带来很多启示。

　　1.建立完备的法律体系,使各项政策能够得到落实

　　住房保障方面比较完善的国家都有一个相同点,就是建立了比较完备的法律体系。这些国家首先通过法律将住房保障制度确立下来,包括设立严格的准入、退出条件并明确审查机构;对违规者制定严厉的处罚措施;通过法律授权政府进行行政干预同时将义务明确化。[②] 可以看出,完善的法律为住房保障体制提供了建立依据,也明确了发展目标,而且住房保障目标的实现也得益于法律的权威保障。[③]

　　2.建立专门机构进行体系化运营

　　综合来看,住房保障制度比较成熟的国家一般都以法律为依据建立了专门的住房保障机构,这些国家首先是以法律的形式赋予这些机构充分的权力,使其在执行过程中的行为合法化、权威化;同时也以法律为依据规范专门机构的权力,保障其拥有的权力不被滥用。

　　3.通过税费征税,遏制房地产市场的投机行为

　　在我国,除了社会经济与房地产市场本身的高速发展之外,炒房、投机等行为的存在使得商品房价格居高不下,但是我国还没有完善的法律对炒房行为进行有效规制。因此,韩国在这方面为我国提供了宝贵的启示,值得

---

① 肖宾:《聚焦海外经济适用房购买资格》,《京华时报》2007 年 5 月 25 日。
② 连治杰:《我国经济适用房法律制度研究》,重庆大学硕士学位论文,2011 年。
③ 温丽雯:《论经济适用房制度的法律构建》,暨南大学硕士学位论文,2008 年。

我们借鉴。该国通过征收资产增值税来增加投机炒房的成本,有效地抑制了房地产价格的飞涨,也解决了部分经济适用房被投机炒房者用来牟取暴利的问题。

四、经济适用住房制度改革与完善的法律建议

(一)完善立法

1. 提高立法层次

通过制定住宅法或住房保障法来完善经济适用住房制度已经成为学者们的共识。建立统一的住房保障制度在现阶段具有迫切性和必要性,因为政策的落实首先需要从立法上明确经济适用住房保障的群体、保障标准、保障水平、保障资金来源、专门管理机构,以及对违法违规行为惩处措施等。具体来说,压缩房地产商的投机利润空间、提高骗购经济适用房的违法成本、保障经济适用房的合理公平分配,都将成为该法起草过程中所关注的重要内容。[1] 制定这样一部高效力层次的法律不仅有利于统筹各地经济适用住房的立法工作,更有助于规范实施中的各项行为,促进保障目标的实现。

2. 制定相关配套规范

要通过立法来规范经济适用住房制度,在建立一部起统筹作用的法律的基础上,还需要陆续出台相应的实施细则和配套行政法规,不断促进规范的体系化、完善化。同时,制度的改革和发展并不是孤立的,是与一系列社会制度如个人财产申报登记制度、信用登记体系、最低生活保障制度、金融扶持制度、经济适用住房建造制度等相关联的。因此,在解决低收入家庭住房困难问题上,应当具有前瞻性,并且形成一个更加开阔的视野,同时推进其他领域立法的完善。

(二)改革体制

《经济适用住房管理办法》对决策与执行机构的规定很笼统,实践中各地操作各异。比如,上海将住房保障房屋管理机构作为经济适用住房工作

---

① 刘祝:《经济适用房法律制度研究》,西南政法大学硕士学位论文,2010 年。

的行政管理部门。① 杭州则将此任务交给了建设行政主管部门。② 还有许多地区则采取了设立经济适用房管理中心的模式,例如无锡市于 2002 年成立了经济适用住房管理中心,该中心是无锡市房产管理局直属全民事业单位,受房管局的委托负责无锡市的经济适用房建设及出售等管理工作。执行与决策机构的不统一加剧了保障房制度发展不平衡的矛盾。

通过对境外相关制度的研究发现,在公共住房供应体系中设立专门机构进行统一的规划和管理是制度得以高效落实的重要条件。建立专门机构能够明确政策实施的主体并清晰各自的职责与权限,也有利于对主体行为的监督与处罚。

包括经济适用住房制度在内的住房保障制度,是社会保障制度的重要组成部分。在无法建立社会保障统一行政管理体制的背景下,我们建议各级政府设立一个社会保障政策协调机构,并确定一个主管住房保障的行政管理部门和一个住房保障的执行机构。社会保障政策协调机构负责各项社会保障政策协调和配合,主管住房保障的行政管理部门负责住房保障政策和计划的制定以及监督工作,住房保障的执行机构负责住房保障措施的落实。

(三)健全机制

1. 准入机制

在现阶段居民实际收入难以明确的困境下,更需要加强民政、社保、税务、金融等多部门之间的协调,保障各部门之间信息的畅通与交换,从而共同对申请家庭的房产现状、工资、其他财产性收入、家庭成员情况等进行联合审查与公示。在具体的操作上,除了对提交的材料进行严格的形式与实质上的审核外,更加注重实地调研;同时要注重公示的作用,鼓励群众的监督。比如:申请对象若能积极提供有关其他申请者不符合申请条件的线索并经管理部门查证属实,可优先安排其购买经济适用住房。

2. 退出机制

经济适用住房退出机制不健全意味着保障房沦为公民私有财产,严重背离制度的初衷。现有制度下经济适用住房的申购往往成了一锤子买卖,亟须相应的部门建立动态监管机制,定期对保障对象的收入水平与住房条

---

① 《上海市经济适用住房管理试行办法》第 3 条。
② 《杭州市区经济适用住房管理办法》第 3 条。

件进行检查并提供阶段性调研报告。在调查中,一旦发现购房者存在骗购行为,立即采取相应的措施进行住房回收并进行相应的处罚;如果保障对象经济条件改善,应当制定一定的计划为其办理退出手续。

在具体机制上,"封闭式内循环"和"按比例分配"都是可以采用的方式,前者指的是经济适用住房只能由政府回购,不能用于出售,该方式能够保证经济适用住房资源充足,避免财政流失,并发挥政府在房屋管理中的主动性,使经济适用住房真正留给需要的家庭。而"按比例分配"需要按照新的规定清楚界定政府与购房者之间的产权比例,限制购房者在出售经济适用住房过程中的收益,保证财政资金的充足。

3. 监督机制

一是对开发商的监督。开发商在建设过程中的行为不仅决定着保障房的质量也影响着保障目的的实现。对它的监管应从设计、施工、验收等方面全方位着手,特别要求建设单位提供符合标准的建设图纸并阶段性进行工程核对。

二是对政府行为的监督。该监管包括对政府部门以及具体的工作人员的监管。按照相关法律规范,国家机关工作人员在经济适用住房建设、管理过程中滥用职权、玩忽职守、徇私舞弊的,依法依纪追究责任;涉嫌犯罪的,移送司法机关处理。在此,具体的追究形式目前较为笼统,还需要通过法律加以细化。除此之外,还可以通过听证制度对政府权力的实施进行监督,政府在开发、销售过程中均行使了行政许可权对经济适用房的开发资格及准入资格作了限制。为了更好地监督政府实施这些行政许可权,我们建议建立经济适用住房的听证制度,在行政机关作出行政决定前给予利害关系人就重要事项表达意见的机会,通过公开、公正、民主的方式对政府行使权力的过程进行监督。

三是对购房者的售后监督。防止保障房流失的重要手段就是要改变过去对购房者"一刀切"的审核模式,应当有专门的机构或者小组对购房者进行动态监督:一方面,在家庭收入增加或住房条件改善的情况下,可以提供奖励措施鼓励其退出经济适用住房;另一方面,一旦发现存在弄虚作假现象,政府可以强制收回房屋并对其进行相应的处罚。

(四)优化模式

制度产生以来,出售一直是经济适用住房供应的主要方式,它一方面导致了上文论述的一些弊病,另一方面也存在部分中低收入家庭难以支付的问题。在对制度进行改革的过程中，"租售并举模式"与"共有产权经济适用住房"是值得推荐的。2004 年的《经济适用住房管理条例》首次鼓励实行"租售并举"，2006 年"国六条"颁布后，"租售并举模式"得到了多个地区的关注与尝试。实践中，部分省市已经取得的一定经验也对制度改革提供了新的思路。

另外，共有产权制度在江苏淮安已经形成了比较成熟的思路，并获得了相关部门的肯定。近几年，很多学者已经从理论上论证该模式的合理性，不管是从法律的角度还是从经济学的角度都值得重视。同时，从全球性的角度来看，共有产权更是英国公共住房体系的一大优势，住房保障高度完善的国家的长期历史经验对我们目前的制度改革来说意义重大。

(五)促进衔接

目前保障房制度下容易出现两个"夹心层"：既不符合廉租房申请条件又买不起经济适用住房，以及既不符合经济适用住房申请条件又买不起商品房的特殊人群。因此，在对经济适用住房制度进行改革时要防止片面化，应当立足于多样化住房供应体系，充分考虑不同层次住房之间的衔接。

从全国范围的实际情况来看，租赁式的保障房建设数量在不断增长，"三房并轨"开始成为一种趋势。在对经济适用住房进行制度改革的过程中，也可以考虑适当提高经济适用住房的申请条件，将其中收入较低的家庭归入到租赁式保障房的申请范围内。同时，也需要改革经济适用住房价格机制，适当提高经济适用住房的房价，使之与商品房之间形成一个良好的衔接，这也是希望通过缩小福利空间来克服寻租的弊病。

结　　语

相关研究表明，经济适用住房制度在我国具有无法替代的价值与意义，它首先迎合了国民"有恒产则有恒心"的传统观念，同时也让特定阶层的人享受到了社会发展、房地产增值带来的收益，有利于推动社会不断向前发展。通过对制度的改革与完善，既能够使得住房保障问题得以解决，改善居民生活质量并维护社会稳定；同时也能弥补市场经济的缺陷，促进房地产市场和经济的健康发展。本文以现实为依据，在分析原因的基础上提出了相关改革措施，希望以此来丰富和完善我国的经济适用住房制度，从而在充分保障居民住房问题的基础上，促进社会的公平与发展。

杭州市农民工住房需求及影响因素实证分析

——基于杭州市 2075 份问卷的研究*

□ 米　红　余红霞**

摘　要：居住是人类生存和发展的重要条件之一,居住问题与人类生活息息相关。解决农民工住房问题是稳步推进新型城镇化的关键,是城市建设和发展的客观要求。本文以农民工主要输入地杭州作为研究区域,以农民工为研究对象,调查其居住现状及住房需求;并利用 Logit 模型,对农民工"是否打算购房"的影响因素进行分析;进一步地,又对打算购房群体进行细分,研究"是否打算在杭州购房"这一因变量的影响因素。研究表明,影响农民工"是否打算购房"的变量主要有年龄、性别、婚姻状况、家庭成员数、租房月租金与拥有房数量。此外,研究结果表明,在杭务工时间越长、打算获取杭州户籍、已经签订劳动合同、对现居地的满意度越高,在杭州购房的可能性越大。政府应针对不同购房意愿群体出台不同措施以满足其多元化住房需求。具体来说,政府要提高租房农民工群体的居住质量;将农民工纳入城市住房保障体系;对于打算在杭购房的群体,要完善和创新住房公积金制度,以及加快农民工宅基地和承包地的改革步伐,以提高其购买能力。

关键词：农民工住房需求;影响因素;Logit 模型

一、引　言

改革开放以来,随着我国工业化、城镇化进程加快,大量农村剩余劳动力转移到城市、乡镇企业就业,由此产生了我国乃至世界历史上规模最大的人口迁移潮。根据国家统计局抽样调查结果,2013 年全国农民工总量已达

* 本文是福特三期"农民工社会保障权益优化方案"(0145—0152)阶段性成果。
** 米红,余红霞:浙江大学公共管理学院。

26894 万人。① 截至 2012 年末,杭州市常住人口 870.04 万人,市区常住人口 624.20 万人;市流动人口逾 400 万人,市区流动人口逾 200 万人。② 作为一支新型劳动力大军,农民工群体为城市繁荣、农村发展、现代化建设作出了重要贡献。但是,由于户籍及其他相关制度安排所产生的"隐形墙",农民工群体始终处于"经济吸引、行政管制、社会边缘"的尴尬境地。加之这一弱势群体短期内难以完成社会融入和"再社会化",因而成为缺乏社会认同的脆弱链条,农民工群体被整体性地排斥在中国城市住房体系之外(丁富军、吕萍,2010)。农民工住房问题已经成为重大社会问题,需要引起各界的广泛关注。

已有研究表明,住房的可获得性和住房条件直接关系到外来人口的社会融入,并作为衡量社会排斥和社会融入的重要指标(Waker & Wigfield, 2004)。充足、稳定且可承受的住房可以促进外来人口同新社会环境的融合(Chera,2004),帮助他们提高收入,改善教育和健康状况,建立身份和文化认同并且构建家庭和社会网络(Carter & Polevychok,2004)。因此,住房保障的完善对促进农民工社会融入,有效预防及降低其由住房保障缺失引起的失范行为具有重要意义。

近年来,多地开始了为农民工提供住房保障和改善农民工住房条件的尝试。2014 年《政府工作报告》提出推进以人为核心的"新型城镇化"要着重解决好现有的"三个一亿人"问题,其中的"改造约一亿人居住的城镇棚户区和城中村"重点就在于改善农民工住房条件。2014 年《关于进一步推进户籍制度改革的意见》也指出"促进有能力在城镇稳定就业和生活的常住人口有序实现市民化,稳步推进城镇基本公共服务常住人口全覆盖"。在此背景下,我们迫切需要了解:农民工在务工地的居住现状如何? 住房需求如何? 影响其住房需求的因素有哪些? 本文通过对杭州市外来农村流动人口的大规模实地调研及数据分析,揭示农民工居住现状,识别影响其住房需求的因素及背后的原因,以期为杭州市农民工住房问题解决的思路设计及政策制定提供现实依据。

文章第二部分为文献综述,主要介绍农民工住房政策和现有研究成果及不足之处;第三部分为数据介绍及描述性统计,主要说明调研概况、数据基本情况及相关描述性分析;第四部分为住房需求的离散选择模型及其估

---

① 出自国家统计局《2013 年农民工监测调查报告》。
② 出自杭州统计调查信息网《2013 年杭州统计年鉴》。

计方法；第五部分为实证分析，主要介绍住房需求的重要影响因素；第六部
分为研究结论及政策建议。

二、文献综述

"农民工"是我国经济社会转型时期的特殊概念，是指户籍身份还是农
民、有承包土地，但主要从事非农产业、以工资为主要收入来源的人员。[①] 农
民工有狭义和广义之分，狭义的农民工一般指跨地区外出进城务工人员；广
义的农民工既包括跨地区外出进城务工人员，也包括在县域内二、三产业就
业的农村劳动力。本文所研究的农民工对象为所有户口不在杭州市市区的
农村人口，具体包括所有户口在外县市，以及户口在本市市区之外的农区、
但在本市市区工作生活的农村户籍人口。

国内众多研究指出，农民工住房条件恶劣、居住满意度低是亟须解决的
重要问题，农民工在城市的住房获取是其立足城市、实现城市融入的关键。
当前，农民工住房呈现"大分散、小聚居"的特点，城中村具有租金低、通勤成
本低两大优势，迎合了广大农民工的消费偏好，是进城农民工解决住房问题
的主要途径（吕萍、甄辉、丁富军，2012）。针对农民工住房问题产生的原因，
学者们从不同角度给出了解释，如居住隔离（residential segregation）（张建
伟、胡隽，2005）、社会排斥（social exclusion）（李斌，2002）、认识障碍、制度障
碍以及农民工自身障碍等因素。

近年来，农民工的住房需求开始引起社会各界的关注，中央和地方都在
积极探索应对之策。2005 年，建设部首次将"解决进城务工农民住房问题"
纳入当年工作重点。同年，建设部、财政部与中国人民银行共同发布的《关
于住房公积金管理若干具体问题的指导意见》提出，"有条件的地方，城镇单
位聘用进城务工人员，单位和职工可缴存住房公积金"（建设部、财政部、中
国人民银行，2005）。2006 年 3 月，《国务院关于解决农民工问题的若干意
见》提出要多渠道改善农民工居住条件。2008 年 1 月，建设部等五部委印发
《关于改善农民工居住条件的指导意见》，首次要求各地政府将长期在城市
就业与生活的农民工居住问题纳入城市住房建设规划（建设部、发改委、财
政部、劳动与社会保障部、国土资源部，2008）。2010 年，住房和城乡建设部
等七部门联合发布了《关于加快发展公共租赁住房的指导意见》，规定公共

---

① 引自《中国农民工调研报告》，中国言实出版社 2006 年版。

租赁住房供应对象主要是城市中等偏下收入住房困难家庭,并提出有条件的地区可以将新就业职工和有稳定职业并在城市居住一定年限的外来务工人员纳入供应范围(中华人民共和国住房和城乡建设部等,2010)。目前,我国农民工住房政策的基本轮廓已经形成,主要内容包括:多渠道改善农民工居住条件;逐渐将农民工纳入城市住房保障体系;[①]逐渐将农民工纳入住房公积金制度。[②]

经济学对需求的解释是消费者既有购买商品或服务的愿望,也有购买的能力;只有同时具备这两个条件才能称之为需求。住房需求是指某一价格水平下,住房消费者愿意且能够在住房市场上购买的住房产品的数量;实际中的住房需求一般指有效需求,即指住房消费者既有购买意愿又有购买能力的需求。本文所界定的住房需求基于非经济学角度的购房选择理论,具体包括购房意向(是否打算购房)、欲购房地点(是否打算在杭州购房)。

在住房需求影响因素的研究上,许多学者从经济学角度出发,分别在宏观(徐虹,2008)、微观两个层次上,对城镇居民(马井静、李静,2010)、城市移民、大学生(陈科达,2012)等不同群体进行探讨;这些研究有助于我们全面认识不同群体的不同住房需求及其影响因素的差异性。聚焦到农民工群体的住房需求影响因素,不少研究(胡富光、周婷婷,2010;杨文华、谭术魁,2011)都对农民工公租房需求以及留城意愿影响因素进行了深入探讨。综合看来,经济因素、个体及家庭特征因素、住房属性因素等都是重要影响因素,这给本文解释变量的选取提供了借鉴。

此外,近年来,也有学者开始关注农民工群体的购房意愿及其影响因素。邓金杰(2011)以居住在深圳城中村的外来人口为研究对象,考察其居住现状以及购房意愿,并分析其购房意愿的影响因素,户主年龄、学历、住深时间、家庭收入、现住房租金以及满意度、户主户口以及留深发展意愿对城中村外来人口家庭购房意有显著影响。程荫等(2012)通过对武汉、天津、北

---

① 例如,2008年甘肃省《关于改善农民工居住条件的实施意见》提出,将在城市连续工作3年以上、具有稳定收入来源的农民工纳入经济适用房供应范围,可以申请购买当地经济适用房。广东省2008年5月发布的《广东省委、省政府推进产业转移和劳动力转移的决定》规定,优秀农民工可进城落户,并可享受廉租房政策。杭州市也已将外来务工人员纳入公共租赁住房保障体系。

② 例如,2003年浙江省湖州市制定了有别于城镇职工的"低门槛准入式"农民工住房公积金缴存制度,单位和个人每月各缴存66元的最低标准,正常缴存6个月后就能申请住房贷款。2009年1月,重庆市颁布《关于住房公积金管理有关具体问题的规定》,规定没有固定用工单位的农民工也可以缴存住房公积金;农民工、个体工商户、自由职业人员提取公积金更加灵活,可以每年提取一次本人公积金账户的余额,不受买房与否的限制。

京等地调查得到的 357 份问卷进行 Logit 回归,对农民工城市购房意愿进行探索,发现婚姻状况、家庭人口数、外出打工人数、收入水平、打工居住条件、对居住条件现状满意度等因素具有显著影响。徐开宇(2013)对城市"住房夹心层"住房租买选择的影响因素进行分析,认为住房属性、家庭特征、心理状况、住房市场成熟度、制度等因素均对其租买选择产生影响。这些局部地区的研究对杭州市农民工住房政策的制定具有一定的参考意义。但是,这些研究的样本量过小,并且杭州有着不同的社会经济背景,因此有必要对杭州市农民工群体的住房需求进行更大范围的研究。陆勤惠(2012)对杭州市非户籍人口购房行为影响因素进行了分析,但其研究对象主要是社会经济地位较高、户口性质为城市的人群,农民工群体并不在其研究范围内;并且其假定户籍制度是限制农民工进城定居的主要障碍。但最近的研究(Zhu and Chen,2010)表明,农民工定居城镇不仅受户籍因素,还受劳动力市场供求关系、农民工自身社会经济特征等因素影响;在住房类型需求上表现出标准低廉化、类型多样化特征。

随着市场经济体制改革的稳步推进,农民工群体内部也存在着异质性,了解他们由于在经济、居留意愿、社会融入等方面存在的巨大差异而导致的住房需求的多样化,在国家大力推行"新型城镇化"的背景下显得尤为重要。本文拟采用实证形式,通过大规模调查数据,对杭州市这一外来人口聚居地进行剖析,以了解农民工购房意向、欲购房地点及其影响因素,以期为解决杭州市乃至全国农民工住房问题出谋划策。

三、数据介绍及描述性统计

(一)数据来源

本文使用浙江大学社会保障政策仿真与人口数据挖掘课题组于 2014 年 6 月调研所得"杭州市外来农村流动人口社会保障状况调查"数据,以探讨杭州市农民工住房需求及其影响因素。该数据由来自浙江大学 42 名学生、杭州师范大学 8 名学生、社区协管员共同组成的联合调查队,通过随机抽样方法,以入户调查形式得到。数据包含受访者个人及家庭基本特征、务工情况、居住情况、住房需求意愿情况、参保及养老意愿情况,信息丰富,内容翔实。本次调查共回收问卷 2155 份,其中有效问卷 2075 份,有效率达 96.29%。

(二)描述性统计

文后附录为主要变量的描述性统计。表中显示农民工租房月租金均值为983.7元,年租金占个人年收入比重的均值为0.371,这说明租金对农民工群体来说是一笔相当大的开支。人均租房面积在很大程度上可以反映居住质量,表中有一半样本的人均租房面积处在0～5平方米,0～10平方米的样本超过80%。杭州市区城镇居民家庭抽样调查资料结果显示,2008年市区城镇居民人均住房建筑面积已达到29.83平方米,这说明农民工的居住质量要远远落后于市区城镇居民。另外,长期共同居住成员数均值为3.314个,表明农民工现在的迁移模式中"举家迁移"的非常多或者采取合租方式的比例非常高。打算在杭州买房的样本占总样本的比例大约为20%,农民工群体在杭州的购房意愿较低。

以下是与本文相关但并未体现在附录中的变量的描述性分析。

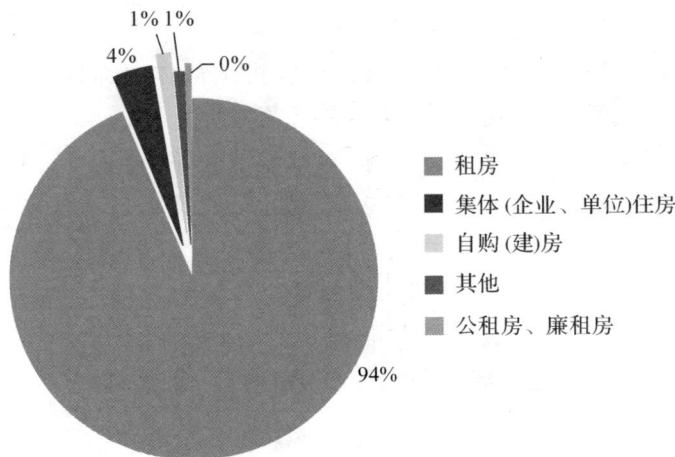

图1　杭州市农民工目前居住方式比例

由图1可知,目前杭州市农民工的居住方式绝大多数属于租房居住,居住在公租房或廉租房的比例几乎为零。这在某种程度上反映出杭州保障性住房在外来务工人员中的覆盖率很低,其保障功能未能得到很好发挥,中低收入农民工群体在住房上并未得到有效保障。

从图2可以看出,打算购房的农民工群体中,打算在杭州购房的比例将近占了一半,这说明农民工群体对杭州市的住房需求很大,打算在杭州定居的人群数量较多;其次打算在老家城镇购房的比例也占了将近三分之一。

这两部分数据说明农民工定居城镇的意愿非常强烈,推进城镇化进程是人心所向,刻不容缓。

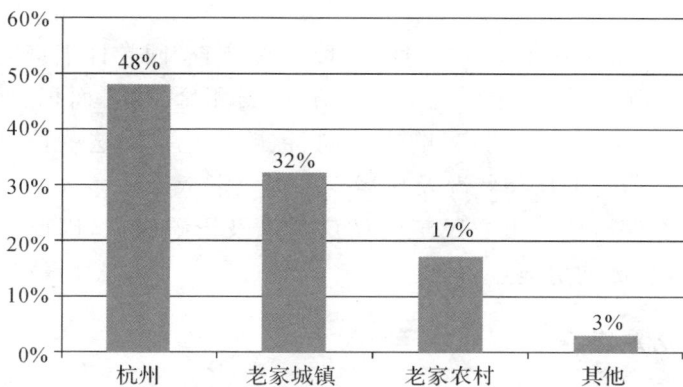

图 2　杭州市农民工欲购房地点分布

　　由图 3 可知,打算在杭州购买公共租赁住房的农民工群体占比较少,但认为"打算,但是太难"所占比例较高。总体来说,打算购买公租房的人群数量较多,但是目前公租房对农民工来说,可获得性较差。此外,"尚不了解政策"的群体所占比例也很大,这说明杭州市公租房政策还需进一步加强宣传,以避免符合条件的农民工群体因不知晓政策而错过公租房申请;同时,有需要的农民工群体自身也需要积极了解相关政策。杭州市现行公共租赁住房政策虽然对外来务工人员开放较少,并且也实行"售改租"原则,但是,由图表可知,农民工群体购买公租房的需求非常强烈。

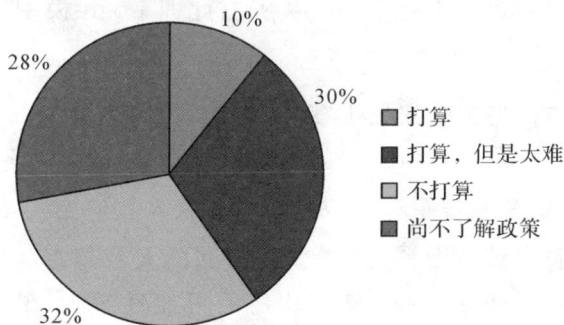

图 3　杭州市农民工购买公租房意向分布

四、离散选择模型及估计方法

"杭州市外来农村流动人口社会保障状况调查"问卷详细询问了受访者的居住情况及住房需求,主要包括居住方式、月租金、租房面积、长期共同居住家庭成员数、是否已经购房、购房意向、欲购房地点。这些信息为我们深入系统分析受访者的居住状况及住房需求提供了依据。

本文意在探讨杭州市农民工的住房需求及影响因素,因此本文的因变量为购房意向、欲购房地点。

(一)购房意向

"居者有其屋",住房作为人类赖以生存的基本物质条件,是基本需求。对某一消费者而言,住房选择的方案是离散的,即要么买,要么不买。离散选择理论(Discrete choice theory)认为,购房意向取决于两类因素:第一类是已有住房本身属性,如区位、价格、面积等;第二类取决于个人及家庭属性,即年龄、收入、家庭人数等。学者 Borsch Supan 指出,对于按照效用最大化进行的二元选择,采用具有极值的逻辑分布的 Logit 模型进行估计更为合理。对于"是否打算购房"这一二元离散变量,建立计量经济学方程:

$$Y = \beta X_i \mu$$

式中,Y 表示观测值,即"是否打算购房";X_i 为解释变量,即影响观测值购房意向的属性;μ 为干扰项,服从二项分布 $b[0, p(1-p)]$,即逻辑分布。

将其进行变换,可得 $\log(\frac{p}{1-p}) = \beta X_i$;此即 Logit 模型,$\frac{p}{1-p}$ 称为成败比例。

基于以上分析,将影响农民工"购房意向"的因素分为三个维度:个体特征变量、家庭特征变量、已有住房属性变量。

1. 个体特征变量包括年龄、性别、个人年收入

一方面,随着年龄的增长,已经建立家庭的人数越多、其家庭成员数也相对更多,资产积累也更丰厚,打算购房的可能性越大;另一方面,年龄越大,已经购房的可能性也越大,再购房的可能性相对较少。因此,年龄的影响方向将取决于这两类作用力的相对大小。对于性别因素的考察,国内学者关注较多,基于我国传统风俗习惯,男性在组建家庭时,需承担更多的购房责任。住房作为一种耐用消费品,需要支付相当数量的费用;收入越高的

家庭,每年可支配在住房上的收入越多;另外其投资意识也越强;因此收入越高,购房可能性越大。

2. 家庭特征变量包括婚姻状况、家庭成员数

结婚使得家庭每月可用于住房的消费性支出增加,且资产累积速度加快,为满足生活发展空间需要,更倾向于购房;但另一方面,未婚群体受我国固有传统"结婚买房"意识驱使,也会打算购房。家庭成员数越多,其需要的生活空间也越大,因此购房的可能性也越大。

3. 已有住房属性变量包括拥有房数量、租房月租金、人均租房面积

拥有房数量越多,再购房的可能性降低;租房月租金越高,购房的可能性越大;人均租房面积越小,居住质量越差,购房的可能性越大。

基于以上理论分析,将"购房意向"的二元 Logit 模型设定如下:

$$Y_1 = \beta_0 + \sum \beta_i X_i + \varepsilon$$

式中,Y_1 表示购房意向,即"是否打算购房,是＝1、否＝0";X_i 表示各自变量,分别为年龄、性别、个人年收入、婚姻状况、家庭成员数、拥有房数量、租房月租金、人均租房面积;各个变量的定义参见附录。

(二)欲购房地点

住房作为人类基本生存需要,对每个个体及家庭都意义重大,仅仅研究购房意向的现实意义有限。为此,有必要进一步对杭州市农民工的"欲购房地点"进行研究,以更好地满足其住房需求,有效解决住房问题。本文重点讨论农民工欲购房地点是否为杭州,因此将"欲购房地点"的影响因素概括为如下的体系(见表 1)。

1. 个体特征变量

个体特征变量包括年龄、学历、个人年收入、户籍所在地。与第一代农民工不同,第二代农民工受教育程度更高,眼界更加开阔,社会融入相对较好,因此更倾向于在杭州买房;学历越高,留城定居的可能性越大,对居住质量的要求更高,更倾向于在杭州买房;个人年收入越高,用于住房消费的可支配收入也越高,另外其更强的投资意识会使其在经济发展水平更发达的地方(如杭州)购房。户籍所在地分为杭州市内和市外,杭州作为浙江省省会所在地,经济发展水平处于领先地位,且对于杭州市市内农民工来说,其就业半径较小,因此更倾向于在杭州买房。

表 1　农民工欲购房地点的影响因素

欲购房地点影响因素	个体特征	年龄
		学历
		个人年收入
		户籍所在地
	"两栖状态"	是否打算获取杭州户籍
		是否签订劳动合同
		在杭务工时间
		喜欢现在居住的城市
	家庭因素	子女上学地点
		是否期望孩子来杭上学
	已有住房属性	租房月租金
		人均租房面积

2."两栖状态"

"两栖状态"是指农民工循环流动的特性,是目前农民工普遍采取的一种迁移模式(林李月,2009)。两栖状态下的农民工抱着过客心理,对城镇没有归属感,因此容易形成"赚在高收入城市,花在低消费农村"的现象。由于"两栖状态"难以定量,故本文选取与"两栖状态"相关的"是否打算获取杭州户籍、是否签订劳动合同、在杭务工时间、喜欢现在居住的城市"作为衡量两栖状态的代理变量。获取住房是落户的基础,打算获取杭州户籍的群体更倾向于在杭州买房。Painter(2000)通过对居民购房行为的研究发现,居民在一个城市居住时间长短显著影响其住房决策;邓金杰(2011)对城中村外来人口的购房意愿研究支持了这一观点。工作年限越长,建立社会网络资本越丰富,对杭州的认同度提高,在杭州购房的可能性也越大。劳动合同的签订是衡量工作稳定性的指标;一般家庭采用贷款方式购买住房,工作稳定性直接关系到家庭对未来收入的预期及其还贷能力,进而影响其购房倾向。越喜欢现居城市杭州,在杭州购房的可能性更大。

3.家庭因素

家庭因素中需考虑子女处于义务教育阶段的群体中子女上学地点、是否期望孩子来杭上学对是否打算在杭州购房的影响。子女教育问题与住房问题息息相关:子女在杭州上学的家庭为了孩子能够享受更高的教育质量和居住环境,更倾向于在杭州买房;期望孩子来杭上学的家庭也会更倾向于在杭州买房。

4.已有住房属性变量

已有住房属性变量包括租房月租金、人均租房面积。租房成本越高,在杭州购房的可能性越大;人均租房面积越小,居住质量越差,在杭州购房的可能性越大。

基于此,将"欲购房地点"的二元 Logit 模型设定如下:

$$Y_2 = \beta_0 + \sum \beta_i X_i + \varepsilon$$

其中,Y_2 表示欲购房地点,即"是否打算在杭州购房,杭州=1,老家城镇、老家农村、其他=0";X_i 表示各自变量,分别为年龄、学历、个人年收入、户籍所在地、是否打算获取杭州户籍、在杭务工时间、是否签订劳动合同、喜欢现在居住的城市、租房月租金、人均租房面积、子女上学地点(子女处于义务教育阶段)、是否期望孩子来杭上学(子女处于义务教育阶段)。各个变量的定义参见附录。

五、实证分析

(一)购房意向

表 2 给出了"是否打算购房"的 Logit 模型估计结果。在个体特征变量中,与 15~24 岁群体相比,35~44 岁与 45~59 群体的购房可能性下降,这是因为这部分群体中已经拥有房屋的比例很大,再购房的可能性下降。男性购房的可能性更大,这与我国传统风俗习惯相符,男性在购房上承担更多的责任。个人年收入对购房意向的影响不显著,这可能是因为变量选取的是个人年收入,而住房购买决策往往需要考虑整个家庭的收入;此外住房作为基本生活需要,尤其在我国"安居乐业"等传统思想影响下,不论个人或家庭收入水平如何都会考虑买房。

在家庭特征变量中,已婚群体更倾向于购房,并且随着家庭成员数的增多,其购房的可能性也增大。这是因为随着家庭的建立,家庭成员数的增多,需要的住房空间及住房质量要求更高。

在已有住房特征中,拥有房数量越多,再购房的可能性越小,这是因为对于一般家庭来说,住房作为耐用消费品,需求弹性系数较小;与月租金为

0～500元相比，月租金在 501～1000 元的群体更倾向于购房，租房成本越高，倾向于买房的可能性越大。

表 2　购房意向的 Logit 模型估计结果

变量属性	变量名称	是否购房
个体特征	年龄	
	25～34 岁(15～24 岁＝0)	−0.114(−0.51)
	35～44 岁	−0.494*(−2.05)
	45～59 岁	−1.250***(−4.84)
	性别(男＝1)	0.278*(2.33)
	个人年收入	
	10001～30000 元(0～10000 元＝0)	0.138(0.51)
	30001～50000 元	0.303(1.10)
	50000 元以上	0.223(0.78)
家庭特征	婚姻状况	0.449*(2.03)
	家庭成员数(已婚＝1)	0.0841**(2.59)
已有住房特征	租房月租金	
	501～1000 元(0～500 元＝0)	0.459***(3.68)
	1000 元以上	0.264(1.46)
	人均租房面积	
	(5,10]平方米((0,5]平方米＝0)	−0.0523(−0.41)
	10 平方米以上	−0.132(−0.76)
	拥有房数量	−1.792***(−14.81)
	N	1686
	Pseudo R^2	0.163

注：* $p<0.05$，** $p<0.01$，*** $p<0.001$。

(二)欲购房地点

表 3 给出了"是否打算在杭州购房"的 Logit 模型估计结果。模型 1 针对的是"打算购房"群体，模型 2 考虑的是"打算购房"群体中有子女处于义务教育阶段的这一部分人群，需要考虑"子女上学地点"及"是否期望子女来杭上学"这两个变量。回归结果显示，这两个自变量对个体"是否在杭州购房"的决

策并无显著影响。这可能是因为对于那些子女已经在杭州上学的农民工家长来说,在杭州是否有房已经不是决定其子女能否在杭州上学的必要因素。

表3 欲购房地点的 Logit 模型估计结果

变量属性	变量名称	模型1 是否打算在杭州购房	模型2 是否打算在杭州购房
个体特征	年龄		
	25~34 岁(15~24 岁=0)	0.130(0.39)	1.411(1.50)
	35~44 岁	−0.0531(−0.14)	1.367(1.41)
	45~59 岁	−0.545(−1.20)	1.013(0.98)
	学历		
	小学(文盲=0)	0.213(0.25)	0.0407(0.03)
	初中	0.817(1.01)	0.785(0.71)
	高中	0.709(0.86)	0.842(0.75)
	大学及以上	0.750(0.86)	0.689(0.56)
	个人年收入		
	10001~30000 元(0~10000 元=0)	−0.125(−0.24)	−0.0344(−0.05)
	30001~50000 元	−0.176(−0.33)	0.360(0.51)
	50000 元以上	0.0757(0.14)	0.299(0.42)
	户籍所在地(杭州=1)	1.028**(2.82)	0.627(1.36)
已有住房属性	租房月租金		
	501~1000 元(0~500 元=0)	0.230(1.02)	−0.467(−1.45)
	1000 元以上	0.891**(2.72)	0.272(0.58)
	人均租房面积		
	(5,10]平方米((0,5]平方米=0)	−0.0431(−0.19)	−0.249(−0.80)
	10 平方米以上	0.183(0.61)	0.146(0.35)
"两栖状态"	在杭务工时间		
	6~10 年(0~5 年=0)	0.684**(2.64)	0.989**(2.85)
	11~15 年	0.575(1.82)	0.849*(2.11)
	15 年以上	1.376**(3.29)	1.643**(2.93)
	是否打算获取杭州户籍(是=1)	1.647***(8.57)	1.693***(6.41)
	是否签订劳动合同(是=1)	0.459*(2.28)	0.557*(2.01)
	喜欢现在居住的城市	0.630***(4.57)	0.615***(3.30)
	(完全不同意=1;不同意=2;基本同意=3;完全同意=4)		

续 表

变量属性	变量名称	模型 1 是否打算在杭州购房	模型 2 是否打算在杭州购房
家庭 因素	子女上学地点（杭州＝1）	/	0.499(1.73)
	是否期望子女来杭上学（是＝1）	/	0.425(0.71)
	N	624	366
	Pseudo R^2	0.215	0.256

注：* $p < 0.05$，** $p < 0.01$，*** $p < 0.001$。

"两栖状态"对农民工群体是否在杭州购房影响非常显著。具体来说，在杭务工时间越长，在杭州购房的可能性越大。工作年限越长，建立的社会网络资本越丰富，对杭州的认同度相应也会提高，在杭州购房的可能性也越大。打算获取杭州户籍与已经签订劳动合同的群体，更倾向于在杭州购房。签订劳动合同的农民工工作稳定性相对较好，其对未来收入及还贷能力的预期较好，在杭州购房的可能性也较大。对杭州的喜爱程度越高，越可能在杭州买房。

另外，相较于租金为 0～500 元，租金在 1000 元以上的群体更可能在杭州购房。而租金在 500～1000 元的群体结果并不显著，这说明当租房成本高到一定程度时，农民工会倾向于以购房方式来解决在杭居住问题。户籍在杭州市内的群体在杭州购房的可能性也更大。在"是否打算在杭州购房"的自变量中，个人年收入的影响仍不显著。目前已有的大多数研究（Li S. M.，2000；薛立敏、曾喜鹏，2002）也显示，家庭收入对购房选择没有显著影响。笔者认为，这一方面可能是由于农民工较难产生对城市的归属心理，因而即使收入高也不太愿意在住房方面投入过多；另一方面可能因为不同收入的家庭除了在经济实力方面存在差异，在家庭负担、未来发展规划等方面也存在较大差异。

六、研究结论及政策建议

（一）研究结论

农民工在杭州购房的意愿较低，仅占 20% 左右。大多数农民工尚不具备在杭州购房的经济能力，租房仍然是目前和今后一段时间农民工解决住房问题的主要途径。目前,杭州市农民工居住质量较差,人均租房面积较小,远低于当地城镇居民住房水平;租房租金较高,占个人收入的比重达37.1%;农民工购买公租房意愿强烈,但仍然有相当一部分人对公租房政策不了解。

通过 Logit 模型估计,发现影响农民工在杭州购房的主要因素包括在杭务工时间、是否打算获取杭州户籍、是否签订劳动合同、对现居地的满意程度等;收入对其购房决策影响不显著。这些指标超越了年龄、学历、收入等因素,并且与落户杭州的相关指标最为普遍相关。这在某种程度上也说明,购买住房与落户杭州有紧密关系。

当然,本文也存在许多局限性,由于条件限制,本次调查对象仅为杭州市拱墅区 7 个社区的农民工样本,因此存在样本代表性不够的问题。另外,由于样本数量偏小,模型的稳定性还稍有欠缺。笔者后续将会进一步对在杭务工时间、签订劳动合同等显著变量与年龄、收入、租房月租金等变量之间的关系作深入探讨,以期挖掘变量之间的分布特征等。

(二)政策建议

租房仍然是农民工主要居住方式。政府应改善农民工整体住房现状,加快城中村和棚户区的改造,以提高其居住质量;另外,要将农民工纳入住房保障体系,适当扩大经济适用房、公租房的开放程度,减少附着在保障性住房上的诸多"软限制",允许在城市具有稳定工作的农民工购买经济适用房。

政府可探索针对农民工的购房补贴或便携式住房公积金。商鹏翼(2012)提出,在自愿前提下实行便携式住房公积金。这一公积金以低缴费水平、便于地区间转移接续、保障农民工住房为目的,可以在缴纳一定年限后自愿将个人账户和一定比例的企业部分取出,便于农民工在就业地缴纳资金、在其他城市购房时使用。

政府可加快农民工宅基地和承包地的改革步伐。随着我国城市化进程的不断推进,定居城镇的农民工群体越来越庞大,其在农村的房屋及宅基地、承包地大都处于闲置状态,因此可以探索在城镇稳定就业生活农民工的承包地退出机制和宅基地置换机制。

附　录

主要变量的描述性统计

Variables	Definitions	Obs	Mean	Std. Dev.	Min	Max
age	年龄	2075	35.54	9.692	15	70
gender	性别：男性＝1	2075	0.535	0.499	0	1
marriagetype	婚姻状况：已婚＝1	2048	0.851	0.356	0	1
nummember	家庭成员数	2032	5.103	1.751	1	25
isownhouse	是否有房：有＝1	2075	0.407	0.491	0	1
incometotal	个人年收入	1917	43272	28152	0	400000
payrent	月租金	1889	983.7	2259	40	60030
perarearent	人均租房面积	1849	8.759	11.29	1	170
numownhouse	拥有房数量	2075	0.425	0.546	0	7
regprfid	户籍所在地：杭州＝1	2002	0.079	0.270	0	1
education	学历	2046	2.210	0.938	0	5
schoolplace	子女上学地点：杭州＝1	1272	0.566	0.496	0	1
schoolwish	是否期望孩子来杭上学：是＝1	1112	0.861	0.347	0	1
yearhere	在杭工作时间	2028	8.541	6.005	1	40
wishregtype	是否打算获取杭州户籍：是＝1	1801	0.409	0.492	0	1
iscontract	是否签订劳动合同：是＝1	2075	0.332	0.471	0	1
agreelovehere	喜欢现在居住的城市：完全不同意＝1；不同意＝2；基本同意＝3；完全同意＝4	2049	3.181	0.710	1	4
iswishbuyhouse	是否打算购房：是＝1	2075	0.414	0.493	0	1
placebuy	欲购房地点	850	0.475	0.500	0	1
wishpublic	是否打算购买公租房：是＝1	1222	0.561	0.497	0	1
nummembers	长期共同居住成员数	2075	3.314	1.441	1	16
payrent/income	年租金占个人年收入比重	1748	0.371	0.805	0.0108	

续　表

年龄的虚拟变量(以 15～24 岁为参照组)						
age_1	大于等于 25,小于等于 34	2075	0.356	0.479	0	1
age_2	大于等于 35,小于等于 44	2075	0.313	0.464	0	1
age_3	大于等于 45,小于等于 59	2075	0.201	0.401	0	1
学历的虚拟变量(以文盲为参照组)						
education_1	小学	2046	0.135	0.342	0	1
education_2	初中	2046	0.463	0.499	0	1
education_3	高中	2046	0.274	0.446	0	1
education_4	大学及以上	2046	0.081	0.273	0	1
个人年收入的虚拟变量(以 0～10000 元为参照组)						
incometotal_1	大于 10000,小于等于 30000	1917	0.375	0.484	0	1
incometotal_2	大于 30000,小于等于 50000	1917	0.335	0.472	0	1
incometotal_3	大于 50000	1917	0.240	0.427	0	1
在杭工作时间的虚拟变量(以 0～5 年为参照组)						
yearhere_1	大于等于 6,小于等于 10	2028	0.318	0.466	0	1
yearhere_2	大于等于 11,小于等于 15	2028	0.172	0.378	0	1
yearhere_3	大于 15	2028	0.128	0.334	0	1
月租金的虚拟变量(以 0～500 元为参照组)						
payrent_1	大于 500,小于等于 1000	1889	0.492	0.500	0	1
payrent_2	大于 1000	1889	0.170	0.376	0	1
人均租房面积虚拟变量(以 0～5 平方米为参照组)						
payarearent_1	大于 5,小于等于 10	1849	0.315	0.465	0	1
payarearent_2	大于 10	1849	0.186	0.389	0	1

注:婚姻状况中已婚包括初婚、再婚、离婚、丧偶四类人群;子女上学地点中"杭州"＝1、"家乡与其他地方"＝0;是否期望孩子来杭上学中,"期望"和"期望,但是太难"＝1,"没必要"＝0;是否打算购买公租房中,"打算"和"打算,但是太难"＝1,"不打算"＝0;"是否打算购房"和"欲购房地点"中的"购房"包括自建房。

【参考文献】

［1］Carter，T.，and Polevychok，C. Housing Is Good Social Policy. Research Report of Canadian Policy Research Networks，2004.

［2］Li，S. M. The Housing Market and Tenure Choice in Chinese Cities：A Multivariate Analysis of the Case of Guangzhou. Housing Studies，2000，26(11).

［3］Walker，A.，and Wigfield，A. The Social Inclusion Component of Sociality. Working paper of European Foundation on Social Quality，2004.

［4］程荫，韩笑，胡越.农民工城市购房意愿及影响因素研究.调研世界，2012(10).

［5］邓金杰.城中村外来人口的购房意愿研究——以深圳为例.人文地理，2011(5).

［6］丁富军，吕萍.转型时期的农民工住房问题——一种政策过程的视角.公共管理学报，2010(1).

［7］李斌.社会排斥理论与中国城市住房改革制度.社会科学研究，2002(3).

［8］林李月.两栖状态下流动人口的居住状态及其制约因素——以福建省为例.福建师范大学硕士学位论文，2009.

［9］陆勤惠.城市非户籍人口购房行为影响因素研究——以杭州为例.浙江工业大学硕士学位论文，2012.

［10］吕萍，甄辉，丁富军.差异化农民工住房政策的构建设想.经济地理，2012(10).

［11］马井静，李静.安徽城镇居民住房需求的影响因素分析.安徽农业大学学报(社会科学版)，2010(3).

［12］商鹏龑.农民工市民化进程中住房保障问题探析——基于一种"回迁式"购房选择.江西农业大学学报(社会科学版)，2012(2).

［13］薛立敏，曾喜鹏.台湾地区住宅权属选择与居民迁移决策关系之研究.学术论著，2002(10).

［14］杨文华，谭术魁.农民工公租房需求意愿影响因素的实证分析.经济与管理，2011(11).

［15］张建伟，胡隽."民工荒"的成因及对策探讨.学习月刊，2005(1).

职工探亲假制度改革及其立法完善*

□ 许建宇**

摘　要：在社会经济条件发生深刻变化、标准工时大幅缩短、休息休假逐渐增多、交通愈来愈便捷的大背景下，我国职工探亲假制度面临着诸多新问题和新挑战，急需进行相应的改革并完善立法。探亲假的适用范围应扩展到劳动法覆盖范围内的各种用人单位和全体劳动者。探亲假的享受条件、假期、待遇等应当作出必要的改进和调整。鉴于探亲假所具有的独特功能，我国不应贸然废止该制度，但应处理好探亲假与年休假的功能互补关系，并厘清探亲假与事假之间的关系。

关键词：职工探亲假；探亲假适用范围；探亲假享受条件；探亲假待遇；年休假

职工探亲假，简称探亲假，是指职工同亲属（仅指配偶或者父母）长期远居两地，在一定时期内回家与亲属团聚的一种法定休假。1958 年 2 月 9 日，《国务院关于工人、职员回家探亲的假期和工资待遇的暂行规定》的公布施行，标志着新中国开始建立统一的职工探亲假制度。20 余年后，国务院于 1981 年 3 月 14 日又发布施行了《国务院关于职工探亲待遇的规定》（以下简称《探亲规定》），对原有的制度作了较大改进。然而，在历经 30 多年的社会变迁后，我国当下探亲假制度的执行情况变得越来越不理想，在不少用人单位这一制度已形同虚设甚至被有意无意地"遗忘"。①究其根源，除了执法不力的外因之外，现行探亲假立法本身捉襟见肘、严重滞后亦是不容忽视的重要内因。在飞速发展的当今时代，探亲假立法已经面临越来越多的新问题和新挑战。诸如：探亲假制度的适用范围究竟应当如何把握？探亲假的享

---

* 本文发表于《中国劳动》2015 年 1 月（上半月刊）。

** 许建宇：浙江大学光华法学院。

① 参见佚名：《追问中国"沉睡的规定"：有名无实的探亲假》，载凤凰网，2013 年 7 月 24 日。

受条件、假期长短和具体待遇是否需作调整？探亲假与年休假、事假的关系该如何协调？探亲假制度是否需要与其他休假制度合并？等等。凡此种种，都是本文试图加以分析探讨的一些疑难问题。

一、探亲假适用范围的扩大与改进

就探亲假制度对人的适用范围而言，主要包括用人单位和劳动者两个方面。

根据《探亲规定》第 2 条规定，被纳入探亲假制度适用范围的用人单位，主要是"国家机关、人民团体和全民所有制企业、事业单位"。该文件第 8 条又规定："集体所有制企业、事业单位职工的探亲待遇，由各省、自治区、直辖市人民政府根据本地区的实际情况自行规定。"总体上看，上述单位均属于公有制性质的单位。由此产生的疑惑便是：民营企业、个体工商户等非公有制单位是否也该执行探亲假制度呢？对此问题，笔者的看法是，我国应当扩大探亲假制度对用人单位的适用范围。理由为：第一，应当历史地看待《探亲规定》的内容。《探亲规定》出台之时，我国仍处于计划经济时期，绝大部分用人单位均为公有制单位，非公单位（如中外合资经营企业）尚处于萌芽阶段，种类和数量极其稀少。《探亲规定》把适用范围规定为公有制单位，是与这一阶段的特定社会经济条件相适应的，并无刻意区分单位性质、实施"制度歧视"之初衷。由此，我们对于探亲假适用范围的理解，也不能脱离当时的历史背景而过分拘泥于条文字面的规定。第二，应当充分认识到劳动法适用范围不断扩展的趋势。1994 年我国颁布《劳动法》时，该法的适用范围仅涵盖企业、个体经济组织、国家机关、事业组织、社会团体等组织。而2007 年、2008 年我国先后通过的《劳动合同法》、《劳动合同法实施条例》则增列了民办非企业单位、会计师事务所、律师事务所、基金会等新的用人单位类型，反映出劳动法适用范围日益扩大的总体趋向。尽管《探亲规定》的出台早于《劳动法》13 年，但其确立的探亲假制度仍系劳动法"休息休假"制度的一个组成部分，因此其适用范围理应与《劳动法》、《劳动合同法》的立法精神保持一致。

同理，在认识探亲假对劳动者的适用问题上，我们亦应冲破《探亲规定》词句的束缚和历史局限性，对之进行重新解读。《探亲规定》将其适用对象仅确定为国有单位的固定职工、集体所有制单位职工这两类劳动者，带有明显的时代烙印。而现代劳动法之"平等"理念则要求我们平等对待和保障劳动者的休息休假权利。只要是劳动法适用范围内的劳动者,无论其身份差异,亦无论其在何种所有制性质或组织形态的用人单位里工作,均应拥有同等的享受探亲假的权利。

二、探亲假享受条件和待遇的改革完善

(一)职工享受探亲假条件的立法改革

依据《探亲规定》第 2 条规定,职工享受探亲假的条件有:(1)工龄。即职工工作必须满 1 年。(2)远居。即职工与配偶不住在一起,或与父亲、母亲(不包括岳父母、公婆)都不住在一起。(3)时空距离。即职工不能在公休假日与配偶或父亲、母亲团聚。根据《国家劳动总局关于制定〈国务院关于职工探亲待遇的规定〉实施细则的若干问题的意见》(1981 年 3 月 26 日发布)第 3 条规定:"《探亲规定》所称的'不能在公休假日团聚'是指不能利用公休假日在家居住一夜和休息半个白天。"

应当看到,职工是否具备上述各项条件,在 30 多年前很容易作出甄别和判断。原因在于:我国当时仍在实行"六天工作制",劳动者每周只有 1 个公休假日。另外,20 世纪 80 年代我国交通还很不发达,人们出行费时费力,职工与亲人之间的实际路程哪怕并不十分遥远,也往往无法在每周仅有的 1 天休息时间内实现"在家居住一夜和休息半个白天"的愿望。而在 1995 年以后,根据《国务院关于职工工作时间的规定》(1995 年 3 月 25 日修正),我国全面实行了"五天工作制";同时,随着航线、交通网络的日渐畅通以及高速大巴、动车、高铁等交通工具的迅速普及,职工若欲在每周的"双休日"里与远方亲人实现团聚已变得越来越方便。在这样的现实背景下,探亲假的享受条件若再不作调整,势必会使该休假成为空中楼阁。解决这一问题的关键,在于及时调整立法思路,重新确定职工享受探亲假的条件。从方便操作的角度出发,笔者认为应取消上述条件中"不能在公休假日团聚"这一滞后的规定,将之修改为按照实际路途的距离远近作为探亲假享受条件的起点。本文建议国家主管部门在对此进行专题调研的基础上,把职工与其亲属的地理距离超过一定的里程数(譬如 1000 公里以上)设置为探亲假的享受条件。

(二)职工探亲假待遇的法律完善

职工探亲假的法定待遇,涉及探亲假期的长短、探亲假期和路程假期内的工资待遇、探亲的往返路费负担等诸多事项。下面这些方面同样面临着改革与完善的任务。

1.职工探亲假期

探亲假制度是在我国实行较长的标准工时制度以及还未全面推行职工年休假制度的历史时期开始实施的,而当下我国劳动者的休息日已从每周"单休"(每年共 52 天)增至"双休"(每年共 104 天),法定节假日也从最早的每年 7 天增至 11 天,此外每个劳动者每年还享有了 5 天、10 天、15 天不等的带薪年休假。换言之,与 30 多年前相比,目前劳动者每年已平均增加了61~71天的休息休假时间(包括新增加的周休日 52 天、新增加的法定节假日 4 天、新设立的带薪年休假 5~15 天)。经计算可知,如今劳动者每年各种法定休息休假的总天数已达到 120~130 天。在此基础上,如果按照《探亲规定》再执行20~30 天(最多为 45 天)的职工探亲假期规定,①则可以想见,有些劳动者在一年中的休息休假总时间将达到 5 个月左右。特别是某个已婚劳动者如果在同一年度里既享受探望配偶的探亲假,又享受探望父母的探亲假,则探亲假的总天数可达到 50 天,其全年的各种休息休假总时间将达到半年之多!毋庸讳言,这确实超过了我国大多数用人单位的承受能力和当下的综合国力水平。此外,不应否认的是,随着手机、互联网的全面普及,亲属之间的即时交流(如收发短信、发布微博、视频聊天等)越来越容易,这也在一定程度上缓解了彼此思念之苦。由此,对于如何解决探亲假期偏长的问题,笔者认为有两种改革思路可供选择:一是维持现有的探亲假天数,但允许探亲假与年休假互相冲抵。二是适当缩短现行探亲假期的天数。比较而言,第一种做法会涉及两种不同休假制度的法律规定如何协调的问题(例如整部《探亲规定》没有规定任何法律责任,而《职工带薪年休假条例》则对用人单位规定了严苛的法律责任),具体实施过程中可能会面临较多的法律困惑和障碍。而第二种做法思路清晰,操作简单,更容易施行。

_____

① 《探亲规定》第 3 条规定:"职工探亲假期:(一)职工探望配偶的,每年给予一方探亲假一次,假期为 30 天。(二)未婚职工探望父母,原则上每年给假一次,假期为 20 天。如果因为工作需要,本单位当年不能给予假期,或者职工自愿两年探亲一次的,可以两年给假一次,假期为 45 天。(三)已婚职工探望父母的,每 4 年给假一次,假期为 20 天。探亲假期是指职工与配偶、父、母团聚的时间,另外,根据实际需要给予路程假。上述假期均包括公休假日和法定节日在内。"

因此,根据当前的实际情况,本人认为把现行探望配偶、父母的探亲假天数统一缩短至 10 天左右为宜(不含周休日和法定节假日),并统一规定每年给假一次。

2.职工探亲假待遇

职工在规定的探亲假期和路程假期内,用人单位应照付工资。对此通例,各界并无异议。关于探亲路费,《探亲规定》第 6 条规定:"职工探望配偶和未婚职工探望父母的往返路费,由所在单位负担。已婚职工探望父母的往返路费,在本人月标准工资 30% 以内的,由本人自理,超过部分由所在单位负担。"可见,在我国现行探亲假制度设计中,已婚职工探望父母,不但假期次数最少(每 4 年给假一次),而且待遇也是最低的。随着我国人口老龄化时代的到来以及社会婚姻观念发生的急剧变化(如有些人自愿选择独身生活、有些人历经几次婚姻变故等),对已婚职工与未婚职工区别对待的这种立法模式已明显不符合现代社会的要求。因此,在职工探亲往返路费的承担问题上,法律对已婚职工与未婚职工也应当一视同仁。同时,考虑到用人单位的负担能力以及探亲假与年休假在相关待遇方面的平衡关系(职工年休假立法中并无路费待遇),探亲立法可规定以上各项探亲路费由劳动者和用人单位按照一定的比例共同负担,具体分担比例由立法机构通过调研确定之。

三、探亲假与年休假、事假关系的立法协调
——兼论探亲假存废问题

研讨探亲假制度改革,必然会牵扯到与之联系颇为紧密的职工带薪年休假(简称年休假)制度。我国在 20 世纪 50 年代初期,曾在部分职工中试行过 12 个工作日的年休假制度。后因国家经济条件限制,未能坚持贯彻。[1]进入 80 年代以后,一些地方(如上海)和行业又陆续恢复实行年休假制度。但是在《劳动法》颁行以前,我国尚未建立起全国统一的职工年休假制度。[2]1994 年出台的《劳动法》第 45 条虽然明确规定"劳动者连续工作 1 年以上的,享受带薪年休假",不过由于本条同时规定"具体办法由国务院规定",故直到 2007 年 12 月 14 日国务院发布《职工带薪年休假条例》之后,劳动者的

---

[1] 参见中国劳动法学研究会《劳动法词典》编辑委员会编:《劳动法词典》,辽宁人民出版社 1987 年版。
[2] 参见许建宇:《劳动法新论》,杭州大学出版社 1996 年版。

这一休假权利才在 13 年后终于得以真正"落地"。众所周知,年休假的主要功能就是"强制休息",亦即在每个年度内向劳动者提供一段用于休闲、旅游、娱乐、走亲访友等放松身心的集中休息时间,俾使劳动者能够恢复体力和精力。由此可见,探亲假与年休假在功能上确实存在着一定的重叠之处。很多国家没有单独的探亲假制度而只有年休假的立法,原因亦在于此。而从我国的情况看,在职工年休假制度曾经缺位长达半个多世纪的岁月里,探亲假其实在一定程度上也起到了类似于年休假的部分替代作用。随之而来的问题是:探亲假能否被年休假制度所吸纳和取代? 若不废止探亲假,则这两种假期能否互相冲抵? 事实上,这些问题在我国起草《职工带薪年休假条例》的过程中就已经引发过社会各界的广泛争议。①

应当承认,"探亲假取消论"确实具有一定的合理成分,②不过笔者仍然主张探亲假制度应予继续保留。主要理由是:第一,探亲假的特殊功能不能完全被年休假所取代。年休假的功能具有多样性,劳动者在假期里可以从事除了有偿劳动以外的各种休闲活动。探亲假的功能则非常纯粹,只是为了满足职工特定家庭成员之间婚姻与亲情的需要。探亲假所蕴含的这种人文关怀是别的休假难以替代的。特别是"常回家看看"已被《老年人权益保障法》确认为子女对父母应履行的一项法定义务,③而给予分居夫妻互相探望的权利则更是一种人性与人道的应然需求,自应有法定的休假制度对这些基本人权给予确认和保障。第二,探亲假与年休假的适用范围不同。探亲假的享受主体只限于与配偶、父母分居两地的职工,故仅有部分劳动者才能享受该假期。而年休假的享受主体是连续工作 1 年以上的全体职工,具有普适性。第三,我国休假制度的各项改革还应考虑制度本身的延续性和改革的增益性。探亲假制度在我国实施了半个多世纪,为解决劳动者的特殊困难发挥了积极作用,已经为广大劳动者普遍认同与接受,宜留不宜废;另外,对劳动者休假制度进行改革也应考虑更多地释放改革的红利,即多做

---

① 参见国务院法制办:《国务院法制办公室负责人就〈职工带薪年休假条例〉答记者问》,载中国政府网,2007 年 12 月 17 日。该文中,国务院法制办负责人在回答年休假与探亲假的关系问题时答道:"征求意见过程中,一些部门、地方和网民提出,探亲假与年休假是两种功能不同的休假制度,不应互相冲抵。我们经与有关部门研究,认为这种意见有道理。据此,条例删去了征求意见稿中关于探亲假冲抵年休假的规定。"

② 参见佚名:《中国的"探亲假",应该强化还是取消?》,载人民网,2012 年 7 月 12 日。文中指出:"探亲假"可以休矣,落实带薪年休假才是正途。

③ 我国《老年人权益保障法》(2012 年 12 月 28 日修订)第 18 条规定:"与老年人分开居住的家庭成员,应当经常看望或者问候老年人。用人单位应当按照国家有关规定保障赡养人探亲休假的权利。"

"加法",少做"减法",尽可能避免"逆向"效应。综上所述,我国现阶段不宜贸然废除探亲假。不过,考虑到职工探亲假制度在我国的实施时间远远早于职工年休假制度,[①]同时也考虑到用人单位的负担能力和我国的现实国情,本文认为确实需要处理好探亲假与年休假之间的功能互补关系(前文已述及)。

同时,我们还应厘清探亲假与事假之间的关系。实践中,有些职工因远在外地的配偶、父母突发疾病或因其他私人原因而向单位临时告假,以便赶回家与配偶或父母团聚。本文认为,这种事假若与探亲假的享受条件发生重合的,用人单位应有权将这种特定的事假在职工可享受的探亲假期中予以扣除。当然,由于探亲假是带薪休假,而事假是否带薪是由用人单位通过劳动规章制度加以规定的,所以若对二者进行冲抵的,则用人单位应确保劳动者获得已转换为探亲假的上述事假期限内所应享有的工薪待遇。

---

① 这意味着我国在 1958 年、1981 年先后两次制定有关职工探亲假的《规定》时,立法者确实不可能预先考虑到探亲假与 2007 年《职工带薪年休假条例》才真正确立的年休假之间的关系协调问题。

后 记

　　党的十八届三中全会作出了《中共中央关于全面深化改革若干重大问题的决定》，全面总结了 35 年来我国改革开放的伟大成就和重要经验，提出了全面深化改革的指导思想、总体思路、主要任务和重大举措，对在新的历史起点上全面深化改革作出了战略部署，在理论上有一系列重大创新，在实践上有一系列重大突破。这一决定，把社会保障和社会发展放在十分重要的位置，并有一系列重要论述。

　　一年多来，本中心根据党的十八届三中全会的精神，组织力量研究我国，尤其是浙江省社会保障与社会发展领域的深化改革和进一步发展问题，并于 2014 年 12 月 27 日举行了"社会保障与社会发展论坛（2014 年）"。会议紧紧围绕"社会保障与深化改革"这个主题，分析了我国社会保障制度深化改革的宏观环境，对近两年社会保障制度改革的进展进行评估，对未来社会保障制度改革的重点进行展望，并就社会风险管理、社会保障理念和社会救助、就业保障、养老保障、医疗保障、养老服务、补充性保障等进行了深入的讨论。这本集子试图反映这次研讨会的主要成果。

　　在本论文集编辑过程中，何文炯教授、陈信勇教授、施红老师等付出了辛勤的劳动，在此特向他们表示诚挚的谢意。

　　本论文集如有疏漏之处，敬请读者批评指正。

编 者

2015 年 10 月

图书在版编目(CIP)数据

社会保障与深化改革 / 郑造桓主编. —杭州:浙江大
学出版社,2015.12
ISBN 978-7-308-15315-7

Ⅰ.①社… Ⅱ.①郑… Ⅲ.①社会保障—研究—中国
Ⅳ.①D632.1

中国版本图书馆 CIP 数据核字(2015)第 266103 号

社会保障与深化改革

郑造桓　主编

责任编辑	田　华	
责任校对	杨利军　陈晓璐	
封面设计	刘依群	
出版发行	浙江大学出版社	
	(杭州市天目山路 148 号　邮政编码 310007)	
	(网址:http://www.zjupress.com)	
排　　版	杭州时代出版服务有限公司	
印　　刷	杭州日报报业集团盛元印务有限公司	
开　　本	710mm×1000mm　1/16	
印　　张	18.75	
字　　数	330 千	
版 印 次	2015 年 12 月第 1 版　2015 年 12 月第 1 次印刷	
书　　号	ISBN 978-7-308-15315-7	
定　　价	50.00 元	